国家出版基金项目 "十三五"国家重点出版物出版规划项目

警察伦理学

（原书第二版）

——关于品格的问题

[美] 道格拉斯·佩雷斯
[美] 艾伦·摩尔 　著

何峻卉　译

但彦铮　校

知识产权出版社

全国百佳图书出版单位

—北京—

图书在版编目（CIP）数据

警察伦理学：关于品格的问题：原书第二版/（美）道格拉斯·佩雷斯（Douglas W. Perez），（美）艾伦·摩尔（J. Alan Moore）著；何峻卉译. —北京：知识产权出版社，2021.10

（社会治理丛书/但彦铮，胡尔贵主编. 第二辑）

书名原文：Police Ethics：A Matter of Character（Second Edition）

ISBN 978 – 7 – 5130 – 7656 – 2

Ⅰ.①警… Ⅱ.①道… ②艾… ③何… Ⅲ.①警察—伦理学 Ⅳ.①D035.30

中国版本图书馆 CIP 数据核字（2021）第 191732 号

责任编辑：常玉轩	责任校对：王　岩
封面设计：陶建胜	责任印制：刘译文

警察伦理学（原书第二版）
——关于品格的问题

［美］道格拉斯·佩雷斯　　著　何峻卉　译　但彦铮　校
［美］艾伦·摩尔

出版发行：知识产权出版社 有限责任公司	网　　址：http://www.ipph.cn
社　　址：北京市海淀区气象路 50 号院	邮　　编：100081
责编电话：010 – 82000860 转 8572	责编邮箱：changyuxuan08@163.com
发行电话：010 – 82000860 转 8101/8102	发行传真：010 – 82000893/82005070/82000270
印　　刷：三河市国英印务有限公司	经　　销：各大网上书店、新华书店及相关专业书店
开　　本：720mm×1000mm　1/16	印　　张：19.5
版　　次：2021 年 10 月第 1 版	印　　次：2021 年 10 月第 1 次印刷
字　　数：300 千字	定　　价：98.00 元
ISBN 978 – 7 – 5130 – 7656 – 2	
版权登记号：01 – 2021 – 5529	

出版权专有　侵权必究

如有印装质量问题，本社负责调换。

献给我们的孩子们：

安妮、伊丽莎白

　　　　和

狄伦、玛丽亚、米切拉

序 言

自我们撰写第一版《警察伦理学：关于品格的问题》已经9年了。这些年来，警察世界也在不断发展变化中。受社区警务（community oriented policing，COP）迅猛发展的鞭策，真正的（警察）职业化运动取得了巨大的进步。这一新的理念已被越来越多的警察们认可，同样也得到越来越多的政治家的支持。因此，随着司法管辖区的持续不断扩大，美国警务工作也慢慢演变成新的东西。以前大家所接受的"警察不能提前介入"的概念，已被另一种"警察可以影响美国街头人民的生活质量"的理念所替代。由社区警务观念在内的一些初步观念所扩展的各种策略，已影响整个美国。受詹姆士·威尔逊（James Q. Wilson）和乔治·凯林（George Kelling）1982年发表的著名文章《破窗》（*Broken Windows*）所创设的理念驱动，社区警务正在以一种朝向职业化的方向改变着警察的工作。

有关警务工作的所有事宜都是在不断变化着的。当今那些经过遴选而成为警察的人，均已受到比其前辈更好的教育和培训。进入警察队伍的准入门槛也越来越高，至少要有2年乃至4年的大学学历。大学和学院中关于刑事司法学的学科继续扩招，并正朝着成为社会学基础学科的方向发展。刑事司法是美国大学校园中发展最快的学科，并且在很多地方已跻身最受欢迎学科之列。这样的大学学科项目更适合预备警官们的需求，因为了解心理学、社会学、政治、法律以及法医学，被认为是现代职业化的一个重要方面，而不是去强调警察工作的细节。今天的警方管理人员和领导人，更多地在科学研究的指导下，掌握了如何去组织，怎样推进各阶段的训练，人们需要警察做什么等知识，来更好地指导和管理警察队伍。随着时间的推移，创立这种新哲学的进程正在加速发展。

当然，变化是缓慢的，因为它涉及如何在全国范围内去改变警察文化，警官们、警务部门的领导、政治家，以及有见识的公民都知道这需要花费时间和耐心。尤其是在一些地方，警察制度改革包括要根除制度性的腐败或者历史上长期以来对接受高等教育的反感，将一个强大和孤立的亚文化转变成为与过去完全相反的过程，是一项难度递增、蹒跚前进、前路尚不确切、道路仍不平坦的任务。然而，社区警务的新哲学已形成且绝不会改变。它已将警务工作推入了一个新时代，一个警察必须知悉这份工作的职业需求，以及一个现代的、受过良好教育的、有经验的警官应该怎样举止和行动的时代。

在上一版，我们提出，伦理道德不应当被视为与成长为一名称职警察的过程无关的东西。我们注意到伦理框架的概念围绕整个警务工作。我们提出一个概念，培训学校的训练应该能够持续推进，了解时时存在的伦理行为的重要性。我们建议，现在是时候从走上警察职业生涯伊始就着手积极学习警察伦理学了。学习警察伦理学的传统方式主要集中在教导年轻警察怎样"不会搞砸"。事实上，这种方式将导致对警察行为形成一种消极落后的理解。对于今天的职业化要求来说，肯定是不够的。

对今天的警察来说，不当一名坏警察（"不搞砸"）已经远远达不到实际工作所要求的高标准。取而代之的是，今天的警察应该从积极的角度来考虑道德伦理问题。从街头执勤经历一开始，他们就应该专注于当一个好警察（和好人），无论在以前，还是现在，这都应该是第一位的。因为警察是司法系统的关键人物，因此，可以设定，若要尽可能创造一个好的生活环境，那么，伦理学和业务能力之间的内在联系，对警察的工作来说，实际上比任何其他职业更重要。这是我们讨论的中心主题。

然而，还有一些别的东西。在开始我们整个讨论之前，我们认为，今天的警察组成了一个新的群体，一条清晰的蓝线（伯顿氏线），他们能完美地阅读、思考、讨论、辩论和理解哲学辩论，可研究追溯超过两千年的伦理道德中更深奥的细微差别。然而直到最近，与警察们讨论这样的话题，都还被认为是在浪费时间。但是，一个曾经是"蓝领"的工作变成了一门职业。在他们身后，大量受过高等院校教育的警察走上街头。院校警察培训正在不可阻挡地远离那些老式的、类似军事化的"与压力相关"的经验，朝着一个更加学院化的、从而更加富有教育成效的教学方法迈进。当这一切发生的时候，那些专注于警察职业道德讨论的年轻警员们将越来越容易了解他们的亚文化和专业环境，以及真正采取富有视角的、善于分析的和富有经验的方式来认识自己。

本版新内容

《警察伦理学》第二版有一些实质性的修改和补充。第一，它以专栏的形式列举了更多当代和历史的例子，来阐明我们今天这里所讨论的各种概念。警察每天在街头所面对的伦理问题和伦理两难困境，总是充满了令人懊丧的悖论、难以辨别的微妙和令人不安的细微差别。随着时间的推移和警察专业化的扩展，受警察需求的驱使，以及复杂多变的过去和美好未来的共同影响，当今警务工作相比过去受到更多的关注。因此，在说明当今警察伦理道德问题时，总有丰富的实例可供选择。

第二，在每章的末尾，我们都会用一个关键术语表来帮助读者加深对有关材料的理解。这种拓展，结合探讨的新课题，将进一步对每个章节加以说明。编写此书的最初想法是，章节按照适合警察学院 15 周的教学标准或者大学一学期 15 周的授课水平安排，这仍然是我们的目标。额外增加的材料旨在使每个章节有个概括，因此一个主题可以进行一周的阅读、思考和讨论。

第三，我们在每一章的结尾，都有伦理情境和写作练习。这些都是为了努力扩大这本书对个人的作用以及为教师提供一些有创意的想法。无论是在大学课堂的环境下使用，还是作为警察院校教学的一部分，我们希望这些材料能进一步增强本书的实用性。

第四，为了进一步阐明主题，本书的整体组织结构，已经在一些地方进行了压缩，而在另一些地方进行了扩展。我们有单独的一章（第 3 章）"警察工作的本质"来说明警察在具体救援工作中的矛盾。我们不只是在引语章节占用几个段落而已，而是把讨论作为本书的特点，以给予本科学生和在校进修的学员们以启发，同时给那些有过类似经验的从业人员一些关于警察经历中麻烦状况的提醒。我们坚信，我们需要从一开始就要对警察工作中的悖论问题进行更多的报道，以免我们沉浸在伦理道德的讨论中而没有恰当地考虑这个工作本身的需要。

归功于我们从第一版所获得的积极反馈，我们对第 5、6、7、8 和 9 章，都进行了加强。这些章节对有关品格的传统论述和伦理道德框架的哲学讨论进行了概述。正如刚才前面所列举事例一样，为了吸引读者关注更深入的理论领域，我们把这些章节都进行了扩展，来创建连续不断的、每周一次的专题版面，使本书变得更加实用。第一版中，在打造我们的"赖以生存的伦理"概念时，我们创造了一个观点，很多评论家认为它才是警察职业伦理中最重要的概念。归功于这些积极的反馈，我们尝试对这些概念进行了扩展和提炼，以便这些想法能为当代读者提供进一步帮助。

第 11 章，也是新的一章。这个章节中，有一个关于警察不当行为原因的讨论，相关内容在初版的几个章节中仅有简要的讨论。我们感到，原先对不当行为的因果关系要素进行的概括性介绍太少了。同样，我们压缩了第一版的几个短章，归入了第 12 章，对警察不当行为的类型进行了专题讨论。我们希望，这些变动与进一步的修改润色，以及这 9 年来的额外反思相结合，可以对专业人员的岗前（培训）和具有一定经验的实践者们的工作增加实用性。

关于"哲学"这个词

我们的第一个版本收到全国各地普遍的积极响应，我们也在美国的中心地带某个地方一个匿名的官员那里得到一个负面的评价。我们需要花点时间去处理这件意见反馈，由于它涉及我们这里的讨论。这个批评意见写道，原书是"充满陈词滥调的"，因此，这只是关于警察工作的不切实际的图书的"另一个例子"。陈词滥调的意思是陈腐的、毫无意义的，或者愚蠢的，却以一种好像重要的或新颖的东西而出现。如果这是我们这个批评者的真实意思，那么我们在这里就要和他争论一下。

因为道德准则绝对是最基本的事物，它可能听起来像是"陈词滥调"。但它听起来怎样，要看它如何说，也要看听话人的心情。"对待别人就像你希望别人如何对待你"或者"如果你不能说点好的，就什么都不说"这类论述听起来就是老掉牙的、陈腐的例子。但是，仅仅因为我们常常听到（经受住平淡的考验），就认为它们是老生常谈？它们很可能听起来是老生常谈，但它们肯定既不愚蠢也不会毫无意义。要下定义的话，我们实际上并不倾向于把这部作品与"陈词滥调"相提并论。

但是，如果匿名批评者的意思是说，我们用的一些诸如"首先，不要造成伤害"之类的原则性陈述，听上去像是公理、格言或者哲学，那么我们对这类指责的回答是，我们很高兴听到这样说。对我们来说，这好极了。当人们要在正确行为或履行职务行为之间产生冲突时进行抉择，伦理学就是关于人们应该怎样决定、聪明人是怎样做出类似决策的论述。伦理道德有关此类问题的讨论和辩论已经持续了 2000 年以上了。它们确实是公理……格言……与哲学。它们包含了最高形式规范的思考。它们包括从动物发展到人的一切事宜，即克服我们的生理本能冲动，实现自我控制的能力，并在行为方式上倾向于做不是那么容易或并不渴望的事情，但那是符合道德规范的。在这个行星，地球上的所有物种，只有人类才有这个能力去分析自己的行为和行动方式，这对个人来说，可能是需付出代价和困难的，但这关系到坚持做正确的事。这就构成了所涉及的人类经验相互依赖的实质。正因如此，它也构成了每天警察在街上看到什么和做什么的本质。

从 2002 年一直到现在，我们一直努力去设想，当代的读者不仅喜欢从事这种分析，也愿意去了解、去仔细考虑我们的观念正确与否。因而，我们为读者所提供的各种各样的告诫，其中一个是，我们也希望它不会阻碍现代警察或学员们："警告：这本书包含了哲学。"

道格拉斯·佩雷斯和艾伦·摩尔
2011 年 9 月
柏林顿　佛蒙特州

致　　谢

首先，我们要感谢普拉茨堡州立大学公共生活伦理研究所主任汤姆·莫兰（Tom Moran）以及研究所的全体同人。根据他们的意见和反馈，我们对本书第一版中的概念进行了进一步修改和完善。与学院的约定允许我们自由地阅读和思考，并记述下来，否则这些很有可能不会出现在这些主题中。

其次，我们要感谢审稿人为编辑和讨论所花费的大量时间，这归功于我们的忠实的审稿人团队。汤姆·莫兰从管理研究所忙碌的日程中抽出时间来审查初稿草案。专职警察和教练吉姆·戈弗雷（Jim Godfrey）夜以继日地抽出大量时间进行了同样的工作。珍妮·齐默尔曼（Jeanne Zimmerman）的敏锐视角和小心细致在编辑上给了我们极大的帮助。贝特西·朱姆沃尔特·佩雷斯（Betsy Zumwalt Perez）虽然对我们的领域来说是外行，但他以一个"局外人"的视角，花费了大量时间给我们编辑了大量初稿。最后，玛丽·博雷利（Mary Borrelli）为第二版草案付出了辛勤的工作。

丽塔·拉图（Rita Latour），普拉茨堡州社会和刑事司法部秘书，在很多情况下是我们的"救世主"。她精湛的打字技能和奉献精神帮助这个项目加速完成，使本书至少提前了好几个月问世。

与警察们几十年的合作促成此书。许多警察和警察领导通过他们的事例，对此做出了贡献，尽管是间接的。也就是说，通过成为一名现代的专业人士，通过展示他们的能力和洞察力，他们勇敢地以符合伦理道德的方式迎接警察工作的挑战，深刻地影响了这部作品。我想到了迈克尔·巴克汉斯特（Michael Barkhurst）、约翰·高克夫斯基（John Gackowski)、斯基普·史蒂文斯（Skip Stevens）和来自康特·拉科斯塔县（加利福尼亚）治安部门的迪克·雷尼（Dick Rainey），来自奥克兰（加利福尼亚）警察局的吉姆·西蒙森（Jim Simonson）和诺兰·达内尔（Nolan Darnell），以及来自伯克利（加利福尼亚）警察局的艾·萨勒诺（Al Salerno），他们在帮助我们理解警察伦理道德方面做出了巨大的贡献。

最后，还要感谢各警局的领导们，我们有幸认识他们并与他们合作，他们也通过他们的事例推动了这项工作的开展。他们是奥克兰警察局局长约翰·哈特（John Hart），伯克利警察局局长达西尔·布勒特（Dashel Butler），伯灵顿（佛蒙特州）警察局局长凯文·斯卡利（Kevin Skully）和艾萨克斯枢纽站（佛蒙特州）局长约翰·特里（John Terry），他们是我们的灵感来源以及黑暗森林里不时闪烁着的灯光。

我们应该感谢所有这些人。如果这部作品能完成约定的任务、能使美国街头有所改变，那么这对于他们所有人来说都将是一个见证。

作者和出版商还要感谢以下审稿人：

布郎学院的梅甘·科尔（Megan Cole）、奥本·蒙哥马利学院的理查德·马丁（Richard H. Martin）、艾克莫社区学院的罗伯特·戴维斯（Robert Davis）以及布莱恩特和斯特拉顿学院的克莉丝汀斯蒂马斯（Christine L. Stymus）和赫尔琴大学的玛丽·贝茨·罗宾斯·费恩（Mary Beth Robbins Finn）。

目　录

第四部分　启　示

第1章 简 介

> "你要对任何人都一视同仁，孩子，你对任何人都是公事公办，不亲近任何人……每个人都值得尊重，但没有人值得施以恩惠……这就是凯文斯基定律。"
>
> ——电影《新百夫长》中经验丰富的警官凯文斯基对一个警察菜鸟的教导

这是关于快速转型的警察工作中某个领域的一本书。仅仅几十年前，"警察伦理学"对许多美国人来说，还只是一个笑话。公众对警察及其亚文化的普遍印象都认为，警察是一群无知的、没有受过教育的、未经训练和不称职的人。警察被认为是经常滥用权力的政府代理人，他们经常对抗他们表面上支持的司法公正的原则，他们还不能够聪明地去掌控这些现实。警长们被认为性格捉摸不定，不能以合乎伦理道德的方式行事。很大程度上，这就是公众的认识。

不幸的是，对很多警察来说，"警察伦理学"这个词也是一个笑话。他们对警察学校有关伦理道德的讲述表示怀疑。警务人员对此的理解是有默契的，即当伦理道德不得不被讨论时，无论怎么说实际上都是不切实际的，必然会被忽略。此外，在街头执行公务时采取一种"好男孩"的态度，认同亚文化价值观，致使腐败和不称职合理化。很少有警察官员在一定程度上真正关心，并认真对待警察主体道德行为的问责制。

今天，在一个面向社区警务（community oriented policing，COP）的时代中，美国的警察正在快速朝着成为真正专业人士的方向前进，警察伦理学已开始登上中心舞台。伦理学开始被认为是学术讨论的一个重要学科，并在职业培训中予以重点专注。警察伦理学已经走出阴影，并列入有关警察能力的讨论中。这将是我们的中心论点，两个主题——警察伦理学和警察胜任工作的能力——以这样的方式连接在一起，合为一体。成为一名称职的警察就是成为一名具有伦理道德观念的警察。没有实现前者就不可能实现后者。

让我们花点时间去想一想为什么警察伦理学的话题是如此重要。

1－1 警察即法律

本节的标题似乎公开表明，警察就是以自我为中心，执勤时他们会做出任何他们认为适当的行为，同时却不太重视法律的事情。我们好像在说警察之所以如此重要，是因为在街上警察说了算。我们似乎在证实一个"警察更衣室里"的观点，警察就是法律，在此基础上运作才是现实的，而且是合乎道义的。

这个标题真的是我们想要表达的意思吗？难道就因为他们经常是在独自和无人监督的情况下，每天做出成千上万的、重要的、改变生活的决定，警察就是真的法律了吗？答案是两个，既是，也不是。警察必须以促进司法公正为目的，适用法律公正、公平。法律由立法机关制定，警察不能像占领军一样，完全自由地按照自己的意愿去思考或者行动，去认定是合法的还是非法的，去决定谁是天生的好人，谁是天生的坏人。那种做法是集权国家里警察所做的，为了反对它，美国已经进行了多次战争。在有些国家，正如所写的那样，警察有如此大的权力，以至于法律与数百万人的生活基本无关。在警察绝对权力面前，有些国家的公民权是虚无的。

我们的国家是一个拥有法律和宪法原则的国家，它的唯一目的是创建这样一个社会：在这里，每个人都能自由地、独自地去追求生活中的美好，也就是说，每个人都可以追求自己美好的生活。这正是托马斯·杰斐逊在《独立宣言》中提到的"追求幸福的权利"的意义所在。我们这一理想的体制所建立的基础就在于，世上没有一个东西对所有人来说是单一的好或者最好。

在生活中，可以视为"好"的定义是高度分裂的和高度个性化的。对个人来说，生活就是自己觉得满足和有意义，这是每个人的动力所在。对事物的追求，使生活好，或者更好，构成一个人的人生故事或"故事情节"。这可以理解一个人为什么这样行动。换句话说，对一个人来说，什么算好（拥有一个家庭、接受教育、赚很多钱）和如何去追求好（忠诚、上大学、找到一份好工作），构成了一个基础，决定了他或她的个性。

A. 正义：初步讨论

正义使追求良好（幸福）成为可能。我们将在后面更多地讨论正义，但现在，我们建议考虑两个概念。第一，让我们认为正义（justice）是一般意义上的"公平（fairness）"这个词。当正义盛行，人们互相公平以待。第二，让我们也接受正义是其希腊概念中所表述的含义，这是一种存在的平衡，"给他或她应得的"。也就是说，正义包括资源和权利的分配，在一个道德的意义上，允许个人获得他们应得的。

当警察行动时，他们必须理解（正义）这一概念隐含的意思，他们必须以一种尊重它的方式来行事。因此，在美国街头执法必须公平适用法律。虽然法律针对的是人们的行为，但它不能因人们的个人特征（如种族、宗教、衣着举止、政治观点等），以不同的方式对人们区别对待（在尊重伦理及法律的前提下）。因此，从这一基本原则上来说，法律是绝对的。

路边正义的形象。

另外，在很大程度上，警察的行为在事实上决定法律真正意味着什么。警察把实际操作融入美国法律体系。如果警察支持的法律是骨架的话，那么警察的自由裁量就会把血肉之躯放在那具骨架上。对公众而言，警察使成文的刑法律条产生效力。参见专栏1.1关于"路边正义"的想法。

专栏1.1　路边正义，行使绝对的警察权力

1966年，在西班牙，大元帅独裁者弗朗西斯科·佛朗哥执政。警察，特别是国家警察（民防队），对公民个人行使绝对权力。那年夏天的一天，在马德里的斗牛场，一名饥饿的乡下男孩因试图偷一名美国游客的钱包而被拘留。两个体重都超过200磅的警察没有将这个男孩带离竞技场关入监狱，而是将这个男孩（体重低于100磅）推上舞台，用警棍打他。殴打持续了好几分钟，直到男孩浑身是血，不省人事，才从舞台上被拖下来。这一切都在众目睽睽之下发生，当时现场有超过1万人目睹。

最先报警的美国游客流泪了。她觉得是她造成这个弱小、可怜的孩子被杀死。作为一个美国人，她为自己的行为感到惭愧，因为她不了解在当时极权主义的西班牙，向警方报告这种小偷小摸会有这样的后果。她后来说，如果她知道会发生什么事，她就会把她的钱包给这个男孩。那个美国游客离开了西班牙，并发誓再也不会来"这样的一个国家"。

西班牙警方从未被质疑，也从来没有被制裁过。事实上，在整个事件中，在斗牛场的人群全体保持沉默。由于知道警察的绝对权力，这群西班牙人担心，如果他们抗议的话，民防队的其他成员（整个舞台一览无遗）将会对他们也行使这种路边正义。

我们打算证实，很长一段时间以来，许多分析师和见多识广的、直觉敏锐的警察们所指出的，无论什么样的法律规定、无论警察培训教什么、无论警察的领导们想告诉我们什么，在街上，法律的真谛是由警察决定和演绎的。

当警察们的经验将自己的注意力集中在哪里，逮捕什么人，什么时候应当使用武力，他们决定着法律系统对公民个人的生活的影响力。这意味着警察承担巨大的和独立的责任。如果他们忽视或过分强调某些类型的犯罪，他们可以（有效地）改变刑法。例如，如果在一个大学城，当大学生卷入未成年人酗酒事件，而警察扭过头去装作没看见，那么那个镇上的未成年人酗酒就实际上已被合法化。如果一个司法管辖区的警察认为不必过于担心当地的赌场，那么那里的赌博也会（再次，有效地）合法化。

面对当地的压力，警察们做出了这样的决策（"不要打扰那些大学生们，他们会在这个小镇买单"），然而他们本可以做出完全理性的公共政策决定。但通过采取这种方式和一千种其他方式来规避法律的规定，警察可能给人以这样的印象：警察执法是随意的、有选择的或有偏见的。这种印象会引发公民愤世嫉俗，并使其对刑事司法系统敬而远之。

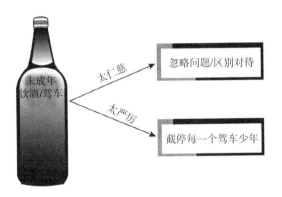

B. 自由决策

忽视未成年人酗酒和赌博——这两个例子——涉及警察不引用法律的决定。但是警察也可能因为过于严格地执行法律而显得不公平和随意。例如，如果警察认为，为了阻止当地帮派的壮大，他们会让每个年轻的司机去做记录，查询信息，总之要让帮派成员感觉不舒服，那么警察已经有效地创设了一套新的、独立的、只适用于一部分人的独特法律。警察们必须明白他们有这样的权力，并且为了明智地使用权力，他们在道德上和法律上要拥有能站得住脚的个人伦理标准，这一点非常重要。围绕这个主题，我们创作了这本书。

个别警察经常在没有监督、没有方向去遵循的情形下，仅凭自己的判断而做出决定。实际上，当他们决定是否拦下车辆，是否让他停车时，没有人去追究警察的责任。没有人能够实时有效监控，个别警察在与公民打交道时的礼貌和得体程度无法监控——这一点尤其重要——无法监控警察是否及如何采取行动。自由决策是警务工作中不可避免的现实之一。

这本书背后的理念是应充分强调警察伦理道德的重要性。如果一个警察腐败、不公平、有偏见，和/或基于个人恩怨，这就是所谓的警察，就是"法"。如果警察诚实正直、接受了足够的教育和对所有的人都能公平地适用法律，那么法律就是维护正义的工具。除了基于现实，没有其他。对社区而言，对刑事司法系统和美国本身而言，警察如何使用自由裁量权绝对是非常重要的。

坦白地说，警察的决策给正义下了定义，在以上我们对正义的讨论中，可以感觉，正义是公平公正（平等对待），正义就是人们所应该得到的公平对待。

专栏1.2　两个关于正义的定义

> 程序正义　在法律面前，同样情况下的人受到平等公正的待遇时，正义得到伸张。
>
> 实体正义　当人们从法律上得到他们应得的东西时，正义得到伸张。

所以我们要说的是，警察能力的一个关键因素就是伦理道德判断。警察自由裁量权是由警察的品格决定的。要成为一名合格的、专业的警察，需要对人、面临的形势和适用的法律做出明智的判断。由于警察需要在街上确定法律的界限，他们的道德判断，以及他们的能力，对于决定法律制度是否公正至关重要。警察伦理不是，也不能被认为是与警察能力分开的东西。

我们将考虑几种经典的伦理学理论，并结合这些理论的优点，发展我们自己的以品格为基础的警察伦理——"赖以生存的伦理道德",我们将花一些时间来运用这一道德规范,来应对警察每天面临的挑战和问题。我们的目的是,让读者认识到伦理在日常警务工作中的重要性。这不仅有助于在警察中建立一种关于专业精神的态度,而且也有助于公民产生对法律和警察的尊重。对我们所有人来说,在当代美国社会,没有什么比这更重要。

1-2 警察学习伦理学的必要性

历史上,警察们一直倾向性地认为,在街头,哲学与现实生活无关。作者以为,这种看法不仅仅是错误的,也严重限制了警察的能力和品格的发展。这种看法之所以错误的原因在于,"哲学"并不涉及专门的概念或术语。它仅仅意味着要保持批判的心态,敏锐的判断力——即苏格拉底所称的"被审视的生活"。苏格拉底指的是透过事物的表面现象去挖掘其内在的本质,去弄清楚到底是怎么回事。这是一个哲学观点,也是我们想表达的意思。所谓哲学观点是指为了看清楚以及看清事实的本质所做的努力。

我们站在巨人的肩膀上。我们承认这个事实并且向他们学习。那么,为什么今天的警察要参与这个关于道德的讨论,这个已经被讨论了两千多年的道德为什么会如此重要?答案分为几个部分。

A. 传统学术研究方法

警察院校,即使有今天这样复杂和广泛的基础课程,也很少包括关于伦理学的课程和讨论。一项全国性调查发现,有关规定只要求在整个警察学校经历中有平均3.5小时的道德训练即可。因此,在辩论、分析和研究警察经常遇到的伦理难题上,花的时间是非常有限的。鉴于警察行为不当问题的严重性和警察在街头有很大的机会行为不端,这样的讨论是严重不足的。

除了时间不够外,警察学员们在学校经历中对伦理学的讨论类型也不足。在大多数地方,关于警察院校中开设的道德讨论,不过是由管理内部事务的某人所做的讲座，内容是警察在上街巡逻时不应该做什么，除此之外别无其他。这些"禁忌清单"经常被那些已经对内部事务管理有了一些警察亚文化犬儒主义的学员所忽视。因此，警察对怎样使自己或他人陷入困境的讨论往往充耳不闻。

我们所缺少的是一种从头到尾研究这个问题的方法。显然，教新兵如何避免惹麻烦是值得的。但是这种消极的方法不能单独使用。警察新兵并不是为了不做某些事情而被招募雇佣的。专注于如何避免陷入麻烦，意味着一个优秀、称职的警察只需要不犯重大错误。这个想法是有问题的，因为它扭曲了警察能力的含义以及作为一个职业警察所涉及的积极职责——成为一名拥有并表现出良好品格的人。

讨论警察不应该做什么，应该当成"什么是称职和专业的警察"这个更大的问题的一个方面。即使伦理学的系统处理方式是简略的，在将警察责任和社会公共利益联系起来时也是必要的。

B. 正面引导

在警务世界中强调伦理学研究还有另外一个理由。越来越多的警察新兵拥有大学学历，其中许多主修刑事司法。现有的刑事司法伦理学课程倾向于，正如我们建议的那样，从积极的角度来讨论伦理学。它们通常用哲学的方式考虑伦理学，通过分析成为一名职业警察意味着什么来深入学习。与传统的警察学校对待道德的方式不同，这是处理如此复杂问题的更合适的方式。

问题是，许多学校根本不开设刑事司法伦理课程。同时，大多数大学课程不强制要求法律预科的学生学习伦理学课程。因此，尽管这些课程就这一主题提供很好的内容，但如今受过大学教育的警察们并不一定会对个人品格和警察伦理道德进行深思熟虑的分析，而这对于 21 世纪的警察来说是必要的。

C. 今日警察的智力

今天的警察去认真研究伦理学的第三个原因，是因为他们有能力。

毫无争议的是，本质上，这对提高一个人的能力是一个好事情，特别是那些直接关系一个人的职业能力。那么为什么仍然只有很少而不是更多的专业人才呢？那是因为，今天我们不再假设警察不能理解有关哲学的原则、良好的品格，或者伦理行为的讨论。这并不是说之前的警察不聪明。这表示，从概念上讲，今天的警察可以从更多的见多识广的角度来驾驭并判断行为。他们这样做是至关重要的。随着面向社区的警务这一概念的发展，警察个人的道德伦理观念形成的自由裁量权也越来越重要。

因此，毫无疑问，今天的警察可以参与分析并讨论警察伦理学。问题是，他们想要吗？为什么警察要讨论亚里士多德两千多年前提出的"做一个好人"的原则呢？答案如下：这些原则是要成为现代的、职业化的警察不可分割的一部分。一名职业化的、知识渊博的、称职的警察，在他或她的知识结构里，必须在知道正确的行为或伦理道德的基础上理解世界。警察所做的人和事也要取决于这种理解。

我们提出的问题是，"为什么我要研究伦理学？"实际上是，"为什么我要成为一个称职的警察？"隐藏在警察能力中心的期盼和接地气的要求是，关于工作和具有良好的品格，警察要有一个清醒的、对伦理道德的理解和认识。一个清楚的伦理道德标准把警察集合在社区的好人中。如果没有伦理道德，警察就是一盘散沙，缺乏个人的发展方向。对一名警察的总体要求——正如对其他工人的要求一样——是他或她把工作做好。对此，每个人都彼此期望。但随着警察将其当作国家权力的工具一样投资，那么道德和法律上的赌注也就应当相应提高。公众期望更多。在警察身上培养和牢固树立称职的心态，对公众来说才是最重要的。随着时间的推移，警察的伦理道德观将促进对警察的尊重和信任。

我们正试图把现代警察看作聪明和有知识的人，而不是谈论"不要做什么"，或者试图恐吓警察的行为不当，我们从相反的角度出发来接近整个主题。这项工作将讨论各种伦理思想及其与警察学校实践的集成方式，就像我们之前所说的，形成工作的基础。我们从对实际应用有一个大体的了解开始。如果我们成功，读者将会有一个可行的、当然还停留理论上的、基于伦理的理解，可以应用于警察遇到的整个情况。

1-3 警察专业化

毫不夸张地说，现代警务工作的中心主题，即在这一领域指导许多改变的指南针，是使警察工作更加专业化。稍后，我们将考虑用另外一种模式解释专业化，但是在这一节里，我们将使用由社会学家下的定义。

专栏1.3 伦理道德困境

> 两名警察让超速行驶的司机停车。司机虽然采取近乎合作的方式，但仍对停车的要求表示愤愤不平，并对警察说，他们"应该去抓罪犯"。A警察对这种交谈不是很感冒，但B警察很生气。B警察弯下腰，把两个大麻烟头扔到路面上，捡起来并出示给司机看，说："你掉了这些。"B警察现在准备以非法持有大麻的罪名去逮捕司机，并把他送进监狱。
>
> 目睹这一切的A满腔愤慨。但他能做什么？他应该做什么？依照法律规定的职责，A警察明白B警察的这种行为是不可接受的。但A警察还感到了另一种责任，对警察同事和作为一个警察团体（对警察亚文化）的责任。
>
> 一个警察应当怎样解决这种处于相互矛盾的责任间的困境？哪种责任更强大？就他或她自己而言，一个警察的职责是什么？根据法律，还是根据警察亚文化呢？

A. 初步定义

社会学家所引用的专业的标准定义是，一种职业，从业者具有丰富的学术经验。这些专业人士将大学或大学经历作为走向合格的第一步，并最终获得实践的权利。这种经历，通过一种特定于专业的培训形式得到加强，既包括更多的学术性训练（如法学院或医学院），也包括更实际的、强调实践的培训（如学校教师）。这种专业教育提供了一种不为外行所知的系统化的知识体系。

对职业来说，其他几个因素是特有的。它们实行自我监管。也就是说，专业组织为在学术界获得的教育的实质内容制定标准，它们规定初级考试和许可要求，并设立管理委员会来监督相关行业领域的实践。它们也具有自律性。专家委员会的专业人士受委托对从业者不当行为和错误的指控负有几乎唯一的、专有的审查职责。尽管美国人经常吹毛求疵地指责医生和律师所拥有的权力，然而在一般社会中，作为两个极好的例子，几乎所有人都尊重他们的专业知识。任何一个专业之外的人，如果没有获得从业者所拥有的系统化的知识体系，都不能擅自判断自己具有专业人士的能力。例如，对医生医疗不当行为和对律师在司法中行为不端指控的调查，等等。

专业人员以一种合议的方式来解决问题。行政管理系统普遍支持以一种集体的方法来处理职业障碍。此外，职业具有内化的职业道德。这种伦理最初是在学术培训期间接受的，其后由专业人士作为个人和团体所维护。对外行保持适当距离，将其置于行业的职业道德准则以外。

B. 能力和专业化

创作本书的主要目的是着眼于对正在接受学校教育、即将毕业或正在上刑事司法伦理学的警察学员们产生影响。我们希望，这在刑事司法实践和刑事司法研究的世界中，可以构成一个正在持续发展扩大的，对警察伦理学关注的第二因素。

今天的警界，包括在此之前从未讨论的局部地区，警校经历和大学本科教育都在扩大。长久以来，一直被理解为警察在街道上做得很有效的工作，现在需要具有丰富的学科领域的知识。现在的研究包括了死亡和临终的心理学、帮派理论、家庭虐待的心理学、物质滥用分析、精神疾病的治疗，等等。所有这些学科和其他更多的科目都需要学员们和大学生去学习研究。在警察的帮助下，这样的非执法性课题已经开始加强，知识的系统化开始扩大。

有能力的警察必须在多个领域内有丰富的知识和经验，这一观点已被普遍接受。以前"傻瓜警察"的岁月已经过去很久了。为了扩大警察的日常能力，今天的警察要接受包括多种学科的训练。比如实质性知识的扩展、程序性解决问题的能力都要进行磨炼，要在广泛扩大知识理解的基础上，全面提高美国警察的平均水平，改变美国警务整体的伦理，这是涵盖了正在扩大覆盖范围的学术和实用主义的主题之一。很显然，如果美国的警务工作实现真正的专业化，新的起跑线上的每一个成员都需要伦理道德规范。

专栏1.4　系统的知识体系：警察专业化需要了解什么？

A PARTIAL LIST WOULD INCLUDE 警察专业应包括的部分内容：

青春期心理学	调查技术
弹道学	监狱程序
判例法	青少年程序
儿童心理学	青少年保护法
犯罪现场调查	地方志
刑法	地方法令
防御战术	程序规则
（主管当局发的）一般命令与守则	犯人拘留
惩戒制度	公共关系学
证据保管	防暴
急救护理	（特殊武器及战术）特警训练
辩论术	死亡社会学
家务处理	帮派社会学
人质情境	社区警察理论
审问技术	武器和射击术

1-4　警察不当行为简介

在这一节讨论"肮脏哈里的问题"这一想法是很重要的，这个问题可以被认为是当今世界警察不当行为的集中体现。"肮脏哈里的问题"涉及为了努力完成工作而所谓的崇高事业。因此，当其他形式的腐败（很大程度上）成为例外时，这种不当行为的类型与这个想法相关联，仍然在腐蚀着今天的美国治安。

A. 谁是肮脏的哈里?

虽然《肮脏的哈里》这部电影现在已经有点过时了，但它切中了要害，直击 20 世纪 70 年代美国警察所面临的挫折，这不仅被好莱坞认可，也已被许多美国人接受。它是一个经常在电视、电影，甚至在当今新闻媒体反复出现的主题。（今天，可以接受的观点是，警察卷入类似"肮脏哈里"的"私自执法"行为，已被贴上了"CSI 效应"的标签。）这部电影描绘了一个勤奋的侦探（哈里·卡拉汉，克林特·伊斯特伍德饰演）被正

克林特·伊斯特伍德（这是 2010 年 10 月的照片）饰演肮脏的哈里。

当法定诉讼程序过程中的阴谋诡计挫败。由于非法证据排除规则（关于这一点哈里表现出相当程度的无知），哈里收集的证据在审判中被认定非法取得，在证据中予以排除，于是坏人就自由了。哈里变得厌恶既定程序，因为它们的焦点集中在程序上的过失而非事实上的罪过。这使他变得腐败。

如果这部电影上映了，也过去了，逐渐消逝在好莱坞的历史中，今天的主题将不会被讨论。但是因为好莱坞、媒体和大量的美国民众接受

这部影片，今天的警察有时觉得他们为了完成任务必须违法。在当代美国警务中，"肮脏哈里的问题"已成为警察不当行为中最难防范的类型。

B. 基于崇高事业理由的腐败

今天的刑事司法领域里到处都充满"基于崇高事业理由的腐败"这样的声音，这是"肮脏哈里的问题"或"CSI 效应"的另一种表达方式。这种类型的腐败有自己的合理化。无论是在公共和娱乐的想象世界里，还是在现实警务世界的某些圈子或一些场合中，为了执行实体法，违反程序法的警察总是被看作英雄。

在研究这种现象时，许多作者列举了一系列现象：警界的"肮脏哈里"为了完成工作任务而采取的经典行动。"作假证"是指为了确保定罪，在证人席上说谎。"伪造笔迹报告"或者纸上说谎，是为了获得相同的结果而做的另一个努力，利用它来影响检察官的决定。在嫌疑犯身上植入证据，通常是药物，是另一个基于崇高事业理由而使用的无赖策略。最后，暴力逼供仍然是另一种可能发生的事。综上所述，列举出的这些策略所承担的是——类似"肮脏哈里"的警察所认为的——一个道德上可拥护的目标。

因为它有自己的内在合理化过程（完成工作任务），我们发现，许多当代警察的内心实际上是支持基于崇高事业理由的腐败的。在这个时代，保护费和有组织的贪污在很大程度上已经消失了，但"肮脏哈里"仍然活在警察亚文化的精神中。

C. 支持哈里

不幸的是，对于那些参与追求美国警察伦理学的人来说，因为警察亚文化和作为一个整体的美国社会对哈里的支持，"肮脏哈里"的问题被放大了。崇高的事业往往靠警察、公民和政治家们维持，他们认为，自己是在"严厉打击犯罪"，是在支持警察，或者支持好的、爱国的美国人。

正如我们所指出的，在媒体创造的不现实的形象的驱使下，美国人倾向于认为哈里是某种类型的英雄。但是，这种类型的不当行为也有亚文化的支持。垮掉的一代中腐败已习以为常，路边的保护费（随处、随时可见），类似"肮脏哈里"这样基于崇高事业理由的腐败仍然存在得好好的。虽然如今的警察对旧式腐败的调查通常会配合，但在亚文化背景下，人们往往不愿帮助调查哈里。也就是说，许多人、许多当代美国警察，他们在任何情况下都不会站在其他人的立场上接受，比如说，毒贩的贿赂，但他们仍然不愿意协助调查基于崇高事业理由的腐败。

专栏 1.5　基于崇高事业理由的腐败

包括：

- （特指警察）作假证的行为
- 伪造笔迹报告
- 植入证据
- 暴力取证

1−5　我们的伦理学观点

在这本书中，我们建议读者参考特为警察专业打造的伦理框架。我们称它为"赖以生存的伦理道德"。我们将在第 9 章深入讨论涉及这种伦理学的整套观点。现在，让我们仅仅对这种观点做个概述，这样让读者对即将阅读的重点有所认识。

A. 伦理形式主义

研究最多的伦理框架是伦理形式主义。这种思想起源于《圣经》的传说。最早的例子是亚伯拉罕的故事，神要求他把儿子以撒作为"燔祭"献给神（《创世纪》第 22 章）。《圣经》中，亚伯拉罕愿意牺牲以撒，这是正义的事情，不是因为亚伯拉罕明白这样做为什么很好，或者神的目的是什么，只是因为神这么说。牺牲的道德权威基于亚伯拉罕的顺服，而不是它带来什么。也就是说，行为的道德（亚伯拉罕愿意牺牲他的儿子）基于他的动机——行为背后的原因。亚伯拉罕的行动是有原因的，正是这个原因，让他的行为符合道德规范。亚伯拉罕的善意使行为合乎道德，而不是它可能的后果。

在现代世界，这种观点之父是德国哲学家伊曼努尔·康德，他的伦理学，绝对命令，是《圣经·新约》"黄金法则"（耶稣说，"己所不欲勿施于人"）的非宗教版本。康德的伦理学被哲学家们称为义务论的观点，表明一个人有理性责任。康德认为，个人只能对在他或她的直接控制之下负责，以及在我们的行为上，仅能绝对控制我们行为的唯一的事，就是我们的意图。当在几个选择中决定该做什么，一个人应该做出的选择，就是他或她对所有人、每个地方、在任何时候都做出的选择。

事物的自然秩序，就是动物按照自然最佳适配而为，它生下来做什么。人类是生而就会思考，这是他们的典型特征，因此他们生下来后通过生活推断他们的路。理性是定义我们的一个特性，是什么让我们为人。对康德来说，对基督教一般而言，"自然"对"正确的事情"设置了标准——自然定义公正。因此，人类在基因或与生俱来的义务下合理地生活。

这个大理石面板描述上帝对亚伯拉罕的试验。

我们的想法是，所谓的理性将我们与其他人联系在一起，使拥有共享的、共同的人生成为可能。我们生活在理性的关系网中。这是我们天生的、仅有的性情。与理性相一致的是，法律控制人类的思想和行动。我们所做的，同样适用于其他人的动机或目的，正如他们做的也适用于我们一样，是什么使我们的行为符合道德。这个理性的需求，强加了一个绝对的、总在运作的行为规范。

对康德来说，随意性是伦理道德的主要敌人。只适用于我或我的团队的动机，本质上是随意的和以自我为中心的，因为它不顾其他人的尊严或者人性。实际上，这样的动机（那些仅对我或我的团队好的）对待别人，并不像我认为的那样值得。道德始终是相关的，而不是利己主义的，康德通过动机的可普遍化实现他的目的。我们的行动若仅仅符合正确标准，是永远不够的：必须因为正确的理由来做。只有在相似的情况下适用于所有人的行动，才可以被称为合理，而不是以自我为中心或任意的。康德称为"绝对命令"。

康德意识到制定绝对规则的问题。就实话而论，例如，一个人应该总是说实话，但如果说实话可能造成伤害的话，那他该怎么办呢？就康德而言，答案是，由于没有人可以对别人的行为负责，因为没有人能够明确知道任何行动的逻辑结果，一个具有伦理道德的个体只能根据这样一个命令忽视相关后果。

康德的伦理道德学——他的道德理念包含在动机的普遍化原则中——是从一个完全世俗的或非宗教的角度来写的，但它也是《圣经·新约》中的伦理学的直接产物。与基督教伦理学的区别在于，对基督教而言，是符合上帝的旨意来做善事，但对于康德来说，个人理性之外没有任何事——包括上帝自己——可以作为一个正确行为的基础。比如，"我做了，因为这是神的旨意"或者"因为《圣经》中就是这样说的"，对康德而言，都不是一个道德上可以站得住脚的理由。与理性一致的是，一个有道德的人是他自己的权威。

B. 实用主义

道德形式主义只是专业警务人员可能会选择的一个角度。康德主义者们对那些控诉他们无力推动人民生活更好的批判，已经难以应对。如上所述，如果一个人坚持康德道德行为的绝对规则而伤害别人，那他该怎么办？坚持总是说实话的规则，但如果说实话将导致藏匿的犹太人被纳粹发现，那你该怎么做？是我们行为的长期后果不重要吗？我们应不应该尝试自己去做好事？当我们说，最后会发生什么不是我们所关心的，难道不是在找借口吗？

当然，答案是我们的行为与后果是有关系的。与道义论的观点不同，一个人可能会很好地利用所谓的目的论来决定一个伦理道德的行动方针。目的论的方法（最著名的被称为功利主义的现代版），包括在任何给定的时刻试图计算出对他人行为的影响。因此，功利主义是我们讨论的伦理学思想的第二学派。

C. 赖以生存的伦理道德

在我们考虑两种伦理思想学派的意义后，我们将继续讨论，提出另一个当代警察伦理道德的参照标准。这是特别为今天的专业化打造的，我们的"赖以生存的伦理道德"建议，即警察必须在日常工作中参考几种类型的伦理视角。换句话说，警察有时会站在康德的道义论的角度，有时会参考功利主义或目的论。在管理各种伦理问题时，在其日常监管中，遵循伦理规则的官员采取何种视角，将取决于出现的是什么样的问题。

这种伦理道德标准是我们为本书准备的几个重要观点中的最后一种。它不单单是我们开始描述的涉及能力和伦理道德主题的一个延伸，就像一架马拉的大车，马儿带我们去我们想去的地方（伦理），车子装载着货物（能力）。受我们所说的行善原则驱使，我们认为警察应该按其重要性程度处理事务，首先不要造成伤害；然后，在可能的情况下，为了避免伤害，消除危害，同时扬善。我们的书为当代警察专业化，促进秩序（义务论）和促进善行（实用）的平衡提供了一个参照标准。

1-6 本书的结构

在第一部分（"背景"），我们提出了一些想法，这些想法可以通过本书的内容予以回应。第 2 章（"警察专业化"）揭示了伦理学是推动警察专业化的一部分。第 3 章（"警察工作的本质"）从独立警察个体从事警察工作的经历着手，开始向读者介绍，并以创建和维护警察亚文化的讨论结束。第 4 章（"为什么是伦理学？"）是对为什么一个人，任何人，应该把伦理学作为他或她生活的一个重要组成部分来考虑。关键在于警察开始将这些一般性的问题与合乎道德的（伦理的）警察行为联系起来进行思考，而不是与警察特有的讨论和实例相结合。从一般性的理想模式开始，可能会更好地让他们从思想的构架上，从更深层次的视角去理解它的积极意义，而不是从职业本身。

第二部分（"伦理学框架结构"）呈现了几种不同的学派对伦理学的理解。第 5 章（"品格是什么？"）通过将个人品格与警察伦理学相联系的讨论，表明我们怎样对待这些学派。第 6 章（"品格的发展"）吸引读者去考虑品格是如何决定的，着眼于发展他或她自己最可能胜任的专业。第 7 章（"伦理形式主义"）讨论了道德的绝对规则观点（如上所述）。第 8 章（"功利主义"）论述了一种依赖于仅仅计算行动会给自己带来获益和损失（后果）的伦理思想。第 9 章（"赖以生存的伦理道德"）是我们尝试把前面的章节全部抽出，组成一组简洁的法则，让每一位警察可以作为在街上执法的向导。第 10 章（"主观判断"）将这个伦理提交给警察去适用和处理一些街上遇到的难题。论述何为专业，即具有良好品格、能胜任的警察在不同做法中如何做出正确选择。

第三部分（"街头执法"）旨在让读者更接近于将实际应用的相关理论与警务工作联系起来。第 11 章（"警察不当行为的类型"）讨论了警察工作的相对阴暗面，警察有时会陷入的各种不当行为。第 12 章（"警察不当行为的原因"）暗示个人的、亚文化的，甚至全社会武装力量和动力学，驱使警察异常行为得以加速产生并维持的原因。第 13 章（"实际应用"）致力于讨论警方评审系统和纪律处分流程。

第四部分（"启示"）让读者从这些对特定类型的不当行为讨论中跳出来，重心落在问题上，一个警察怎样用他或她自己在警察伦理学上形成的综合观点来开展工作。第 14 章（"执法的道德准则"）证明，道德守则，尽管有时是不切实际的批评，但作为去理解街头执法的伦理学的基础而言，仍然是一个很好的参照系。最后，在第 15 章（"成为一名优秀的警察"），我们把所有的东西放在一起，理论和实践，理想和现实，仔细思考在今天和未来，做一个好警察究竟意味着什么。

1-7 小 结

在我们开始系统地研究伦理学之前，应该先说我们这样做的局限性。首先，由于在这个世界上，那些从来没有研究过伦理学的优良的、诚实的、能干的警察们比比皆是，而我们的努力旨在提高新招募人员就职的机会，使他们对一些有关伦理道德的事项有所了解，并掌握一些词汇，甚至可以据此进行伦理推理。

专栏1.6 本书的主要论点

> 如果警察在街上执法时，不经过仔细思虑去创建和维持个人的伦理道德规范来约束自己的行为，我们不会认为他们是称职的。伦理道德和能力直接相关，不可分割，它们都在很大程度上取决于警察个体的品格。

其次，一个人在进入警校之前，他或她本来是怎样的一个人，良好的伦理道德行为就已经决定了。这来源于一个人的品格和教养。也就是说，"伦理学上倾向"的人格特质是不可能由简单的读一本书或者接受培训可以创造的。我们只能希望，撰写的这些内容能够达到在伦理学和警察能力之间培养一种自我意识的目的。

让我们首先从一个争论开始：当代作为一名职业警察意味着什么。

1-8 话题讨论

作者认为警察赋予法律意义，使法律在公民的日常生活中鲜活起来，因为他们在实践中运用法律。这是怎么做的？举例说明警察是如何用他们的自由裁量权来"诠释法律"的。

1. 法律对人们区别以待。它对待一些人这样，对其他人那样。这并没什么错，实际上，法律工作就是这样做的。讨论一下，法律因为人们的行为不同或其特性不同而如何区别对待。

2. 本书试图用实证主义方法来讨论警察伦理学。也就是说，这本书花很少时间来谈论警察应该如何避免因不当行为而内疚，而花大量时间来论述警察应有的良好品格。讨论"不犯错"和"做正确的事"之间有何区别。

3. 作者重点表明，这本书的主题是，警察的能力不可避免地与警察伦理学联系在一起。通过这些，他们想表明什么？根据作者所述，这两者是如何不能分离的？

1-9 伦理情境

一名警察正站在法庭的证人席作证。随着法庭质问的进行，她意识到她逮捕的毒贩可能会被证明是无罪的。这是因为，即使她持有犯罪嫌疑人放弃第四条修正案权利的弃权书（宪法第四条修正案是美国权利法案的一部分，旨在禁止无理搜查和扣押，并要求搜查和扣押状的发出有相当理由的支持），事实上她搜查犯罪嫌疑人车上的行李箱太早了。她意识到只有撒谎（作假证）才能让犯罪嫌疑人被判有罪。她也知道，犯罪嫌疑人对整个过程是迷糊的，如果她决定撒谎的话，犯罪嫌疑人甚至不会意识到她的谎言。因此，她在自己的道德伦理观点冲突中陷入迷茫。

她该怎么办？为了实现正义而"作证"吗？她为什么会这样？她的理由是什么？这真的会促进正义吗？如果她确实撒谎了，那么伦理道德的意义是什么？为什么研究警察道德的专家认为，如果她说谎，她就会处于"滑坡"状态？警察自己因作证而成为罪犯的长期危险是什么？换句话说，证词如何从相反的方向影响正义？

1-10 写作练习

我们在正文花了一点时间来仔细考虑哪些元素可能是职业警察应当知道的"系统化的知识体系"。建立你自己认为必需的技能列表清单，列出现代专业人员可能具备的必要技能、知识基础和专业技能类型。要做概要——也就是说，列出尽可能长、尽可能包容的清单。考虑所有类型和每一种类型必需的知识。看看你能不能想出（至少）50 种这样的要素。（为了构建一个完整的、概要性的列表，教师可能在课堂上会与大家分享他们的列表。）

1-11 关键术语

collegial：学院的，指的是同行用来在其职业中解决问题的方法。

community oriented policing（COP）：面向社区的警务，指的是当代的专业警务。

CSI effect：CSI 效应（犯罪现场调查效应），媒体给公众展示的、不合实际的有关警察的理念，即他们是怎样工作的，以及他们能够实现什么。

curbside justice：街头路边正义，警察在街上伸张正义，通常涉及过度使用武力。

decriminalization：非刑事化，通过警察行使自由裁量权使有罪变为无罪。

Dirty Harry problem：肮脏哈里的问题，一些警察为了执行实体法而违反程序法的想法，以为了完成工作的名义去做事。

discretionary decision making：自由裁量决策，在选择项中选择，特别是决定如何援引法律时。

deontology：义务论，对道德义务的判断，伦理制度中判断一个人伦理中心及意图的术语。

ethical dilemma：伦理困境，在矛盾的做法中做出选择，每一种选择在道德上都是站得住脚的。

the good：善行，使一个人的生活变得值得、快乐、持续，由每个人自己定义；《独立宣言》中托马斯·杰斐逊所定义的"幸福追求"。

justice as process：程序正义，正义被定义为平等对待。

justice as substance：实体正义，使人得到应有的正义。

noble cause corruption：基于崇高事业理由的腐败，类似"肮脏的哈里"的行为；涉及警察为了实施实体法而违反程序法。

occupying army：占领军，警察的行为举止就好像他们是外国人，来镇压
　　美国公民的。

professionalism：职业化，各种不同的定义，但在本书语境下，警察等同
　　于医生、律师等。

self – disciplining：自我监管，专业人士为自己的专业制定行为标准，然
　　后要求他们的同行也一同遵守。

self – regulation：自律机制，专业人士发展和应用自己的标准从事其职业
　　而制定的准则，包括最低教育标准、许可要求、培训实践，等等。

teleology：目的论，此观点认为自然设计的最终目的是其组织生长或发
　　展，做一件事或一个行为的目的是引导其发展走向一个特定的结果。
　　例如，橡树的目的是长橡子（自然的结果）。

第一部分

背　景

在第一部分，我们将思考伦理道德判断对当代警察专业人员的重要性，讨论道德生活的问题以及品格的本质。首先，我们必须讨论今天的警察是如何参与到一系列激动人心的变化中来的，这些变化影响着他们职业生涯的方方面面。从被选为警察，到他们是如何被训练的，再到今天的警察所具备的知识水平，一切都与过去不同。我们现在将对这些动态变化予以简单讨论，以便对新警察专业精神形成更好的理解。

第2章　警察专业化

近年来，很多人都在谈论"警察专业化"的事情，似乎每个人都确信自己知道它的含义。警界高层、大学里讲授刑事司法课的专家们，甚至政客们都一直在呼吁警察专业化。一些人认为，自美国上个政治时代结束和改革时代开始，警察早已是专业人士了。另一些人则认为警察尚未具有作为专业人士的崇高地位。

不幸的是，许多人，无论是在警察内部工作的还是在外部工作的人，都持有一种职业化的观念，而这种观念恰恰与那些在该领域工作的人的观念相反。这在很大程度上是伴随改革时代而产生的误解（稍后详细介绍）。这很麻烦，因为要想在美国的警界中发展专业化，每个相关人员都必须了解真正的专业化的教育、亚文化和伦理意味着什么。让我们简要回顾一下历史，开始我们对警察职业精神的讨论。

2-1　警察专业化历史演变

在过去一个世纪的有组织的警务工作中，大家一直都在提专业化的理想模式。但是，自这段历史开始以来，专业化的定义已发生了显著的变化（见专栏2.1）。因此，当我们试图理解这一问题时，我们就面临一个难题。随着时间的推移，专业化这个概念有三种不同的和相互矛盾的定义。

当罗伯特爵士和英国议会1829年创建第一个英国警察部队（伦敦警察局）时，他们认为他们已经创造了一种"专业"的警察队伍。这是因为他们已经取代了半自愿的守夜人和治安官的机制，设立了一个全职雇佣人员担任警察的组织。这些人被认为是专业人士，因为他们被雇用，受训，并因为做这份工作获得了报酬。他们统一着装，脱离公众，不再像他们之前的守夜人一样。

然而，并不是每一个受雇从事一份工作并因此得到报酬的人就是专业人士。中世纪的专业观念是大学发展所带来的副产品。最初，这些职业包括牧师、律师和医生。当时，这些人是唯一会读、会写的人。那时，印刷机尚未发明，专业人士是一个人数较少的、精英群体的人群，他们能接触到书籍、各种理念和复杂的知识。

专栏2.1 美国警务发展的历史时期

- 政治警务时期：1837—1910年 警察组织与政治机器联系在一起。警察基于他们对当地的政客的忠诚被雇用和保留职位。这段时间，腐败猖獗。警察培训是根本不存在的，因此，警察的能力低下。

- 改革警务时期：1910—1980年 由于腐败丑闻，在这段时间内建立了司法管辖权，半军事化性质的警务发展起来了。建立了公务员制，开始了招聘。建立了警察院校。警察的责任开始受到重视。

- 专业警务时期：1980至今天 社区导向警务的驱动创造出一门新的哲学，涉及主动提前型警务、持续的警民网络化、合议的问题解决策略和利用较低水平的专业知识。

在政治警务时期，警察被"政治机器"控制，正如 19 世纪托马斯·纳斯特所创作的漫画"特威德老大"所示。

　　并非各种各样的做全职工作的人都被认为是专业人士。他们所从事的职业或事业并不涉及教育、培训、经验、责任，以及职业所要求的伦理道德。人们可能是屠夫、面包师或烛台制造商，并因为做这份工作而获得报酬，但他们不是像医生、律师、教师或工程师那样的专业人士。尽管这个世界的木工、电工、水管工（等）干蓝领工作的人有显而易见的职业技能，但他们都不是我们这里所指的真正的专业人士。

　　一代又一代的警察都在从事一项需要努力工作、奉献精神、洞察力和勇气的职业。然而，直到最近，警方还没有要求他们具备成为真正专业人士需要具备的东西。一方面是真正的专业，另一方面是职业，区分这两者并非无事之举。正如我们将看到的，这种差异对于理解现代警察应该是什么至关重要。它涉及谁应该被雇用和他们应该如何训练，警察系统应该如何组织，警察主管应该如何领导，以及警察审查系统应该如何运作。

　　最终，英美警务史上的第一个时代——这个时代由英国内政大臣比尔创建伦敦大都市警察开始，通常被称为政治警务时代——后来被改革警务时代所取代。这种情况发生在 1910 年和 1940 年之间的美国大多数城市。为了打击许多警察圈子中存在的腐败和无能，对警察和警察组织设置了很多严格的控制措施，指挥链被收紧。制服和更有军人气概的打扮都被强化了。专门为调查警察因不当行为而被指控创建了内务部。警察学院诞生了，培训第一次受到重视。所有这些都是以使警察专业化的名义进行的。

于是，第二代专业人士的新定义诞生了。这些新一代的警察们必须通过背景调查和公务员考试。他们会被送到学校进行培训，会因不当行为受到指控时接受调查，并开始得知能力是一个重要的目标。警察们开始得知，通常从他们的小队长那里，他们应当随时保持专业的形象，并在任何时候都表现得专业。这意味着他们应该擦亮黄铜皮带、擦亮皮鞋、剪掉头发，以一种军事化的方式行事。

就像军人一样，这个时代的职业化观念的一部分是，（所有的）警察将与公众保持一种文明、正式而遥远的关系。在执行任务时，他们从不偏袒任何一方。他们客观公正，精确地适用法律。他们将被教导忽视各种各样贿赂和贪污的诱惑，因此会被激励去做诚实的公务员。他们将受到刑法和判例法的教育，并意识到作为法定的辅助专业人员的作用。他们必须服从上级下达的命令，就像在军队里一样。

在大多数地方，这些变化有效地消除了旧式的腐败，使得警察对荣誉、权力、效率和骄傲有新的认识。然而，对专业人士的第二个定义仍然是不恰当的。它专注于警察的外表、军事行动模式，以及警察应该拥有的知识的一部分（法律相关的部分）。它并没有考虑到真正的专业人士所具有的学术经验和行为。如今的警察并非仅仅因为全职工作就成为专业人士。他们也不能仅仅因为受过培训，有行为准则和制服，就是专业人士。他们也不能因为拥有指挥链就是专业人士。

在过去的几年中，美国警方在各方面都朝着真正专业的方向转变。这一系列的改变朝着第三个和更准确的专业定义方向发展，这一变化在一些地方仍然在进行之中。

在警察专业化的军事化定义下，警察需要擦亮他们的黄
铜皮带，擦亮他们的鞋子，剪掉他们的头发，并以一种
军事化方式行事。

2 –2　今天的专业化

　　研究职场的社会学家对专业与"工作"或者"职业"之间的区别有
着独特的理解。专栏 2.2 提供了一个关于真正的专业要素的小结。对我
们来说，在这里花一点时间来讨论这些要素是非常必要的，这样能让我
们明白，个人道德如何作为一项关键本质融入警务工作的发展中使之成
为真正的职业。

　　今天的警察们，作为一个群体，具有一些特征。但是由于他们并没
有全部拥有，因此，警察们的头上并没有像其他人一样贴上"专业人
士"的标签。

警察伦理学——关于品格的问题

专栏2.2　什么是专业人士?

专业人士拥有:

知识　外行(非专业人士)不具备的系统化的知识。

教育　学院学习经历,在一个更广泛的概念框架内,系统化和有组织地研究和学习。

规则　自我监管,教育标准,以及由专业人员自行设定的许可证,通常由专业机构如美国医学会(AMA)或者美国律师协会(ABA)管控。

纪律　自律,调查以及惩戒被同行专业人士指控行为不当的成员(同样的,通常由 AMA、ABA 等类似的专业机构行使)。

问题解决　以"合议"的方式完成;这类专业的所有注册会员,在某种意义上,是利用他们的专业知识和视角来一起讨论解决问题(而不是以独裁的、受制的方式被动驱使完成)。

伦理学　行为内在的准则,产生并得到全行业的专业保证和承诺支持。

A. 系统知识

首先,成为一名现代警察,应当具备系统的知识体系,必须从中学、大学、警察学院和在职培训中获得知识。这个世界的外行们,甚至其他法律专业人士,比如律师、法官,并不熟悉这些知识体系的复杂性。律师了解判例法和成文法;法官也熟悉法律;狱警知道如何处置囚犯;心理学家精通青少年心理学和帮派理论;社会工作者知道正在发生的家庭问题和家庭暴力;犯罪学家知道犯罪的多重原因;军事人员了解枪支和武器战术;医学界都知道药物滥用。但是没有一群人能像一个受过教育的警察一样同时知道所有这些事情。因此,人们可以认为,警察拥有自己独特的知识体系。

B. 教育

今天的警察接受了非常好的训练，可以说是给他们进行了真正专业人士所接受的类似学院类型的培训。大量的警察都接受了大学教育，很多人获得了学位。每一名警察都到警察学院学习了与警察有关的特殊知识。此外，在早期，这些院校的教育只有几周的时间，现在已经达到15周，有时甚至有20周的培训经历。

今天，在大多数的警察组织机构中，警察菜鸟们在街上接受现场训练长官（FTOS）的培训。此外，在职培训，现在采取每周甚至每天看录像、阅读培训部门的备忘录，以及就法律和司法发展进行讨论。这些进步促进了教育和培训经验，满足了现代警察的职业需要。事实上，终身学习以及涉及那些真正专业化象征的教育准备和知识维护，现在已经是美国警察工作的一部分。医生、律师、教授和其他专业人士终身都在对他们的知识基础进行更新，今天的警察也是如此。

然而美国的警察制度并不像其他地方那样开放地学习，欧洲的警察教育模式很可能为我们的警察制度的未来提供了一个很好的参考。在许多欧洲国家，一名警察学员在被完全认可之前，必须以见习警察的身份实习。这个实习期可能是长达两年的试用服务时间。在这段时间内，学员们要参加大学级别的课程并履行各种警察职责，这些职责对业务操作来说是必要的，但并不是决定性的。通过这种方式，初级警务人员获得了经验和专业知识，同时警察组织也完成了多项任务。当得到充分的认证后，这位警察相比美国的警察新手，已拥有他们所不知道的、丰富的经验。最为重要的是，许多欧洲国家的警察很久以前就取得了一种专业人士的地位，这是美国警察多年来无法达到的。

与街上执勤的警察不同，欧洲的警务督察们从另一个不同的方向来开展服务。虽然在美国，人们认为每位警察高层都必须经历最基层的巡逻服务，但在欧洲，情况不是这样的。监督管理机构是由一些在我们可以称为警察科学的领域里具有相当于研究生教育学历的人掌握的。高级指挥官们在监管警察前，通常拥有犯罪学（刑事学）博士学位。个人确实可以从街上执勤的警察脱颖而出发展进政府管理队伍序列，但大多数的政策决策是由高学历的人们制定的，他们不一定有任何街头执勤的经验。这对美国读者来说，听起来很奇怪，因为大多数美国公司的运行都是沿着相同的路线。也就是说，欧洲人并不认为在监管和（或管理）岗位上工作的人们必须在生产线上具有丰富的经验。

很明显，今天的警察拥有系统化的知识体系和本质上接近真正专业性质的学院经历。此外，今天的警察开始注重终身学习，这是专业人士的真正标志。

C. 自我监管

关于自我监管，在最近几年，有经验的警察管理人员已经就职于管理职位，这些职位对雇佣政策、测试程序和教育（学院）的水平有很大的要求。大多数联邦州都有治安官标准和培训机构，为警察工作制定了标准。这些机构听从警察管理人员的建议。治安官标准和培训的佣金决定了警察院校上哪种类型的课程、课程的小时数、取证人员需要接受什么类型的培训、K-9的警察需要进行什么类型的培训、多少时间，等等。这确实是历史上定义职业的社会学家们所设想的一种自我监管。美国医学会和美国律师协会所拥有的类似自我监管的权力在警察工作中尚不存在，警察的自我监管正在扩展。因此，今天的警察也符合专业化的标准。

D. 自律

关于自律，事情是不同的。表面上看是指警察规范自己的行为。所有警务人员均须服从内部、警务处的纪律处分制度。大多数国家要求警察有适当的程序，从法律的角度来说，来受理和调查警察不当行为的指控。在那些很少开展民事审查工作的司法管辖区里，内部系统仍在并行工作。因此，所有有关警察不当行为的指控都是由警方调查人员调查处理的。

但是内务部，几乎所有地方都是这么称呼的，是管理警察的机构，负责雇用和解雇警察。就真正专业化的义务机制而言，内务部不是由警察来处理内务的。调查人员为警察局长和执政官工作，负责调查不当行为，但警察并不负责这一工作。警察工会和/或兄弟组织不参加警察自律。事实上，美国警察组织常常积极地对抗内务部组织。当官员被指控不当行为时，通常警察的组织（工会）会为被告提供辩护。从历史上看，工会倾向于辩护每一警察被控的任何形式的不当行为，无论不当行为多么恶劣。因此，警察工会往往会采取辩护的策略，而不是将警察问责作为职业价值观的一部分予以认真考虑。

当医生或者律师被指控不当行为时，他们的专业团队有机构（医生的"联盟"美国医学会；或律师的"联盟"美国律师协会）去积极参与调查和管教自己的成员。在其他专业领域，如教学和工程，这样的事情都是以同样的、类似的方式操作。然而，由于警察兄弟般的组织机构历史上一直反对对行为不当的警察问责，真正的职业自律还没有成为警界的标准规范。这一现实所具备的伦理学含义是显而易见的。

警察要成为真正的专业人士，作为一个群体，他们自己必须认真对待因不当行为而犯罪的同事们。

E. 解决问题

缺乏有组织、有系统的问题解决模式，这也是一个专业化发展道路上的问题。指挥和管理方式与专业化恰好相反。领导决定战略。下属服从命令。没有任何事可以商量。

这绝对不是专业化模式。

专栏 2.3　集体解决问题：一个例子

> 假设城市的某一处有白日入室抢劫的问题。在准军事警务时期，可能在当地警察部门的中层管理层中已有一个备忘录生成，旨在打击这个问题。在行政大楼内工作的一个中尉或者监视指挥官很可能在这样的指令下已经聚集在一起，命令警察们采取一定措施（改变他们的巡逻模式等）来解决盗窃问题。

今天，在社区警务为主的司法管辖区，开发了一个可能协商解决此类问题的方案。中层管理人员将与负责警察以及在问题地区巡逻的警察一起，发挥每个人的信息和专业知识，努力想出一个解决方案。

当然，有大量工作经验的中层管理人员将从一个老兵的视角提出更有经验的观点。但较低级别的警察们也会因他们的专业知识得到信任。

毕竟，底层警察们是整天在街上巡逻的。

他们不仅熟悉当地的整体地形，也清楚那些在当地行窃的特定窃贼们，他们的汽车，以及他们的家。这样的知识应该会在警察组织里得到极大的尊重。这种方式开发出的解决问题的方案，可以说比过去任何一个从来没有巡逻过的、从天而降到街上的人写的一份备忘录，更合乎逻辑的基础，也更有效。

在这方面的好消息是社区警务这一理念的发展。这种哲学能够使指挥部门的警察个人用他们自己稳步增长的专业知识和教育水平做出自己的决定。此外，取代自上而下，警察需要一个合作关系的警察组织，将中层和高层管理人员的丰富经验和全局观点，与天天在街上巡逻的底层警察们的专业知识合在一起协调使用。如果能够有效地运行，经验、教育和街头生存知识相结合，将创造出实事求是的、深思熟虑的，英明的解决方案（见专栏2.3）。

随着社区警务的壮大，使用底层警察的专业知识作为警察决策基础的想法越来越受重视。如果继续这样发展下去，通向警察专业化的一个路障，即服从指挥命令和半军事化——将被搬走。对我们讨论的警察伦理学而言，这也是一个至关重要的要素。

在本节中，我们已经讨论了那些经典、关于对专业化的社会学定义是怎样适用于和不适用于今天的警察。这里有很多好消息，值得自豪的是，今天的警察们可以看到那些正在进行的动态变化。对警察专业化这一问题讨论时，我们必须考虑到，所有这一切将怎样以一个更实际的和可以理解的原则来组织在一起。虽然上述讨论的专业化的特点很重要，它们并没有告诉我们很多关于专业化的实际的参照模式，也没有告诉我们专业的警察作为一个个体应该具备什么样的专业化。

2 - 3　缪尔的专业化概念

在描写警察的最重要的书《警察：街头政治家》（芝加哥大学出版社，1977 年）中，政治学教授威廉·K. 缪尔（William K. Muir, Jr.）从不同的角度讨论了警察专业化。目前，我们的讨论已经涉及警察亚文化中关于专业化的思考。也就是说，我们假设医生、律师、教师和警察，要么全是专业人员，要是全不是。但缪尔的概念是不同的。事实上，它是独一无二的。缪尔的分析指出，无论什么样的标签完全应用于全体警察中，总有个别的警察会像专业人士一样，也总有另外一些不专业。因此，他的概念让我们把警察的行为作为个体去思考。

专栏 2.4　缪尔的专业警察概念

> 专业警察拥有：
>
> 激情　诉诸暴力或者威胁，本质上都是强迫，在道义上是能够接受的。如果它仅仅是为了正义和基于社会的福利而使用时，情况的确如此。不需要在威胁或使用武力的过程中感到内疚，只要它是"有原则的"。
>
> 视角　对人的动机的深刻理解，对生命原因和结果的感知，关于人生悲剧的知识，也就是说，所有人都会遭遇损害，每个人都渴望尊严，没有任何一个个体是毫无价值的。

缪尔认为，就警察个人而言，要成为一名真正的专业人士，必须具有"激情和视角"，尤其在他们运用相当多的专业知识去解决人们现实生活中的问题时。让我们来看看缪尔的两个理念，探讨一下它们是怎样为警察职业化创造出一个可以理解的和实用的典型模式的。

A. 激情

缪尔的第一个理念是，专业的警察必须拥有他所谓的"综合激情"

来使用强制力。他的意思是，警察为了得到一个令人满意的结局，不得不心安理得地去使用那些相当于敲诈勒索的东西来实现善行。他们必须把这些融入他们对伦理的看法中。通过使用威胁去伤害一些对他们来说有价值的东西，敲诈勒索包含在从别人身上获得所期望的行为中。孩子可能会被警告对自己的行为负责，否则他们会挨巴掌。国家告诉大家彼此对自己的行为负责，否则他们将会被侵犯。同样地，警察也会威胁人们要抓人，除非对方照他们说的那样做。

然而，并不是所有的警察都愿意去这样做。一些警察不愿意去威胁别人，因为他们觉得这已经触及恃强凌弱。由于不会因这样的欺凌行为感到舒适，一些警察更喜欢理性地利用职权去尽可能地说服人们去做正确的事情，因为这是好的，或者公平的，或者合理的。这种想法并没有错。事实上，缪尔煞费苦心地指出，警察应该在这种公正的方式上，成为控制行为的专家，使用逻辑、智慧和他们的说服力。

但警察通常遇到这样的情形，在此情形下，要求人民使用更好的判断、逻辑、宗教伦理或者道德是不起作用的。在这种情况下，缪尔写道，专业人员不应因恐吓人民而存在"矛盾"心理。恐吓，如果基于追求公平正义的最佳利益使用的话，是警察器材库中的一个重要的工具。如果警察不愿使用强制力，他们可能就无法解决人民的问题，从而无法完成他们的工作。

B. 视角

职业警察的第二个特点是其视角。缪尔认为，专业人士需要对生活有一个特定的看法，他称之为"悲剧视角"。他暗示，所有人都在不时地承受他们生活中的悲剧，因经历不公平、灾害或灾难的悲剧而受伤。缪尔并不认为当人们因其不正常的行为遭受苦难时应该被原谅。但他确实指出，作为一名专业人士的关键，必须能够理解悲剧是可以解释许多不正常的人类行为的。

强制的道德

	整合的	有抵触的
悲剧视角	专业人士	回报者
愤世嫉俗的观点	执法者	躲避者

　　不当行为、异常行为和犯罪是很多不同状况的动态产物。生活充满了复杂模式。专业人士知道，不幸的、不走运的和不可控制的环境，可能会影响我们中的一些人。有时悲剧把人们压垮，产生异常。缪尔提出，现代职业警察的工作涉及的不仅仅是对犯罪和暴力做出反应，更应了解产生此类行为的潜在原因。虽然他从来没有暗示，警察看到犯罪发生时不应该采取行动，但他也指出，努力解决这些问题，是职业警察工作的一大部分。特别是在社区警察的时代，警察被期待在他们分管的片区去解决那些老大难的问题，而不能简单地以说教的方式去对公民的不当行为做出反应。

　　因此，缪尔这里的想法是，专业化是对犯罪原因的关键剖析以及对各种解决方案的初步探求。但还有更多。因为这个悲惨的现实生活，缪尔认为，警察的世界观不应该把人简单区分，分为"好人"和"坏人，"变成了"我们"和"他们"。这样思维就陷入他所说的"愤世嫉俗的观点"中，这表明为不同的人设置了不同的规则：一套为"他们"设置，而另一套给"我们"。在一定的基础上，人类层面上，每个人都是平等的。这是悲剧视角下所表达的社会现实观。

　　由于愤世嫉俗的观点被警察应用在大街上，使公民在真正意义上成为敌人，这会导致一种情况，在这种形

缪尔指出，所有的人在其生活中都会经历悲剧。然而成为一名专业人士的关键，在于知道悲剧怎样揭示出许多与异常行为相关的东西。

势下，人们和警察相互怀疑对方。一些好的、有能力的警察知道，没有当地社区的帮助，社区治安将无法确保。愤世嫉俗的观点不利于警民合作，不利于人们建立对警察的信任。

2-4 分　析

将我们对专业人士的定义和各种讨论予以综合，我们发现，警察这个"职业"已经朝着成为一个专业的方向走了很远。

第一，回想一下，今天的警察已经拥有系统化的知识体系。这一知识体系迅速增长。随着知识基础的扩展，现代警察的受教育经历也必须随之增长。四年的大学生涯基准是至关重要的。除此之外，学院刑事司法课程的内容需要扩大。如何教育明天的警察，在他们接受实践训练之前，学校必须增加内容，这方面需要进行大量的研究。此外，在警察学院花费的时间需要继续延长。警方领导和掌控钱袋子的那些政客们需要支持这种发展。

第二，对社区警察这一观念的认同度是警察专业化发展不可分割的一部分。同时，警察专业化的几个要素会自然跟随。这里重要的是解决问题的系统方法。在公安院校中，受学院氛围的影响，扩大了军事化方面的比重，过时的指挥与控制领导方式应该结束了。当这种情况发生时，利用低级技能、由今天的中层管理人员指导和协调的情况将朝着长期追求警察专业目标方向发展。

第三，美国的警察需要更认真地对待警察的不当行为。在工会代表的领导下，美国的警察需要了解，如果他们与警察管理者一起努力，试图产生积极的警察行为，他们的地位、薪水和福利待遇只会增加和改善。毫无疑问，对这个领域的许多人来说，这听起来绝对是"开箱即用"的，然而，没有特殊原因的话，警察工会不可能积极追求警察审查系统和惩戒机制，与警察行政机构间创建伙伴关系。

第四，让我们回想缪尔的悲剧视角。他记述了警察们受益于这样的观点。对偏差行为因果模式的复杂性以及包含人类单一本性的理解，将使我们认识到今天的警察们会有一个积极的行事方式。通过培训和有效的指导，所有的警察领导者——无论他们是否是直接主管、管理者、工会代表，或者只是有经验的老兵——在追求这一目标上都可以有所帮助。

第五，我们的重点在这里：把个人的伦理道德规范融入现代警察的操作守则和精神中。我们当然会建议，这是我们赖以生存的伦理道德。但无论这种情况是否发生，美国的警察需要与时俱进，把这种伦理应用到他们采取的每一个行动上。因此，我们有一长串的重要的子清单，这些内容可能在美国实现警察专业化的总目标上发挥作用，正如它们在欧洲的方式一样（见专栏 2.5）。

专栏 2.5　朝着职业化方向发展应当采取的措施

除了在全国范围内社区警察的持续发展，下面是必须达到的一些细节：

- 学术经验的扩展
- 高校解决问题方式的拓展
- 在亚文化中的自律
- 接受悲剧视角
- 专业伦理道德的内化

2–5　小　结

对我们来说，在本章前几节，讨论专业化定义的历史发展是非常重要的。每个在警界工作的人都需要知道什么是专业，什么不是专业。然后，考虑专业化的社会学定义，对我们来说相当关键的。虽然在这个方向正在取得进展，但仍有障碍阻碍它的最终发展。对这一领域发展的好消息和坏消息，都需要进行分析。

最后，对成为一个基于分分钟计算基础上的专业警察到底意味着什么，缪尔给了我们一个更切合实际的说法。虽然它绝不是一张"怎么做"的细节列表，缪尔告诉我们，专业人员需要集中其个人品格中的使用强制权追求公平解决的热情和一种减轻对生活玩世不恭和厌倦的悲剧视角。

最后一个需要注意的是关于专业化的概念。专业化改变了成千上万警察对其工作的感观。这个变化就是，警察们从把警察工作看作一种职业，变为将警察工作作为一项专业。随着时间的推移，真正的专业人士会有这样的想法，成为一名警察是一项特权。这不仅仅因为警察是一份具有巨大利益的好工作，或一个动态的工作经验，也因为大量的责任和权力，每个警察都是非常伟大的。

2-6 话题讨论

1. 文中内容参考了不同历史时期有关警察"专业化"的定义。为什么作者需要花费时间来解释穿制服、仪态标准、服从命令、开展工作没能让一份工作成为一项职业？

2. 讨论"专业"的社会学定义。从这个角度看，警察是"专业人士"吗？如果不是，那么让他们成为专业人士，需要做些什么？

3. 应用缪尔的悲剧视角，讨论一下为什么会有犯罪。也就是说，对产生犯罪的多种原因进行讨论，主要观点是：悲剧、机会、社会环境、机遇和必然性，所有这些都能导致一些人走上犯罪的道路。

4. 愤世嫉俗的世界观是用"我们"和"他们"把人群分离。缪尔悲剧视角中将两者并列。如果警察将一组规则适用于那些他们认为是好人的人，而将另一套规则放在那些他们认为是坏人的人身上，那么结果将是什么呢？我们怎么知道哪个应该适用哪个？难道我们凭其种族特点或者宗教信仰，或者性别来判断吗？这些错在哪里呢？

2-7 伦理情境

2001年"9·11事件"发生后，田纳西州的警察面对一群人，后者想烧毁一个穆斯林的礼拜场所。人群中最激烈的成员叫嚣着"穆斯林袭击美国"如何如何，因此，复仇是一种回应。这些警察该做什么？除了那些明显的——阻止人群纵火外，他们做什么才能让人群冷静下来？告诉人群多一些忍耐和宽容？警察该怎样解释才能说明，不是所有的穆斯林都是恐怖分子？同样地，美国一直主张所有人都有信仰的自由。换言之，警察如何采取积极的、具有指导性的措施对待这些采取愤世嫉俗的方式来表达愿望的人群？警察怎样才能用缪尔的悲剧视角表述这个事件，从而教育人群？

2 - 8 写作练习

我们的讨论表明，社会学定义的"专业"概念中包括作为关键要素之一的行业自律。构思一篇论文，来阐述发生在触手可及的内部事务中的警察纪律和社会学家所要求的真正自律之间的差别。（提示：关键的不同之处取决于传统上警察工会怎样反对警察问责制，取而代之的是，作为工作的一部分，去强制执行。）

2 - 9 关键术语

chains of command：命令链，一种从高一层发展，依层次传递，低层员工听从指示的组织系统。

collegial problem solving：合议（协商）式问题解决，解决问题的专业模式，此模式下同行们聚集在一起，以公平和民主的方式找到解决办法。

field training officers（FTOs）：实战训练教官，当新招募的警察已经完成学院课程后，经验丰富的教官培训和指导他们在街上实习。

integrated passion：综合激情，以实现良好结局的名义使用胁迫手段在道德上是可以接受的。

internal affairs：内部事务部，负责调查不当行为的内部小组。

Metropolitan Police of London：伦敦大都会警察，西方的第一个身着制服、正规的和有组织的警察部门。

Peace Officer Standards and Training（POST）：和平警察标准与培训，国家

级委员会，建立警察教育和认证的专业标准。

Sir Robert Peel：罗伯特·皮尔爵士，曾任英国首相，在 1829 年创建伦敦警察局。

political era：政治时代，美国警务的第一阶段，该阶段警察直接由政治机器控制。

reform era：改革时代，该阶段美国警察被重组变革，半军事化取代旧式政治控制的方式。

self – discipline：自律，指专业人士有权处分自己同行的不当行为。

self – regulation：自我监管，指专业人士有权为自己的职业设定规则标准。

systematized body of knowledge：系统的知识体系，专业人士在他们的职业经历中累计的特定职业信息。

tragic perspective：悲剧视角，缪尔理想中的专业化警察，他们理解人类整体经验的理念、复杂的因果模式和人类相互依赖的必要性。

第3章　警察工作的本质

> "人们总是说，警察是强势的个体。这是荒谬的，警察根本没有什么权力。"
>
> ——约瑟夫·温鲍，小说家，前洛杉矶警局警察

我们从各种各样的名言警句开始。在关于警察工作本质的扼要说明中，我们在一定程度上掩盖了这个事实，即读者可能已经学习过警察社会学的课程，或者是具有丰富经验的警察实践者，或者作为领导者已经有所了解。然而本章非常可能是扼要的重述，完全略过显然不是个好主意。它既是对资深警员的提醒，也是对新招募警察的告诫，因为我们会提出一些可能影响经验的关键和独特的挫折。

特别是，我们将关注几个有关基层警察执勤、警察监督和作为一名警察管理人员的工作经验悖论。实际上，警察工作的悖论比比皆是，它适合任何人去开展一个有关警察伦理学的讨论，暂时聚焦在街上执勤时个体警察是如何感到不知所措的。与此同时，有必要去反思警察亚文化形成的原因，因为与公众相隔离，因为警察的惊人团结。

3-1　悖论的本质

警务工作充满了悖论，有警务工作经历的每个人在某种程度上都经历过挫折。尽管他们付出努力，但警务却不是人们所期望的那样。媒体塑造的印象是不现实的，自己身上的理想主义观念有所影响，关于在自由社会中执法应该如何，新招募的警察通常对于他们将要经历的事情有

一些牵强的想法。菜鸟警察们意识到，作为一名警察经常要使用武力，大量并持续地控制公众，他们认为，成为一个警察首先需要强制。

当然，没有什么可以远离真相。新兵们很快发现，警察的工作恰恰是令人沮丧的，因为警察往往欠缺完成其基本任务的力量。行使实质上凌驾他人之上的权力会带来压力，在一个年轻警察的精神世界里，挫折感不是拥有相对别人来说有相当权力带来的，而是权力不足带来的。

有关强制权的悖论，仅仅是构成一套更大的悖论中的一小部分。在本章，我们的讨论将集中在这些悖论中，以及年轻的警察们在个人和集体的方式中怎样去处理挫折。但在我们讨论其他悖论之前，我们必须先讨论一个非常重要的悖论，它在这里构成整个讨论的基础。

3-2 最初的管理悖论

警察应有的职责和应当扮演的角色是复杂的，具有冲突性和模糊性。警察要做的事没有一件是单一的，他们所扮演的角色也没有一个是简单的。在街上（执勤时），他们一直在不断奋斗，利用各种各样的工具来完成各种各样的工作，与此同时，他们也扮演着不同的角色。这可能使警察困惑，也会使领导不解。

警察有三种基本的职能和角色，包括执法、维护秩序和服务。令人沮丧的是，警务工作的现实一直都面临这些职能之间的相互冲突。比如，警察有时会在一个大型、有秩序的摇滚音乐会上监视毒品的使用，或者他们会在一个平静而受控制的联谊会上与一大群未成年饮酒者打交道。在这些场合下，强制执行法律很可能会产生控制大量人群的问题。在这种情况下，执法将与维护秩序起正面冲突。

在警务工作中，类似细节并不罕见。因此，警察所从事的那些复杂的、冲突的和模糊混乱的工作本质，有时对警察自己来说，都会产生困惑，这些困难的确直接影响我们讨论什么是道德行为。这就是警务工作悖论的底线所在。

3 - 3　执勤悖论

在街上执勤的所有警察也面临一些其他悖论（见《警务工作的悖论》，第 2 版，佩雷斯著，2010 年）。事实上，对警察亚文化来说，一个最有说服力的理由是，警察亚文化是警察们在一起形成的、一个紧密结合的团体文化，因为只有其他警察才了解这一悖论驱动的经验。

A. 正当程序

警察是法律系统最明显的代表。从理论上讲，他们应该是美国正当程序体系令人骄傲的代表。但他们往往不是。由于刑事司法制度的运行模式，警察可能以与其应有的程序原则不一致的方式行事。一些警察如此不可阻挡地反对排除非法证据过程，以至于他们为了实现其认为最重要的使命，容易违反程序法：通过清除坏人来保护公民。

专栏 3.1　复杂、冲突和模糊的职能

> 警察的三大主要职能，它们诚然是模糊的，而且经常互相冲突：
> - 执法
> - 维持秩序
> - 为社区提供服务

在街上，警察必须关注实体罪行。但制度并非如此，它侧重于程序性的过失。因此，法律制度似乎在法律细节的荒野中迷失了方向。该项制度的规则似乎在寻找真相，对公民的异常行为作公正的决定。

这个焦点可能会以个人化的方式去阻挠警务人员。当警察出庭作证时，辩方的任务是去质疑他们的可信度。无论是暗示一个警察在撒谎、不称职，还是暗示他偏执或者无知，这个制度都可能使证人席的警察感觉好像是在攻击他。为了努力实现这个法律制度所认定的真相，这个制度看上去对警察个人而言是极不尊重的。因此，警察经验中一个非常重要的悖论是，正当程序制度被相当多的警务人员摒弃，因为它似乎是专门为了针对他们。他们变成了"肮脏的哈里"，我们前面讨论过这一点。

B. 模式化

当我们听到模式化这个单词时，我们往往以一种消极的方式解释它。我们中的大多数人反对种族、宗教或性取向的成见，这些成见错误地或不公平地歧视一些群体。但模式化本身是生活中的原理。每个人都用它来应付生活的复杂性。它是自然的和合乎逻辑的。心理学家告诉我们，我们所知道的一切只不过是储存在人们头脑中的"诊断包"，包含对人、事物、事件和语言的印象而已。我们附加到任何东西上的标签，无非是一个印象包，存储庞大信息图式的部分信息，包括我们是谁、我们在思考什么和我们知道什么。

尽管所有人均采取模式化思维，但警察往往比其他人更容易极端。像所有的官僚机构一样，他们生活在一个通过统计数据和数字驱动的世界里。警察依据刑法部分条款和车辆代码段等来思考。他们将一些数字与异常行为和犯罪的某些类型相关联，并编成了他们的街头执勤词典。一个杀人犯变为"编号为187的人"，一个武装劫匪成为"编号为211的人"。警方还通过有组织的简缩代码来加强模式化，用于日常沟通。这种现象被心理学家称为"知觉捷径"。

警察和其他在刑事司法制度中的人一样，倾向于"给犯罪命名"。警察必须将所有异常行为整理到诊断包中，因为人身保护令（habeas corpus）的要求。无论多么奇怪的、恶心的、不诚实的、可怕的，或者卑鄙的行为都可能纳入，警方正在通过附加一个数字来给其命名。警察总是问自己，"这一行为是恶心……但是它可能涉及什么类型的犯罪呢？"不可能因异常行为就去逮捕一个人，除非它有一个附属的代码。

在街上执勤的警察有一部分涉及"片警"。警察会把片区规范化，谁在哪里，车辆流量看上去怎么样，何时、何地，以及日常生活如何以标准的方式运作。在这样做时，警察知道谁在那里，最重要的是谁不属于他们那片区。这是警察工作的一部分，在他们执勤的片区里忙于查找"不对之处"是什么。这一点再次使得警察具备模式化的印象。

最后，暴力有一种持续存在的可能性，为应对这一点，警察寻找"象征性的袭击者"（见专栏 3.2）。关注潜在的暴力，警察学会去思考他们在街上看到的每个人可能构成的威胁。在学院设置的课程中，向学员展示警察在火灾和谋杀事件中的录像。这些磁带通常由巡查的相机拍摄，旨在给年轻警察们灌输，使其对街头工作所涉及的危险有所了解，尤其是在拦停汽车的时候。

但问题是，停车事件很少演变成暴力冲突，几乎不会导致受伤或死亡。每年有数百万的停车事件，只有几个最终发展成致命的对抗。为了做出最坏的打算，警察会把拦停车辆当作潜在的危险。这是完全符合逻辑的。但是，在这种情况下，警察的行为似乎将公民卷入一种不合逻辑的偏执认识中，有可能目标是完全无害的普通人。

专栏3.2　鼓励偏执

> 哲罗姆·斯科尔尼克，美国一位杰出的警察学学者，他写道：警察永远在寻找"象征性的袭击者"，或者那些可能构成威胁的人。从在学院开始，学员们就被教导：去观察人们的手、永远别站在门廊前、站在离任何平民一定距离的地方、让自己的双手空闲、随时做好准备，以及旨在防止袭警的其他大量的原理。但用这种方式与公众打交道，警察几乎总是错误的。我们的意思是，公民几乎很少对警察构成威胁。在与公众打交道的一百万次日常交往中，警察面对的可能是心烦意乱和愤怒的人，但他们通常是和平的。通过持续地（向警察）灌输一些对自己安全的担忧，警察培训就会人为地给公民心中创造出一种负面看法：警察是偏执的、独裁的、非理性的人。

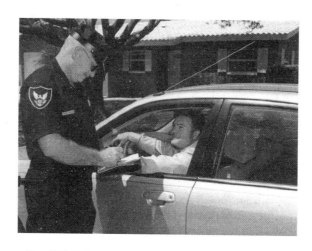

关于停车事件的悖论，警察被告诫这样的事件是有潜在危险的，实际上，每年数以百万计的停车事件根本没有发生危险。

这里还有几个与刻板印象相关的表现。警察们与公众打交道时，倾向于把人们看作"个案"，像其他专业人士一样。因为这种倾向，社会工作者、医生和公共管理人员有时被指责没有人性。自相矛盾的是，与人们保持一定距离，对警察、做培育和管理的人来说，在与公众打交道的专业人士的世界里是绝对必要的。过多地参与到个人生活和悲剧中会蒙蔽专业人士的判断。但它也可以使公共服务显示无情和冷漠。当人们在专业人士头脑中不再是人而成为个案时，这一点总是正确的。出于完全可以理解的原因，警察将犯罪规范化，市民反感这种模式化，同样也可以理解。但这种模式化渗入警民关系显示出双重性，因为绝大多数人对警察持有成见。对公众来说，这似乎是合乎逻辑的。大多数人只认识一两个警察，许多人根本不了解。几乎总是从少数几个人身上去推断，由于与警察相隔离的经历，极端情况下，大多数人臆造出警察的模式化老套印象，似乎是真的。这样做是人的本性。

但这种老套的印象绝对不是真的。警察是各种各样的，由于他们生活经历不同，受教育程度和理解能力不同，政治信仰和观点不同，优势和弱点各不相同。当警察面对这样不公平的偏见时，他们觉得受到了侮辱，会反抗。警察越缺乏经验，对这种不公平的愤怒倾向就越强。

专栏 **3.3　警察的刻板印象**

> 警察是：
>
> - 过于激进、专制的
> - 种族和宗教的偏执狂
> - 反同性恋和同性恋恐惧症患者
> - 智商不高或者没有受过良好教育
> - 不宽容，僵化，对逻辑反应迟钝
> - 冷漠，对人类的痛苦无动于衷
> - 政治上极端保守的

C. 自由裁量权

在美国历史上的几百年里，我们一直幻想着我们要生活在一个"由法律而不是人"统治的世界。我们坚守法治作为政府体系的指导原则。法律的规定，而不是"警察的规则"，应当在街上被执行。美国人民希望那些行使法律的人比别人更忠于法律的精神，而不是信奉一些个性化或者由亚文化创制的原则。

另外，警察每天都面临着是否应该干预、是否应该逮捕、是否应该使用武力以及使用何种武力的问题。所有警察的工作就是做这样的决定。通过个人对正义的理解，警察把生活融入法律中。但法律对警察来说往往只是边际效用。这是因为没有任何一套成文的规则可以在任何情况下明确地告诉警察应该怎样做。有时候逮捕并不意味着符合实现正义的利益最大化。有时听一个讲座，一趟回家的旅行，或与爸爸妈妈的一次交谈，可能会更有意义。换句话说，应采取的最好方式可能是不适用法律。

随之而来的是，有些时候，当警方想采取行动时，法律并没有规定应当采取何种特别的行动。这意味着可能采取非法或者半合法的行动。让一个嘴里不干净的丈夫"出去走走并平静下来"，敦促酒吧里的一个醉汉"回家，清醒一下"，或者用"如果我们不得不再返回来，你不会喜欢的"方式将一群年轻人驱散开，警察就是这样开展他们的工作，为社区服务。在这些例子和类似的其他例子中，很显然，他们并没有从事法定事宜，但他们正在采取常识的方法而行动。

当公民看到警察任意做决定和"自己决定做什么"时，他们可能会被激怒。仅仅出自一种暗示，公民就可能变得心烦意乱，因为他们认为警察个体的决策决定了公民应当如何被对待。尽管今天的警察相比其前辈受过更高的教育和更好的训练，但这对公众来说并不重要。他们看到警察决定逮捕某人，他们可以得出结论：警察被不公正地授权。

专栏3.4　自由裁量权的监督

警察局的长官在处理警察行使自由裁量权方面，处于一个尴尬的、矛盾的地位。自由裁量权不仅作为一种现实的动态存在，还不得不作为司法制度一个重要的因素存在。警察必须用他们的头脑（和内心）为这个制度注入理性和公平。但自由裁量权可能被滥用。事实上，对自由裁量权的滥用是警务工作中不当行为中最重要的、唯一一种可能每时每刻都会犯的错误。长官必须找到一种方法来鼓励警察正确行使自由裁量权，并阻止其被错误运用。考虑到对警察的监督是时断时续、远距离地进行，这是一个艰难的命题。

因此，与自由裁量权相关的悖论是，虽然警察将他们的智慧和同情心注入法律是绝对必要的，但公众仍然会受到本能的驱使，而对受到胁迫产生怨恨。

D. 强制权

在《警察：街角政治家》一书中，缪尔对从事强制权力的悖论进行了深入的分析：明显强大的人很难强迫那些明显无能为力的人。在深刻理解这些矛盾是如何运作的过程中，他揭示了警务人员经常表达的想法，他们有时觉得无能为力。

缪尔指出，警察在社会中占据了独特的地位，因为他们有权使用武力和武力威胁（胁迫）。胁迫包括从他人那里获得期望的行为，威胁要

伤害他们，缪尔称被胁迫者类似"人质"。强迫的例子可能包括诸如
"冷静下来，否则你要坐牢"之类的话，或者"如果你再回到这里，我
们会有问题的"，或者"闭嘴，否则你就有好果子吃"。

但强迫别人有可能困难，有时是不可能的。缪尔认为强制权有四个
悖论。首先，很难强迫那些被剥夺公民权的，他们没有什么有价值的东
西可用来威胁。这被称为"剥夺悖论"。这个悖论说明，一个人拥有的
越少，可失去的也就越少。缪尔认为无家可归者就是这样。在解决涉及
无家可归者的细节时，警察面对的是一无所有的人，他们没有工作，没
有社会地位，没有家，也没有名声。

专栏 3.5　超然与恐怖主义

> 　　理解缪尔的"超然悖论"对于今天的美国人来说尤其重要，因
> 为它告诉我们反恐战争是多么困难。自杀式炸弹袭击者，例如那些
> 2001 年 9 月 11 日驾驶飞机袭击双子塔的人，脱离了自己的价值，可
> 以说他们拥有的最具价值的东西就是他们自己的生命。当恐怖分子
> 这样做，没有什么事情可以强制或劝阻他们不要进行自杀。

如果警察面对挟持人质的人，他们的工作、家庭、家庭或社会地位
可能会受到威胁，但他们却不关心呢？这是缪尔讨论的第二个悖论，被
称为"超然悖论"。缪尔使用国内动乱的实例说明，人能够有意识地摆
脱他们重视的自由，这类人很难被强迫。有经验的警察都知道，妻子如
果不能使丈夫冷静下来，她就会说，"去吧，逮捕这个杂种"。当这一切
发生的时候，警察无权通过强制控制局面。超然悖论表明，人质的价值
越低，强制的威胁力就越小。

缪尔讨论的第三个悖论与威胁的可信度有关。缪尔指出，如果警方
能够兑现自己的声誉（逮捕或威胁使用武力），他们在胁迫他人时就非
常有效。特别是在与群众打交道时，警察必须向公众展示一副强硬的面
孔。"脸面悖论"强调，一个人的声誉越差，他就越需要表现出好的可
信度。警察们均直觉地懂得这一点，他们如果表现得"粗野蛮横"，就
不会受到太大的挑战。如果有人指出他们虚张声势，面对威胁，也必须

表现出强制力。缪尔指出，在与人群打交道时，警察必须走一条正确的路线，小心不要制造空洞的威胁（"你们都要坐牢"），因为他们的虚张声势可能会被揭露。但如果警察仔细操控其个人和集体的声誉，甚至可以有效强制大规模的人群，而不会威胁到自己。

缪尔的最后一个悖论有两个方面。"非理性悖论"表明，压制的受害者越疯狂，威胁就越无效。例如，青少年往往不了解情况，缪尔说，那些"不明白"的人很难被控制。当然，青少年并不是唯一由于某种原因而不明白受到的威胁是什么，或者警察想对他们威胁什么的人。那些喝醉的人、吸毒的人、老年人、吓坏的人以及不会说英语的人，这样一长串的名单都可能面对威胁而"不知所云"。这样的人就很难被控制。

这种悖论的另一部分表明，胁迫越疯狂，威胁就越有效。警察工作中这个原则可以在 K-9 警犬部门的工作中得出最好的说明。人们相对于怕警察来说更害怕狗，因为公众心目中的狗是不理性的。不管公民认为他们多么了解警犬训练以及警察可以如何有效地控制它们，他们害怕狗，害怕这个非理性的、非人类的对抗者。

缪尔的中心论点是，这里列举出的是他们必须与之打交道的人。悖论认为，警察很难强制无家可归者、家暴人群、年轻人、老年人、醉鬼、"瘾君子"、吓破胆的人和精神不正常的人。这些人是真正的浑不吝、"爱谁谁"的那些人，警察因强制悖论在这些方面受到掣肘。

但缪尔悖论的讨论还有更多。不仅警察遭受强制权力的悖论，他们很难强迫别人，反过来也是如此：警察在许多方面可以被公民强制。警务人员面临多种威胁，如制服干净，专业声誉，以及未来的进步。一些市民了解投诉过程，他们知道警察一般不想成为公民投诉的对象。一些无家可归者知道警察不想逮捕他们，甚至不想把他们放进警车里。有些人明白，警察倾向于避免可疑的逮捕，因为他们担心在未来的升职中遇到问题。因为这些事实，缪尔认为，警方可能顾忌行动后果从而避免做出强制命令。

K-9 警犬部门的工作中对非理性悖论进行了恰如其分的说明。

专栏 3.6 缪尔的强制权悖论

- 剥夺悖论：一个人拥有的越少，可失去的也就越少。
- 超然悖论：一个人越认为自己没有价值，就越难被强制。
- 脸面悖论：一个人声誉越差，他就必须表现出更好的可信度。
- 非理性悖论：受害者越疯狂，威胁就越无效；强制者越疯狂，威胁就越有效。

E. 准军事主义

据说，警察是按准军事组织（或半军事主义组织）的路线组织起来的，因为这个系统有指挥链、制服和警衔，而警衔类似于军队所使用的军衔。造成这种特点的原因有很多。第一，它能让警察清晰可见。希望得到警察保护和支持的公民可以很容易地识别出他们。第二，这让警察觉得更可信赖。也就是说，在一个准军事组织内运作，使警察相信他们受到了定期、严格的审查。（所有沿着准军事主义路线运作的组织都是如此，而不仅仅是警察部门。）第三，准军事主义赋予个人责任感——对警察"部队"的义务。就像在军队中一样，军官对个人施加压力，激励他们履行自己的职责，即使他们人数不敌，处于危险之中。此外，这种责任感使警察的行为更符合法律规范，在法律意义上做出良好、理性和"正确"的决定。它使得警察目光更敏锐，并向公众展示更严肃的形象，不多说废话。它可以激励警察处理棘手的问题，如果有必要就冒险，尽管他们不愿意这样做。

这些例子说明了采取准军事主义的积极一面。但准军事主义也有其缺点。20多年前，托尼·杰斐逊在其著作《反对准军事警察》（伦敦：开放大学，1990年）中分析过，警察的这种组织方式有巨大的缺点，让任何对这个问题持开放态度的人感到必须重新思考。从杰斐逊的论述中可以抽取出四个重要观点，阐明警察准军事组织所面临的问题。

第一，作为一支军队来到这个世界，对"犯罪"和"毒品"展开一场战争，意味着警察必须每天与敌人斗争。在这场战争中，谁是敌人？当然是罪犯。那么谁是罪犯呢？当然是每个违法的人。那又是谁呢？嗯，每个在21岁以下饮酒、酒后驾车、吸食大麻或使用任何其他非法毒品（估计美国公民中这个数字大约有7000万人），或违反任何其他法律的人，都是敌人阵营的一员。因此，在准军事主义的关注下，警察每天都要与大量的美国公民进行"战争"。数以百万计的美国人是这场犯罪战争中敌营中的成员。

这里有什么问题吗？在历史上，所有的军队都会花时间来羞辱敌人。如果能将敌人形容成非人类，那么在士兵、水手、陆战队成员的心中，对敌人就更容易实施暴力。军事基本训练一直强调这种非人化，作为对年轻新兵灌输的一部分。不幸的是，准军事主义的重点往往会对警察做同样的事情。它使公民失去人性，并定期努力创造一个"我们和他们"的观点。让警察认为自己在与公民做斗争，也没有什么好处。对每个公民、每个警察以及每个追求公平正义的人来说，都没有什么好处。

第二，在指挥和控制结构中生活和工作，往往不利于个人独立解决问题。在任何组织中，指挥感越强，个人就越不容易自己思考或尝试新想法。他们可能会产生一种倾向，相信只有一种方式做事，而不会像我们所希望的现代专业警察"跳出刻板印象"来解决问题。在社区警务的时代，当代警察队伍被鼓励作为变革的推动者、独立的问题解决者和"身穿制服的犯罪学家"参与公民的生活。准军事组织直接违背我们对现代警察的这类相对较新的要求。

第三，美国公众在20世纪60年代的动荡时期开始抨击警察的"法西斯主义"。当时，我们听到了很多关于警察有时是如何"像盖世太保一样运作"的消息。人们特别不喜欢城市执勤警察有一种"占领军"的感觉。社区警务新哲学认为，改革时代到来后，警察如果还是以一种超然、非个人化、准军事化的方式做事，会使公民，尤其是城市市民，对他们更不信任。

第四，准军事主义似乎太过于关注警察的外表，"短平头和亮皮鞋"是其中的重要组成部分。虽然警察在街上看起来整洁当然没有什么错，但让警局领导以像对待孩子一样来要求警察，会以一种奇怪的方式轻视了警察的实际工作。告诉那些持武器并获准使用武力对抗公众的成年男女"理好发"和"擦亮鞋"会贬低警察的努力。关注这些琐碎的小事往小处说会让人感觉奇怪，往大了说会显得软弱无力。

因此，准军事主义给我们提出了一个悖论：虽然准军事组织的存在有许多合理的理由，但有同样长的论据反对它。但奇怪的是，前者和后者还紧密伴随。准军事主义在某些不寻常的情况下是绝对必要的。在骚乱、人质事件、需要狙击手出面以及警察参与社会规范退化的事件，以及与枪支相关、威胁生命事件的其他情况中，警察必须像一个军事组织一样行事。当抽出武器、枪声爆发时，必须有一个指挥链来专门确定责任。而在准军事主义流行的时候，99%可能对良好的警察－社区关系的发展非常有害，而当发生这些非凡的事件时，警察又必须作为准军事组织即刻出现。

今天的警察必须同时参与和维护两个系统：一个以社区为导向的、解决问题的系统和一个准军事化要求，精确行动、奉命做事的系统；前者是社区警务风格，后者则以危机为导向。

专栏3.7　准军事化的缺点

> 杰斐逊指出，准军事化警务系统的缺点包括：
> - 在警察和民众中产生一种"我们和他们"的感受。
> - 在一种类似战争的氛围下，使得部分公民成为"敌人"。
> - 不必要地激怒民众。
> - 强调一些类似"短平头"和"亮皮鞋"的细节。
> - 它与社区警务的原则相反，尤其是集体问题解决。

警察准军事主义的悖论在于，虽然它对警察和社区的关系肯定有害，但在某些特殊情形下，比如发生暴乱，它又是必要的。

F. 媒体形象

在当代美国，媒体与警方的关系相当奇怪，有时甚至很紧张。媒体和警察之间存在着一种持续的共生关系，使新闻报道普遍对警察有利。媒体由大公司拥有和运营，有广告资金驱动（由此形成内容控制）。新闻媒体，特别是电视新闻，往往相当保守，普遍会支持警察。当然，如果丑闻曝光，媒体也会偏护警方，想出各种办法掩盖事实。但通常来说，美国新闻媒体还是相对准确地报道了警方对任何与犯罪相关事情的看法。关于犯罪、帮派、毒品和犯罪趋势的故事，警方更是持续更新报道。

至于娱乐媒体，则是另外一种操作。一些完全不现实的想法被包装起来，并通过电影和电视屏幕卖给美国公众。这些形象往往会让普通公民相信，虽然电视上或银幕上的警察是称职的，甚至是英雄主义的，但生活中的警察却恰恰相反——既无能又低效。假扮起来的警察可以有效犯罪打击分子，但真正的警察却无法达到正常的标准。

有几组不切实际的图像。首先是"皇家骑警综合征"，以加拿大皇家骑警的名字命名，因为"骑警总是能抓到他想抓的人"，媒体创造的形象促使人们期待警察能够解决每一个罪犯——这又是一个荒谬的想法，同样会让美国公民相信他们当地的警察是无能的。其次，如前所述，还有一个"肮脏的哈里"问题。好莱坞把哈里变成一个英雄，他必须违法（程序法）才能执法（实体法）。再次，还有"美化后的暴力"。由洛杉矶警察局出身的小说家约瑟夫·万博创造的这个词，指的是让暴力看起来性感和酷，同时把警察变成超人般的英雄。和皇家骑警综合征一样，"美化后的暴力"让当地群众过于相信他们在屏幕上看到的画面，而认为自己身边的警察似乎无能。

最后，在美国有一个普遍的问题，即与"米兰达警告"有关。在电视和电影中，观众看到有人被捕时总是伴有"米兰达警告"。当然，这是不正确的，事实并非总是如此。这再一次使得当地警察看起来不称职。更糟糕的是，在伦理上这也似乎有点不合适。在这个国家，每年都有成千上万的美国人认为，他们观察到警察不当行为，因为并没有看到"米兰达警告"。

因此，另一个悖论是，虽然媒体通常往往非常支持警察，但不切实际的形象往往不利于良好的警察－社区关系。

专栏 3.8　好莱坞创造的不现实的警察形象

- 皇家骑警综合征
- 肮脏的哈里
- 美化后的暴力
- "米兰达警告"的不准确

3-4　冲击和影响

当所有这些矛盾相互配合，并聚在一起影响警察的态度和行为时，对警察有什么后果？对于个别警察来说，可能会产生很大的挫折感。对于警察领导人来说，监督警察的工作面临双重问题：他们必须自己处理身在其中的这些问题，并配合另外一些指控，努力缓解其中的多重挫折。

A. 官员失范

作为个人，警察经常会遭受社会学家埃米尔·杜尔凯姆所说的失范现象。"失范"是杜尔凯姆的术语，指许多自杀的人所经历的一种"不正常"的感觉。这些人觉得自己和社会之间存在着脱节。他们对世界的看法、事物的运作方式、规范/价值观都与大多数人的感觉不同步。警察在街上经常面对公众的敌意，感受到矛盾，这造成工作上的多重挫折，可能会使警察经常遭受失范。事实上，人们可以说，警察最容易遭受失范情绪，与公众隔离。

警察经常患有躁狂的情绪，这可能是创造警察亚文化的唯一重要的原因。"没有人能理解"的感觉是完全合乎逻辑的。对任何人来说，理解自己的人生命运都是一种正常的反应。这并不是说警察一般都"有麻烦"。但这确实意味着，警察个体，尤其是有效的警察领袖，必须意识到，失范行为可能给其职业和行为带来适得其反的效果。

B. 亚文化力量与团结

社会学家告诉我们，亚文化是一种"文化中的文化"。那些因为其独特的工作、爱好或种族经历的人组成亚文化，发展出与占主导地位的社会所拥有的价值观不同的价值观。亚文化的成员倾向于产生一种视角，从普通人和更大的社会角度来看，这种视角在某种程度上是偏离的。

警察亚文化以其团结而闻名。考虑到警察经历的挫折和矛盾，这是完全可以理解的。警察往往会互相照应，以保护他们的身体安全。他们这样做也是为了获得心理上的安全。只有在那些"能理解"自己人的身边，普通警察才能在自己的职业世界中保持个人价值和安全感。

在与整个社会隔绝时，警察几乎只与其他警察互动，倾向于发展由其经验推动的规范。其中一些规范的运作对追求正义来说适得其反。首先，警察在使用武力方面倾向于"过度杀人"原则。因为他们的人数总是占优势，而且他们理解缪尔的"脸面悖论"，警察倾向于认为，培养一个"坏蛋"对他们的生存来说是必要的。为了保持声誉，警察往往认为，当涉及身体暴力时，他们必须"赢，且赢一个大的"。在警察的更衣室里，这种规范出现了这样的论调：如果我们中的一个人被袭击，那个袭击人的家伙必须被关进监狱。如果我们中的一个受伤了，伤人者也必须去医院。这样的亚文化倾向于支持过度使用武力。

其次，以前的警察亚文化支持"蓝色沉默法"。这意味着没有警察会（或应该）帮助对其他警察的不当行为进行的调查。今天，在现代专业观念的推动下，这个想法已经不像以前那样强大和有控制力了。当代警察通常会帮助调查涉及收受贿赂和贪污的腐败行为。在这类不当行为的调查中予以合作不再是闻所未闻的。

但是，当调查进入"基于崇高事业理由的腐败"的舞台时，即使是那些从不考虑参与这种行为的官员，也倾向于保护那些正在参与腐败的人。警察倾向于认为，如果因为一名警察在证人席上撒谎被揭露，导致罪犯被释放，而警察却被关进监狱，那么这种情形下，他们就不应该参与帮助调查。即使是诚实的警察也会抵制（并努力阻止）对"基于崇高事业理由的腐败"的调查。

最后，有一种亚文化规范直接抵制社区警务的发展。这种观点认为，"真正的"警察工作涉及执法，且只有执法。致力于与公众建立良好关系、为社区提供非执法类型的服务、指导青少年、尽可能照顾老人的警察，（按照社区警务的要求）作为变革的代理人等，通常可以被贴上"社会工作者"的标签，这仍然是亚文化中的一个共识。

这里的悖论是，虽然警察亚文化的发展在许多方面是完全合理和可以理解的，但它往往会造成一系列对公众、警察－社区关系和正义利益有害的问题。虽然我们只提到几个例子，但警察亚文化产生的行动规范对其完成任务非常不利。

专栏 3.9 警察的亚文化

- 团队内部的团结；
- 警察的社交：聚会、假期、庆祝活动；
- "过度的杀伤威力"（支持过量使用武力）；
- "蓝色沉默法则"（特别是对没有多大威害的"吃草"行为的容忍）；
- 反对社区警务（在某些方面）。

3–5 小 结

通过列举的这些例子可以看出，今天走在美国街头的经历，可能会让警察感到孤独和孤立。警察倾向于觉得，只有其他警察才能理解他们的困境。警察工作充满悖论，每个警察通过其经验，都会产生一些规范，不利于其完成任务。

经验丰富的警察、政客和警察领导者必须理解这些具有挑战性的悖论，并考虑其领导方法，形成有效的纪律。忽视警察亚文化的力量及其规范不会带来什么好结果，必须正视警察个体经历的挫折，认识到创造力、控制、激励、管理和指导警察等工作的重要性。没有什么能比得上对悖论的理解在给现代警察创造职业道德时所起的关键作用。

3–6 话题讨论

1. 我们对刻板印象的讨论表明，警方在公众面前都是"偏执的"。为什么会这样？警察以自我保护的名义采取的哪些行动是不切实际的？对这样的现象警察可以做什么？

2. 超然悖论是什么？为什么在我们正在进行反恐战争的时代，美国公民理解这一点如此重要？还有什么无法强迫的人（除了恐怖分子）？

3. 什么是皇家骑警综合征？媒体发送给公众的其他不现实的形象还有哪些例子？为什么这会让警察感到沮丧呢？

4. 什么是失范现象？你知道谁因此而深受伤害吗？你认为很多警察确实会受失范情绪影响吗？你同意作者的看法吗？为什么同意或为什么不同意？

3-7　伦理情境

两名警察被派到一个经常"打交道"的家庭中，同事们几乎每晚都需要来解决这家人的问题。爸爸妈妈都喝多了，两个十几岁的男孩子也烂醉如泥。一名十几岁的女孩子是家里唯一清醒的人，还需要负责照顾一个四岁的孩子。当着警察的面，男子冲他的妻子发脾气，妻子也对丈夫大发雷霆，说他踢了家里的电视机，电视机被踢坏了。警察担心小孩和另一个十几岁女孩子的安全，但没有任何法律被违反。在这种情况下，法律并没有给警察提供"适当的"或"必要的"工具来处理这种情况。虽然他们觉得应该做些什么，但没有任何法律措施可以适用这种情形。

他们应该做什么？因为没有人违反任何法律而离开吗？或者采用半合法的手段恐吓父亲去外面慢慢清醒？还是应该要求丈夫和妻子一起走出门廊，然后以在公共场所醉酒的名义而逮捕他们？一个讲伦理的警察将如何解决这种矛盾，尤其在警察的多个职能（秩序维护和执法）相互矛盾的时候？

3-8　写作练习

构思一篇文章，运用神风飞行员和 9·11 恐怖分子的例子，他们都是基本上不可能被强迫的人。特别是要提到缪尔的超然悖论，以及应如何理解，在当今反恐战争很重要的前提下，这一悖论对美国公民很重要。

3-9 关键术语

anomie：失范，埃米尔·杜尔凯姆提出的概念，指的是人们感到与社会不同步的状态。

blue code of silence：蓝色沉默准则，警察对他人的罪行保持沉默的倾向。

coercive power：胁迫力，通过威胁声称给对方带来伤害，从而获得期望的行为。

cosmetized violence：美化后的暴力，媒体让暴力看起来很性感和酷。

dehumanizing the enemy：羞辱敌人，使敌人失去人类尊严的军事倾向，有助于创造一种杀戮的气氛。

diagnostic packages：诊断包，我们脑海中存储信息的"盒子"。

habeas corpus：人身保护令，司法概念，要求一个人在被关进监狱之前必须先提出指控。

hostages：人质，在胁迫一个人的时候，可能遭到胁迫的宝贵财产。

legal technicalities：法律技术细节，指刑事司法系统的程序法，通常被认为不利于对事实上的罪行进行追责。

multiple, conflicting, and vague：多重的、相互矛盾的和模糊的，用来描述警察的职能，此观点认为，警察应该优先考虑什么是非常复杂的、不是很容易区分的。

normolize crime：犯罪规范化，一种观念，认为刑事司法从业者必须纠正所有违规行为。

paradox：悖论，与正常的预期或常识相反，或与事物的明显目的相反的东西。

paradox of detachment：超然悖论，一个人越认为自己无价值，就越难被强制。

paradox of dispossession：剥夺悖论，一个人拥有的财产越少，可失去的也就越少。

paradox of face：脸面悖论，一个人名声越糟糕，他就必须表现出更好的可信度。

paradox of irrationality：非理性悖论，有两个部分，受害者越疯狂，威胁
　　的效果就越低；强制者越疯狂，威胁就越有效。

paramilitarism：准军事主义，用半军事或准军事的方式来组织警察。

perceptual shorthand：快速知觉，人们在生活中做出快速决策的过程。

RCMP Syndrome：皇家骑警综合征，此观点认为警察任何时候都能够解
　　决所有犯罪。

stereotyping：刻板印象，正常人倾向于将数据进行分类利用，以便于使
　　生活更简单，更易于管理。

symbolic assailants：象征性袭击者，警察需要关注的一类人，他们很可
　　能会袭击警察。

第4章　为什么是伦理学

为什么人会关心伦理道德？人做正确的事时什么最重要？难道世界上的人们不都是屈从于规则，挑战底线，并且按照他们的意愿操纵这个系统？难道我们不是把成就当成神一样崇拜，以至于有时候人们并不在乎怎样玩这一场游戏，重要的是你赢了还是输了？美国曾经有一项调查显示，假如人们认为药物可以保证他们赢得奥林匹克奖牌，那么相当一部分人会服用非法药物。在目的性和功利性如此之强的社会，人们为什么还要费神尝试变得有伦理道德和正义？

警察绝不会说，"为什么我应该在乎要成为好警察"或"为什么我应该在乎把工作做好"。但是实际上，如果警察提出这种疑问，那他要问的就是："人为什么要有道德？"这个问题就引出了众多争论点的一个：人们害怕听到这样的疑问是显而易见的。但是如果是警察的话，这个问题就尤为重要，因为他们回答问题的方式就构成了他们是如何理解这份工作的。比起单纯的专业性，这种方式更能有效。因为思考决定了行为，所以警察思考"人为什么要有道德？"这一问题的含义就与其工作紧密相关。

大多数职业也是如此，警察工作涉及的能力远远不止天赋、技能和教育，这是必然的，还涉及对日常道德行为的关心。法律的工作并不全是让人们变好，因为让人们变好本身就不是公民自己以及他们的家人、社会和宗教的职责。警察的职责所在就是确保人们约束自己的行为，让整个社会往更好的方向发展。警察通过维护正义来履行自己的职责，正如谚语所说"你的权利到此为止，不能越我的边界"。通常警察的职责由三个不同的功能组成：服务、维护秩序、实施法律。划分到这些领域的每一项活动都会涉及正义问题。因为警察不同的职责要求，他们就被定义为正义的人，而正义有助于社会道德变为现实可能。

"为什么我应该关心伦理道德"这个问题有很多回答，当中的一些回答组成了可供参考的伦理框架，稍后会介绍。但是总的来说，这些内容是人们应当关心价值观、行为规范、伦理道德以及品格的首要原因。而我们之所以是人，也恰恰是这些问题造就的。换句话说，从最基本的层面上来讲，去关注伦理道德就是去成为一个人。

4-1　伦理道德成就人类

人类和动物王国的其他成员有什么区别？当然，我们人类也是动物，确切地说是哺乳动物，我们同样拥有其他动物有的所有基本需求。人们通过喝水、吃饭、休息以及保暖（衣服和住所）来保障日常生活。人类也会像其他动物有获取东西的本能需求，比如和动物很相似，人类也需要繁殖。所以人类天性就带有类似动物的性欲。

在生物进化论当中，自然并没有让人类适应任何特定的环境。相反，和其他动物比起来，我们有更原始的生存装置；不过这套装置是自相矛盾的，其中之一就是能帮助人类适应所有环境。我们身边许多动物能跳，能飞，能钻地洞，能游泳，唯独人类不受限于周围的环境。想象力、细微的情感、韧性让人类不再顺应环境，转而使改变环境成为可能。一系列的发明创造是一种不同的进化，不是生物的，而是文化的进化，它促使着人类祖祖辈辈都在重建环境。

每一个人类行动都会追溯到动物起源的某个部分。尽管要求卓越是正确的：让我们变得不同的礼物是什么？化石记录显示，史前人类祖先做出了两项巨大发明。首先，他们完成了工具的基本发明，有目的地准备和储存石头为今后使用做好准备。通过这种技术和远见，一种发现未来的具有象征性行动得以启动，他们松开了环境对所有其他生物施加的刹车。

另一项发明是社交。从化石上显示，考古学家说人类祖先活到 18 岁以后就步入老年。这意味着当时有很多孤儿，和所有灵长目动物一样，他们经历了很长的童年。因此，可以肯定当时有这样的社交组织，孩子成为组织中其中一部分，并且在其中受到一些常规训练。这一行为向文化进化迈出了伟大一步。

专栏 4.1　人类经验

事实上这个世界并没有好坏之分，也没有道德之说。羚羊无好坏之分，狮子也是如此。母狮伤害羚羊的幼崽或者猎杀羚羊，这并不是一件坏事。因为这只羚羊很可能是因为自己走出了草丛而不幸被杀。但从道德大局来看，对饥饿的年轻狮子而言，这无疑就是一顿美餐。比起食草的羚羊，狮子的杀戮更不具有道德性。

本质上来讲，世界只存在行动和结果。除非动物得了某种疾病，他们对于食物的需求、生存的欲望以及繁衍后代的行为都受本能驱使。一些动物是另外一些动物的食物。很多动物被猎捕，一些动物是猎杀者。这里只有适者生存。正如一些东方宗教所说，这就是自然。

语言对于人类而言是独一无二的，因为这超越了动物的能力范围。语言源自人们相同的能力：设想未来，预测可能会发生些什么，计划参与其中，并通过想象将其描述出来呈现给我们自己，或者把头脑里的这种想象投影在电视屏幕上。

我们通过想象这种"望远镜"观察时间，回顾我们过去的经历。诉说，写一点什么，画一幅画，建造一堵墙，都是只能由人们来做的，包括想象未来，然后根据现有的条件推断将会有什么降临。人类有许多独特的天赋，但是在这些天赋中，所有知识的根源，都来自我们能够从我们所看到以及看不到的事物中得出结论，从而使我们的思想在空间和时间上得以移动。

因为语言，我们创造了一个有意义的世界。人类世界，正如自然对我们来说一样，都是物质世界。语言让我们思考，而思想的形象、参照和联系都是抽象的。也就是说，我们的思考并不是现实本身，它们与现实有关。思想呼唤现实。语言创造的意义是我们理解世界的一个透镜。动物被锁定在当前的物理环境中，感官输入是它们唯一的信息来源。当然，人类也根植于这个世界，但是，与动物不同，我们生活在一个有意义的世界，一个我们经常想去弄清楚、想明白的世界。这个有意义的世界是人类世界。

在把我们的社会整合起来的过程中，我们是唯一一个创造了行为准则、规范、法律和道德规范的物种，这些东西要求我们每个人都要克服我们的动物本能，以一种真正意义上"非自然的"的方式来控制我们自己。因此，我们是唯一能寻求并组合那些能够控制我们的动物主义或者享乐冲动的行为准则的动物。文明就是所有这些规则，可以约束我们自己的规则。人们在社会交往时，他们需要定义自己的私人空间，他们需要确定这个世界有多少是属于他们某个人的。这可以用一种非常平等的方式来完成，每个人都获得同样数量的东西，个人行动的自由和自由空间。或者它可以以某种等级的方式进行，人们获得了不等量的自由和空间。不管怎样，最终这种模式得到了警方的认同和保护。无论何时何地都是如此，而且一直如此。

例如，人类创造了婚姻制度，这显然是（或者至少历史证明是）以一种最适合抚养孩子和维持长期社会秩序的方式来管理社会。人类抚养和教育小孩需要花费的时间比其他任何物种养育后代都要长。为了确保父母在这一段时间内（大约 18 年左右）能致力于抚养他们的孩子，确保小孩能学习他们需要知道的一切，从而成年，足够独立和成熟，婚姻由此而生，并维持一定的长期承诺。它要求伴侣彼此在性关系上保持忠诚、共同分担财务责任、抚养孩子的法定义务等。它要求为人父母的牺牲。例如，已婚夫妇必须避免，在任何时候，和任何他们希望的人，发生性行为的自然欲望。这大概是为了他们的孩子，以及整个社会的最大利益。

A. 规范，价值，规则和法律

这只是一个例子，说明为什么人们要用理性的头脑去决定行为准则，创建规则和创设义务，以及保持社会秩序。我们甚至利用做出政治决策的一种形式来决定法律的编撰。那些被认定为最重要的行为规则被写下来，变成法律。不是所有存在的规则都足够重要能被编入法典。大多数人认为，在公共场合抠鼻子是令人厌恶的。从某种意义上说，这些行为形式被认为是不正常的。但是，虽然它们可能被非正式地制裁，但这类行为也达不到上升为法律的重要程度。在这个社会和其他社会中，一个持续争论的社会公共政策是对无受害人的犯罪该做些什么，比如卖淫、赌博、吸毒、持有和出售色情作品。这都是一些人认为的不正常的行为。

所有的规范、规则和法律都应该符合社会的最大利益。非正式规范创建出来后，对其滥用，都是以一种相当随意的方式进行制裁的。处罚的方式仅仅是社会排斥。当规则以法律的形式出现时，当然，它们适用于所有人、所有地方和所有时间。它们由政府的代理人进行管理。而那些管理刑法和车辆法（以及其他）法律的代理人，当然是警察。

我们的规范、规则和法律——我们的伦理——使我们与其他物种不同。我们的社会制度——家庭、学校、宗教、经济制度、法律等——就是在人们身上灌输这些原则，并坚持遵守这些原则。其中，警察的工作就是运用这些规范、规则和法律，鼓励人们之间的秩序和礼貌。

虽然对所有人来说，自己关心道德显然十分重要，但对警察来说，这样做却是绝对至关重要的。任何想成为警察，但又认为这种对道德的关心与其工作无关的人，都误解了警察的职责。这样的人并不适合成为警察，因为他或她对什么使我们成为人以及警察在街上应该做什么，缺乏最基本的了解。

B. 为什么是伦理？

在本章第 2 节，以及在专栏 4.2 的简要说明中，我们将看到，注重道德的原因被分析师和哲学家们进一步划分成几套理念。每个人都有不同的观点。社会的代理人或警察在应用这些规范、规则，以及适用根据哲学的不同而有所不同的法律时应该适用到什么程度。但这些观点都包含最基本的原则，即伦理是使我们成为人类的中心事物。（我们也将在第9章表述我们自己的、独立的伦理观点。）

因此，对于道德形式主义的追随者（伊曼努尔·康德的哲学，见第7章）而言，道德是每个人都应该做的事情，因为我们需要理性。人类对社会负有责任，对彼此来说，是道德的责任，是作为理性存在的要求的一部分。这个义务是绝对的。没有任何理由可以（或应该）试图避免责任的不合格性质。我们的责任，在任何地方，在任何情况下，都是始终如一的。从这个角度来看，警察本身就是一个绝对主义者。

专栏4.2　为什么是伦理道德？

我们的研究将考虑几个不同的伦理思想观点，每一个观点对这个问题都有不同的答案。

伦理形式主义　　理性是我们天然的和具有支配性的特质；为了实现我们的人性，我们必须履行责任去保持理性。

功利主义　　一种基于原则的伦理，它总是有利于利益最大化；用约翰·斯图尔特·米尔的话来说，我们应该永远做"对最大数量的人最有益的事"。

宗教　　按照上帝的形象被创造出来，我们被他赋予一种良知，我们神圣的火花；在宗教生活中，上帝的意志是终极道德权威。

从另一个角度来看，功利主义者（约翰·斯图尔特·米尔的哲学，见第8章）认为，有伦理道德，正如他们所定义的那样，是人们应该做的，因为它涉及大多数社会成员的利益。功利主义的原则表明，行为伦理包括关心和养育他人。他们提出，他们的方法来自一种与生俱来的天性，这有助于社会以最公平和公正的方式进行。无论何时何地，当需要用分析来决定什么是伦理道德，才能做什么的时候，规则不是绝对的。相反，每个人都应尽可能地计算出他或她能做什么，从而为大多数人创造最大的利益。用这种方法，功利主义者可能会在某一天采取一种方式，而在另一天采取另一种方式。

所有的宗教都采用良知或道德的方式，它们是人性中的神圣火花。《圣经》告诉我们，我们是按照上帝的形象创造出来的。神学家和哲学家认为，我们可以和上帝交流，而且，就像他一样，我们有道德观，一种善恶观。

虽然这些观点对伦理有不同的看法，并针对伦理困境，给我们提供了不同的指引，但他们都关注的事实是，伦理道德行为不仅是将我们定义为智慧的和文明的，而是定义为人类。

4-2 警察的道德说教

当警察在街上自主做出决定的时候，他们就在为了人们或者有关人们的事进行道德说教。这些决定当然不是关于重罪的，因为在此方面警察几乎没有采取行动的自由裁量权。但对于轻罪和违规（其中大多数是由警察进行决策的），实际上警察拥有绝对的自由裁量权。当警察决定某人应该被逮捕时，警察正在事实上决定这个人或那一个人应该被关进监狱（或做污点证人）。当他们决定不逮捕时，就没人会被逮捕。在这样做的过程中，他们正在应用一些伦理的框架作为参考。因此，警察必须首先具备内在化、深思熟虑的道德观念，这是十分有必要的。

A. 自由裁量权的伦理基础

到目前为止，我们的讨论已经指出了为什么对所有人来说伦理道德是如此重要，为什么伦理道德是警察专业化的重要组成部分。但在这一点上，我们要讨论的关键是，警察在职业生涯中特别容易面对伦理道德问题和伦理道德困境。有几方面的原因。

第一，警察的工作会对别人的生活做出关键的决定。法律赋予警察的自由裁量权包括决定何时进行（以及何时不进行）逮捕。它包括何时使用（何时不使用）武力。它涉及使用何种程度的武力来对付不正常的公民。在对逮捕和暴力做出决定时，个别警察做出的决定会深刻地影响人们的生活。在某些情况下，这些都是改变生活甚至威胁生命的决定。

这样的自由裁量权必须以合乎逻辑、明智、有教养的方式行使，并着眼于正义的最佳利益。在关注正义的理想时，每个警察必须考虑，对个人公民、其他密切相关的公民以及整个社会而言，公正意味着什么。因此，首先，警察做出自由裁量的决定，必须考虑到正义、社会和道德的意义。因此，伦理道德是警察职能的核心。

例如，个别警察被授权允许以几种完全不同的方式对待商店扒手。没有犯罪记录的第一次行窃者，可以简单地给予警告或训诫。这个决定，本质上是什么也不做或者不采取任何行动，这种情况经常发生。事实上，这种情况发生的频率高过不从事警察工作之外的人可能很难想象的次数。或者，犯事者是儿童或青少年的情况下，警察可能会把这个不正常的、行为不端的公民（儿童或青少年）送回家交给其父母，由家庭这个机构进行处置。当他们有时间考虑，并且当他们相信这是最好的，最有效的，而且是最道德的行动方针时，警察会这样做。另外，扒手可能被带走或者被逮捕，并被送进监狱或少年法庭。很明显，关于这类轻微罪行的决定已掌握在警察手中。事实上，警察采取行动之后，并没有任何形式的后决策问责制。因此，警察拥有大量的自由裁量权，因为他们有权不做任何事。

当面对轻罪或违法行为的轻微犯罪时，为了正义，他们会做什么，他们应该做什么？答案是"视情况而定"。这要取决于相关情况，被偷的是什么，嫌疑人的态度，父母的态度，商店老板的受损，等等。刑事司法系统不仅需要，它还希望警察在这种情况下运用他们的判断力，而且它是完全合适的。正如专栏4.3中《加州刑法典》指出的，警察不应当随意使用法律，而应着眼于公正。

第二，警察经常面临利益冲突。通常，巡逻中的警察必须判断冲突双方的对错。这比上面讨论的仅仅行使自由裁量权要困难得多，因为双方在纠纷中往往都有合法的主张。因此，从涉及的公民的角度来看，在街上执勤的警察个体经常会面临纠纷双方（甚至多方）都是正确的情况。

专栏4.3 加州刑法典，总则（前言规定），第四段

> 普通法的规定，即刑法将严格进行解释的，不适用于这部法典。为了作用客体和促进公正，它的所有条款都应根据其条款的公正的原义来进行解释。

有人投诉周六晚上在大学城举行的一场喧闹的派对，警察应该做些什么呢？当然，任何社区的和平与安宁都应该得到尊重。当人们想要得到保护的时候，警察应当倾听他们的诉求，他们认为这是令人讨厌的音乐。然而，参加派对的人也有自己的权利，尤其是在一个周六晚上。如果不是在周六晚上的足球比赛胜利后举行，那么这么一大批年轻人什么时候可以进行聚会呢？150人庆祝足球队胜利的权利又当如何体现呢？

同样地，关于这样的投诉，"警察应该怎么做？"的答案是，这要看情况。这取决于当天晚上究竟有多晚，有多少人参加派对，有多少人抱怨，过去这类事是否经常成为问题，等等。每个公民都希望法律对他们的合法要求做出回应，然而没有"怎样做"的手册来对这些合法的诉求做出决定。

在警察工作中，有时并不需要去平衡这种利益。很明显，逮捕一个暴力重罪（例如，持械抢劫）的罪犯，与附近任何人认为应该做的事情无关。在这种情况下，警察对人民的责任是明确的。如果犯罪分子存在，并且有理由相信嫌疑犯负有责任，那么就应该逮捕这名重型罪犯。

但此类事件在警方工作中实属罕见。对少数警察来说，特别是一些缺乏经验的警察们，他们认为他们所承担的工作的核心就是处理暴力重罪，然而这样的逮捕只占警察日常工作的一小部分。大量的研究表明，90%的警察所做的工作是服务和维护秩序。因此，通常警察会处理类似前面讨论的喧闹的聚会这样的小事。绝大多数报警电话都是关于情侣之间的争吵、喧闹的聚会、酒吧里的醉汉、街上流浪的未成年人、商业区的无家可归者等。在所有这些司空见惯的例子中，警察要面对伦理道德困境和相互矛盾的诉求，并对人们和事件做出道德判断。

在相当长的一段时间里，社会学家和心理学家深入探讨了当今现代世界对人类心理和美国社会结构的影响。我们生活在一个充满了变数、不断前进、经常改变、时时变化的世界中。科技在变，甚至社会规范和价值观也在改变。在当代美国，变化以前所未有的速度在人类历史上发生。考虑到这一变化对普通公民和整个社会的重要性，那些执法的人——在执行那些表面上代表着共同决定的规范和价值观的法律时——将会像在这条街上的专业人士一样变得越来越困难。

B. 失范状态

大约一个世纪前，伟大的社会学家埃米尔·迪尔凯姆对自杀进行了研究。他试图找到是什么驱使人们采取这种终极行动的。他的结论是，有相当数量的人自杀，是因为他们遭受某种他们自己与所在的社会之间的脱节。迪尔凯姆通过研究自杀笔记和采访被遗弃的亲人确定，自杀的人，几乎无一例外地相信他们与同龄人持有的价值观不同。这种感觉导致个人遭受深刻的身份危机。他把这个问题称为"失范"，或者一种无规范、不正常的感觉。

当然，当一个人觉得他们与自己的社会不同步时，他们会有好几种反应。那些自杀的人是消极的、自我否定与贬低的反应。最后，为了逃避他们的感受所带来的痛苦，他们被驱使着去自杀。另外，遭受社会失范的人们可以通过否认自己的问题，以积极的方式做出反应，并宣称这是一个迷失和困惑的社会。从自杀有可能发生的角度来看，这是一个更健康的反应。

那些遭受失范感觉，但拥有自持稳定性的人，可以将拒绝自杀作为一个选择，虽然在生活中仍然会有困难。他们可以没有个人支持系统。他们可能缺乏心理上的维系，缺乏与其他人的联系。这个现实对一个人来说是毁灭性的，不管他们有多少内在的坚韧。在我们这个社会中，许多人都是离经叛道的，他们以反社会的方式行动，遭受失范。因此他们做出自己的选择。

但是还有另一个与社会失范有关的动态观点是完全符合逻辑的。社会失范的个体也许能够发展和维持与生活中相似的人的关系。如果有足够多的人持有与社会价值观相矛盾的看法，如果一个人能够与这些人建立联系，那么这个社会失范的人就能以一种积极的方式来维持他或者她自己。这一动态表明了警察亚文化存在的原因。许多警察认为社会糟糕极了，正在走向地狱，只有自己才能拯救它。也就是说，他们的世界观是一种"我们和他们"，或者是在街上的"阿帕奇"的生活方式（见专栏4.4）。这里阿帕奇的比喻代表这样的想法，即警察在一个孤立的现实中独自战斗，周围是充满敌意的社会野蛮人。

专栏4.4　阿帕奇

> "阿帕奇综合征"指的是警察习惯于陷入一种"敌我对决"、与公众对抗的情绪中。这个标签指的是两部电影。一个是1948年约翰·韦恩执导的电影，名为《阿帕奇堡要塞风云》，片中士兵们在堡垒里，周围是敌对的野蛮人。另一部电影是1981年保罗·纽曼的电影，名为《布朗克斯，阿帕奇要塞》，布朗克斯是纽约的一个地区，因为它是美国犯罪率最高的区域而臭名昭著。那里的警察们给这个车站起了个绰号叫"阿帕奇堡"。

1981年，保罗·纽曼在拍摄电影《布朗克斯，阿帕奇要塞》时，走出了第41区警察分局的前门。

在与其他失范警察互动时，尽管有这种不正常的感觉，但有人仍然可以生活、工作，甚至是蓬勃发展，因为警察的亚文化是可以维持的。虽然警察的亚文化（如我们所见）有负面的动态和价值观，但它的存在发展是永远被保证的，因为它提供了支持失范警察个体的那种积极支持。我们在第 3 章中已经看到，许多不同的挫折都可以针对个别的警察，从而产生一种与公众的距离感。强制权力的悖论、与警察刻板印象有关的消极动力、正当程序制度的挫折、准军事主义的弊端，以及媒体宣传的不切实际的形象都倾向于这个方向。迪尔凯姆关于社会失范的观点有力地阐述了这一切是如何共同创造和维持警察亚文化的，在某种程度上，这使它成为世界上最坚固和孤立的亚文化之一。

C. 未来冲击

情况不止如此，如上所述，每个社会都有许多人经历着社会失范的感觉。这在历史上无疑是正确的。但是在今天的美国社会，可以得出这样的结论，有大量的人是失范的。这个数字可能比人类历史上过去任何时候都要大。这是因为在当今这个不断发展的社会中，社会结构经常发生迅速、近乎疯狂的变化。社会历史学家（如丹尼尔·贝尔，阿尔文·托夫勒）告诉我们，自"二战"以来，人类事务的变化比前五千年的变化还要大。频繁的技术变革以及社会结构的变化，每隔几年就会变成一种全新的、完全不同的现实，导致社会失范感泛滥，人们本能地以这种方式来应对不稳定。

社会中出现社会失范感的人越多，社会结构就越不稳定。要想让革命成功，变革的愿望必须是巨大的。正是社会反常推动了这种运动，这是由技术和社会学的变化所造成的。随着科技的迅猛发展，变革的发展速度比以往任何时候都要快。自从工业革命开始以来，人们已经开始经历与过去不同的现实。纵观人类历史，变革一直是一个明显和渐进化的过程。在一个人的一生中，可能会出现一个或者两个重要的发明。但是人们的生活仍像他们的父母，甚至他们的祖父母。直到几百年前，几乎每个人都会一样长大，过上和他们祖父母一样的生活。在他们的一生中，很少有人能从他们出生的地方走出 5 英里。几个世纪以来，生活是如此稳定，以至于人们以一种非常直接的方式在成长，他们是谁，社会规范和价值观是什么，如何表现自己？等等。人们很容易处理这种改变，因为它总是被认为是积极的发展。

大约两个世纪前，科学开始迅速改变生活。随着科技的进步，社会也发生了变化。数以百万计的人第一次涌入城市。而这种经历需要更多的适应。生活方式改变了，正如城市犯罪的增加一样，工作演变成了一些全新的和完全不同的事物，抚养孩子变成了一种不同的尝试，生活条件需要新的人际互动形式。一个世纪后，学校普及了，通信开始电子化，旅行方式不断扩展，开始是乘火车，然后是坐汽车，然后是乘飞机。城市改造后，郊区出现了，大多数人不再住在农场。因此，人们改变了，因为他们不得不这样做。规范和价值观，甚至法律，都演变成新的、不同的形式。

所有这些变化都是以几何速率发生的。世界很快就会变成人们不得不面对的新现实。然后，很快，它将会再次发生变化。一个改变带来更多的改变。社会变革与技术变革密不可分。人们开始过着一种变化而非稳定的生活。40 年前，阿尔文·托夫勒在其著作《未来的冲击》中指出，当代社会的变化如此之快，以至于人类的经历演变成了前所未有的东西。在遥远的未来的迷雾中，一个崭新的明天始终存在。现在它几乎每天都在发生。它使人们震惊以致失范。托夫勒认为，这些发展在美国产生了新的大规模社会失范现象。

现在，警察永远都在对人说教，将规范、价值观和法律运用在人类的行为上，并决定谁应该受到制裁，谁不应该受到惩罚。在这样做的时候，他们必须依据什么来做出决定呢？答案是，他们根据自己的伦理道德和世界正义观，基于自己的品格来做出决定。因此，不可避免的是，警察与普通公民相比，更紧密地与有着坚实基础的、经过深思熟虑的伦理道德原则联系在一起。因为在当今充满压力的、不断变化的、失范的世界里，警察将处于观察的前沿，不得不面对未来的冲击。无可争辩的是，因为单个警察不能从这种失范状态中退缩，他或她甚至比公民更容易产生一种困惑和混乱的世界观。

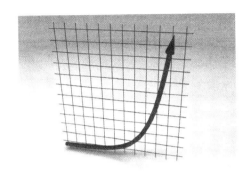

托夫勒认为，最近社会的指数变化已经在今
天的美国造成了大规模的社会失范。

4-3　行使权力

警察拥有法律的授权可以对公民使用武力，而政府其他部门的员工都没有这一权力。然而，更为重要的是，人们必须承认，国家可以使用各种不同的方法来控制人们的行为。权力是控制他人的一种能力。警察可以使用三种不同类型的权力（参见专栏4.5）。

警察使用武力的权力是如此明显，而且因为人们经常反对这种权力，大多数人关注警察在行使这一权力时是如何获得公众合作的。任何时候，一旦警察出现在你身边，都会有逮捕的隐含威胁。警察的制服、徽章、武器和交通工具，均意味着他们已经准备好使用武力了。这些威胁并非都是不切实际的空想，它们都是实质性的。

专栏4.5　三种权力

> 劝说　通过诉诸逻辑、理性或者道德，说服人们去做正确的事、合乎逻辑的事、诚实的事、合乎伦理道德的事。
>
> 互惠　交换某些东西，从而从别人那里得到所需的结果。
>
> 强制　使用威胁方式去伤害对被胁迫者来说有价值的事物，从而获得想要的行为。

但是，过分强调用暴力解决问题的话，威胁逮捕或使用武力就成为警察处置的唯一手段，这是警察用来控制人们行为的唯一工具。没有什么比这更远离事实了。警察也可以运用他们的逻辑能力和智力说服人们守规矩（使用劝说的权力），或者他们可以交换一些东西以获得期望的行为（使用互惠的权力）。

考虑下面的例子。由于其权威、智慧和礼貌，警察经常使用劝说的方式来说服人们守规矩。警察说服醉汉回家睡觉，说服青少年改邪归正，说服争吵的配偶为了孩子的利益而平静下来，说服青少年不要加入帮派。在这些和其他上百种方式中，警察运用他们劝说的权力完成了管控人们行为的工作。

同样地，警察在许多场合使用互惠的权力（进行交换）。他们通过承诺会进行深入调查所逮捕的朋友或亲戚来获得合作。他们通过对某人宽容来获取信息。他们通过把无家可归的人送到收容所来处理问题。通过这种方式，警察与公民交换一些有价值的东西，得到他们（警察）想要的东西。

强制权力也是可以使用的，但聪明的、专业的警察只把它作为最后的手段。也就是说，警察不会一开始就威胁人们，而是先尝试用其他方式控制行为。如果可能的话，警察会利用他们的权威、教育、训练、大量的资源、善意和道德地位来交换所期望的行为或说服人们如何行事。这涉及权力的优先次序，或以适当的顺序利用各种形式的权力。当警察使用这些其他形式的权力时，他们能最有效地完成他们的工作，因为人们不会像对待强制权力那样，对劝说权力和互惠权力做出反应。强制使人们对警察产生敌意，这种敌意将来可能会反过来困扰警察。

当然，不可能总是走比较容易的路，永远使用两种比较温和的说服方式。当那种情况发生时，正如米尔告诉我们的那样，警察们必须感到非常自在，当他们在与被强制者打交道时。作为受过良好教育、受过良好训练、聪明过人的人，现代警察必须努力劝导人们做正确的事。当他们能够做到这一点时，警察已经有效地运作了，让人们觉得他们自己做了正确的事。这让人们自我感觉良好，甚至对警察也感觉良好。这种积极的感觉在未来的公民与警察合作中收获回报，这种合作对每个人都有好处：官员、侦探、公民个人和社区。有伦理道德的警察必须意识到强制权力是最后的手段（见专栏4.6）。

专栏4.6 避免使用强制权力

在20世纪80年代的伯克利警察局，警察们对用强制权力试图控制无家可归的人感到沮丧（"要么走，要么进监狱"）。伯克利有数量庞大的无家可归人群，然而经常威胁，其局限性日益明显。人们不喜欢被强迫，警察更不喜欢这样。

在与当地几家企业的合作下，警方制订了一项计划，让人们可以得到警方的优惠券。这些优惠券可以兑换免费咖啡，如在一些商店。当警察特别想要从无家可归的人那里获得某种程度的合作时，这种优惠券可以作为交换，或者作为对其守规矩的奖励。

与被迫或使用胁迫相比，公民和警察对这种交换的交流方式感觉更好。这样，强制权力就变成了互惠性的权力。

4 – 4 品格成为焦点

当我们想到警务工作时，我们自然会想到培训、经验和专业能力。但是我们看到的关于警察的一切，都揭示了每个警察是怎么样的人。我们在电视上所看到的"警察和强盗"的节目中，警察似乎都是精明、有韧性、有个性、非常务实、严肃的。但把这些节目变成经典的始终是这些人所表现出的道德品质。也就是说，这些人的品格造就了问题、可能性和关联性，使得这些节目逼真，值得一看。

我们在警察的动机和习惯性反应中看到的是他们的性格，他们具有良好道德或者应受谴责、负责或者游手好闲、正派或者卑劣、勇敢或者软弱。他们对待人们的方式不仅仅是有关智力或培训的事。所有那些形成了我们关心他人福利的方式（例如，在他们的生活中，什么是好的，什么是坏的），以及我们自己性格的特征。正是这些特质诠释了人们是如何评价他人，如何对待他人的。作为永久的品格特征，品格特性不仅仅解释了为什么现在有人这样做，以及为什么有人可以以某种方式行动。从这个意义上说，品格带来了一种特殊的责任感和行为模式。

警察通常需要决定对公民行使何种权力。我们在此主张，专业化的警察应当尽可能多地使用劝说和互惠的权力。这些类型的决定具有伦理道德因素。警察个体的品格至关重要，例如当他们试图控制别人的时候。有能力的、专业的官员会尽可能避免使用强制权力，尽管在警界，很多人因浪漫或受金钱驱使，支持警察个个像牛仔一样表现。这看起来似乎很有趣，而且感觉是一种更合适的操作方法（考虑到警方关于强硬的规范），但是强制他人存在长期的缺陷，如果可能的话应当避免。具有明确伦理道德参照框架的警察将对此表示理解，同时采取不那么麻烦的途径获得公民合作。但这样做需要意志和品格的力量。

有时，人们对如何在街上做出判断以及应当考虑哪些因素感到困惑。正如我们将在第二部分中看到的那样，这样的决定可以基于不同的伦理理由，取决于环境的细节。有时似乎需要绝对的原则。对暴力重罪罪犯的逮捕不必考虑环境和参与者的身份。

在其他时候，诸如公民的年龄、事件的地点、嫌疑犯的意图、有关人员以前的记录等情况将在逮捕决定中发挥重要作用。举例来说，在计算有关小罪对社区利益的损害时，警察使用的是一套不那么绝对的、更相对论性的或语境约束的原则。哲学家指出，事物的意义是由它发生的环境所创造的。意思是总是环境导致结果。当试图使用非强制权力时，警察为了达到他们想要的目的，正在适应形势本质的需要。在这种情况下，我们可以说他们使用功利主义。他们考虑到社区的利益和公民个人的利益，以不同的方式对待不同的情况。换句话说，当警察给市民一个机会让他们自己做正确的事情时，他们的行为是功利的。

什么时候应当怎样使用这些不同的观点，通常是不太清楚的，这就是为什么品格是我们的驱动力。正是因为这个原因，我们创造了警察赖以生存的伦理道德。但很明显，由于有如此多的不同角色需要发挥作用，公民们提出了许多相互矛盾的要求，有如此多种类的罪行要考虑，以及可供选择的各种选择，警察面临着令人困惑的现实。我们在这里所做的努力，并不是试图以一种零敲碎打的方式来解决这个问题，而是将重点放在一个中心思想上，即把所有伦理思想流派联系在一起来研究警察的品格。

4-5　小　结

在这一章中，我们思考了伦理道德在人类生活中的重要性，尤其是警察每天必须做的道德说教的性质，他们所拥有的权力的性质，以及理解各种行为控制的重要性。在这方面，我们对伦理道德观点的重要性进行了概述，并强调了警察决策必须基于的伦理道德基础。

在第 5 章中，我们将考虑试图完成这些任务时所涉及的个人品格及动态反应。正如我们在这里不厌其烦地指出，警察个体的伦理道德对整个刑事司法系统以及街头生活至关重要。在个别警察的身上，他们所具有的品格构成了将伦理道德应用于美国人民日常问题的基础。

4-6　话题讨论

1. 为什么必须讲究道德，有很多原因。这些原因是什么？哪个对你最有说服力？你能想出其他的原因吗？更具体或更普遍的原因，让人们想要以合乎伦理道德的方式行事？警察又当如何呢？

2. 讨论为什么伦理道德让我们成为人。为什么哲学家和宗教权威认为动物王国和人类之间最重要的区别是其创造伦理道德准则和控制自然本能的倾向？

3. 作者认为，警察经常会遇到双方都正确的情形。讨论这类伦理道德困境或对峙的例子，警察必须在公民（或公民群体）之间进行调解，从每个公民的角度来看，他们都是正确的。

4. 讨论这三种权力的例子，首先使用非警察的例子，然后再考虑一些与警察有关的劝说、互惠和强制权力的用法。讨论权力优先化的思想以及为什么缪尔认为这对警察来说是一个关键问题。

4 – 7　伦理情境

两名警察面临因扰乱治安的轻罪作出逮捕或者不逮捕的决定。一个聚会持续到深夜，兄弟会的男孩子们因噪声已经被警告过几次。在作出他们的决定时，警察们——正如我们前面所指出的——正在做道德判断。他们在决定谁"应该"进监狱，谁不应该进监狱。一名警察表示，由于现在是午夜之后，而且相关责任人已提前得到警告，而该聚会早就应该结束了。他认为应该起诉兄弟会的领导人。另一名警察建议说，"这是一个大学城"，一个"只"过了午夜的派对，在这样一个小镇里是不应该被制裁的。她的逻辑是，"如果人们生活在一个大学城，他们应该早就知道需要忍受这样的聚会"。

如何对这种两难局面作出决定？要用什么标准来确定派对的组织者是否应当被起诉？在讨论他们的决定时，这两位警察运用他们个人的是非观和道德观，它是对的吗？它是公正的吗？是否有明确的方法来作出这样的决定——某种客观的方法来决定法律应该对此做些什么——或者这仅仅是两名警察将要/应该争论的个案决定。

4 – 8　写作练习

思考托夫勒关于"未来冲击"的概念，写一篇文章来反映你年轻时对未来的看法。当你还是个孩子的时候，你认为未来会是什么样子？你以为我们都会有自己的直升机吗？我们可以在运输机上旅行吗（就像《星际迷航》里那样）？你认为贫穷、无知或战争会永远结束吗？玩得开心点，教师应该让班级分享这些想法。

4 – 9　关键术语

cowboy：牛仔，一个警察术语，指的是对随意使用武力，将公民视为美国敌人的警察。

ethical dilemmas：伦理困境，在同时出现的两种或两种以上的行为中选择，这两种选择在伦理道德上都是站得住脚的。

ethical questions：伦理问题，一个人必须在伦理道德行为和更容易或者更舒适，或者更便宜的事情之间，做出选择的情形。

Fort Apache：阿帕奇堡，一种比喻，指警察挤在一个堡垒里，周围是敌对的野蛮人。

future shock：未来冲击，阿尔文·托夫勒的观点（来自同名小说）认为，在当代，社会变化发生得如此突然，以至于人们对此感到震惊。

hedonistic impulses：享乐主义冲动，当人们被吸引去做让其感觉良好的事情时，人类倾向于像动物或以自然的方式行事，而不是文明的方式。

humanistic perspectives：人本主义观点，一种基于价值、特性和行为的观点，认为人类是最好的，比任何超自然的权威都重要。

police moralizing：警察道德说教，警察在作出逮捕/不作任意逮捕决定时，倾向于对人作出判断。

power prioritization：权力优先排序，缪尔的观点认为，三种权力应该在任何可能的情况下按照特定的顺序使用；首先是劝说，其次是互惠，最后是强制。

第二部分

伦理学框架结构

在第二部分，我们将分两章对品格的本质进行讨论，并在此基础上提出我们关于警察赖以生存的伦理道德学。我们将考虑它是什么，我们如何获得它，以及它是如何运作的。然后，我们将对康德和米尔的相关观点进行分析。只有将这两种经典的伦理观点放在一起讨论，我们才能以一种令人信服的、全面的方式来展示我们的伦理学。

　　第二部分提供了重要的框架结构，在此基础上，我们将对警察不当行为及其原因，以及应当如何处理进行更为实际的讨论。我们将从品格是什么、为什么它对警察在大街上伸张正义如此关键开始讨论。

第5章 品格是什么?

品格是那些每个人都能理解的生活要素之一。然而,很少有人思考过它的定义。例如,选举是由关于候选人的人品好坏的辩论所推动的。但是,当我们分析这些政治辩论时,我们发现"品格"一词并没有具体的内容。如果我们支持政客,他们就有好的品格;如果我们不这样做,他们就缺乏品格。这就是它的全部。

有能力的警务人员的品格是如此重要,我们在进行这项工作时不得不对此进行一个严格的定义。我们需要很好地把握品格,因为我们的中心思想是,品格是决定警察能力和效力的最重要因素。品格不仅是构成警察职业化的一部分,而且是专业精神的基本要素。

5-1 品格和美德

品格特质通常被称为美德,一个过时但仍然有用的术语,包括像正直、勇气、忠诚、诚实这些特质。与性格特征(如幽默感、智慧、精力、羞怯或者乐观)不同,美德和恶习并非与生俱来;他们是通过经验获得的,并从那些我们认同的人那里学习到。我们按照我们先祖的生活方式(宗族、部落、家庭)而生活。我们时时被他们的同情心、好恶、言语模式、信仰和宽容所感染(见专栏5.1)。

专栏5.1 关于品格的两种观点

> "我们无法非常准确地从他们的行为或者他们在公共场合的外表来判断男人的品格……；正是从他们漫不经心的谈话中，从他们写了一半的句子中，我们才有可能抱最大的希望去发现他们真正的品格。"
>
> ——玛利亚·埃奇沃思，爱尔兰小说家
>
> "什么是品格呢？难道它不是实践所决定的吗？那么，什么是实践呢，它不是品格的显示吗？"
>
> ——亨利·詹姆斯，美国小说家

一个在阿肯色州长大的孩子，在其他美国人眼中，会被视为一名阿肯色州人。他在南方浸礼会教堂长大，在他的余生中，他的音乐品位受到他所吟唱的所有教堂中的赞美诗以及收音机里的乡村音乐影响。他倾向于把内战看成国家之间的战争。他喜欢在早餐时吃粗燕麦，喜欢用南方人的方式煎鱼。和大多数南方人一样，他有一种幽默而灵活的英语语感，这是俄勒冈州和内布拉斯加州的孩子所没有的。正如被水冲刷的岩石，他的阿肯色州生活在他身上留下痕迹，他的性格在环境的侵蚀影响下成为一个男人。

现在，学校里的一个孩子或者警车里的一名警察可能会想知道做什么是正确的。她可能想知道她对此的感受。她可能想知道，她对别人的责任是什么。这种好奇的行为是非常个人化的。当然，"正确"这个概念有一个普遍的、共同的含义。但作为一个个体，她对这个概念进行了专门的、个人的运用。这个孩子或警察关于正确的概念，最初来源于她和其他人分享的语言和文化。但她却把它带进了她的私人世界中。在那里，这种概念——伦理道德观——是孩子或者警察的历史所决定的。涉及个人的生活时，它们被修改，在这个小孩或者在她的警车里的警察的生活中。从他们个人历史的角度来看，伦理道德观念呈现出特殊的、个性化的含义。

这种积极的重新评估和重新定义，是一个人生活和成长的个人历史的主要特征。所以，对一个人来说，正确、诚实、忠诚等观念在她生命的不同时期，可能有不同的含义。把她在家里与她在学校或者在警车中对正确的界定相比较，她很有可能对正确有不同的理解。对她来说，正确的概念完全意味着是她生活的一部分，只有在这种背景下才能被理解。

当我们谈论一个想法或一个概念的意义时，我们必须记住，词语在某种程度上保持着概念所没有的稳定性。例如，"正确"这个词在字典中有一个固定的定义，这个定义对于孩子和警察来说都是已知的。但正确的概念因其在两种情况下的变化而有所不同。对孩子来说，当她在教室里的时候，"什么是正确的"这个问题，与她和她最好的朋友在一起，或者与她的母亲在一起，或者与一个恃强凌弱的男孩在一起时的概念并不完全相同。在警察的帮助下，她对正确的理解在她的人生历程中发生了变化，从她还是个小女孩到成为一名青少年，从她上大学到她现在的职业生涯中都在改变。此外，当她和一个喝醉酒的司机、一个走失的孩子或者她的丈夫打交道时，正确的概念也会发生改变。

对一个词的含义有两种不同的认知，一种与普通的、常规的用法有关，另一种则不然，关于价值观或者道德观的知识，比如诚实或者勇气，是需要深入理解的。它不能以一些非人格化的网络、群体、代码或者规则集合的形式被知悉。此外，如果在一个人的生活中，道德本质上是与变化和进步联系在一起的，我们就不可能像我们想象的那样民主。例如，与康德的立场相反，我们不能因为我们是理性的，那么只需要简单地知道所有必要的伦理道德话语就行了。我们必须认识到它们所适用的环境以及它们是如何适用的。词语的含义总是由上下文决定的。我们从积累的经验中学习，不断进步、不断提炼，然后得到发展。我们的理解向前前进，朝着亚里士多德的中庸之道的理想方向发展（本章后面将详细介绍中庸之道）。

品格，我们的基本伦理道德，发源于童年。这就是我们第一次了解友谊和卑鄙、欺骗和诚实、怀疑和信任的地方。这些不同的特性在早期就已经根深蒂固，我们在家庭生活中吸收的各种特性通过我们的生活环境对我们产生了影响。正如我们早期的家庭生活塑造了我们与生俱来的人格特质一样，家庭也是我们基本的伦理道德性情形成的地方。

两千四百年前，亚里士多德是西方世界第一个定义和讨论"品格"的人。

虽然我们的品格特征在孩童时期就开始形成，但与人格特征和外形特征不同，它们不是由基因决定的。我们的品格是后天形成的，而不是遗传的，尽管似乎确实有一种遗传或遗传的倾向使我们的品格以某种方式发展。品格具有可塑性，并且永远需调整。意识是关键，不管一个人意识到哪种品格特征，只要她愿意，她都可以改变。因此，所有关于某个人是谁以及是好是坏的原因都源于此。

有个朋友在她办公室的门口写了一个小牌子，上面以一种奇特的方式写着"现实就是你的朋友"。这个指示牌是对自欺欺人、合理化、自我中心、找借口的警告——它是对苏格拉底所说的"未经检验的生活"的警告。这提醒我们，任何幸福的可能性都取决于现实。一个人的品格的变化，就是我们所说的进步的、发展的生命。你可能会说，对思想、价值观和信仰的不断重新评估和重新定义才是品格的表现形式。一个人的品格是驱使他向现实主义前进或远离现实主义的动力。亚里士多德认为，人的天性是一种现实心境。他说，任何背离现实主义的行为，从现实的角度和对自己的评价来看，在某种程度上都是一种罪恶。他称之为美德的这些道德品质是导致现实态度的原因。一个人可以控制自己的生活。这样，他就选择了自己要成为什么样的人。

因此，我们的生活是一个永无止境的过程，不仅要决定做什么，更重要的是要决定成为什么样的人。（我们说，决定成为什么样的人是最重要的，因为知道该做什么才会具有那种人的特性。）我们性格的形成不是静态的，而是动态的。在选择的关键时刻，大多数选择已经结束。这并不意味着我们不是自由的，当然不是。但它暗示着，我们行使的自由选择权的机会是小而零碎的。定义我们的选择一直在继续，并不是只有在重要时刻才会出现的浮夸。在这个观点中，伦理道德生活是持续不断发生的，而不是在明确的伦理道德选择之间切换。这些选择是至关重要的。这是一个有关性格的问题。

亚里士多德的伦理道德不仅注重任何时候都适用于所有人的绝对行为准则，而且关注个人的内在性格。这一学派认为，在不同的时代、不同的环境和不同的目标下，拥有良好品格的个体会有不同的表现。时代在变，人们在变；不同的人需要和想要不同的东西；没有两种情况是完全相同的。

假设一名警察，在他或她所管辖的街区里有一家音乐商店，经常有销售人员抓住扒手。在圣诞节的某天，这位警察遇到了三个事件。在一个案例中，犯罪嫌疑人是一名 17 岁的帮派成员，他偷了一些光盘以换取现金。在另一个案例中，犯罪嫌疑人是一名 15 岁的福利救济者，她偷了几张光盘作为圣诞礼物送给别人。还有一个案件，一个中上阶层的 16 岁女孩偷了光盘供自己使用。

这名帮派成员有长期被捕的记录，他知道这个规律，他对警察的态度相当合作和恭敬。没有任何犯罪记录的福利救济者显然很沮丧，她不仅害怕被抓住，而且明显地感到羞愧，因为她是因经济状况不好而盗窃圣诞礼物。中上阶层的青少年是个好战分子，她告诉警察，她不是一个普通的罪犯，她是一个非常重要的人，不应该被警察"骚扰"。

警察应该怎么做呢？一些相信绝对行为规则的伦理思想流派（见第7 章）会说，为了平等，每一个嫌疑犯都应该得到完全相同的对待。这是法治所要求的。考虑到个别情况，以不同的方法来处理类似的情节，将会忽视法律在其规定中是绝对的这一要求。此外，由于人们的地位和经历而加以区别对待，将会忽视一项法律原则：警察是国家的代理人，他只应在大街上以不偏不倚的方式适用法律规定。从这种绝对主义的观点来看，平等的待遇，只有平等对待是很重要的。因此，逮捕这三名嫌疑人并将他们全部送进监狱是合乎伦理道德的。

然而，伦理道德可能会给出相反的建议。亚里士多德的观点认为，英明或者贤明的警察会考虑更大、更长远的正义利益。公正与平等是不同的。聪明的警察会把重点关注在对社区、音乐商店和个人嫌疑人的长期影响上，而采取不同行动：①逮捕帮会成员，坚决处置，可能更符合司法公正和控制犯罪的意图；②严厉警告接受福利救济者，并释放她；③把中上层阶级的嫌疑犯带回家给她的父母，并作好相关情况说明。

每一种解决方案都适当并有针对性地完成了警察对受害者、嫌疑犯和社区所负有的职责。然而，每一种情况都以不同的、不平等的方式作了处理。受警察良好品格所驱使的关于美德的伦理学，会接受这些不平等，并明白这里没有任何不同的待遇。警察总是为了每一个嫌疑犯的最大利益行事，而且总是以社区的最大利益为重。从长远来看，正义和控制犯罪一直是这些不同行为的焦点。因此，在对待每一个不同的例子时，警察们都在做合乎伦理道德和美德的事情。

亚里士多德把美德定义为他所谓的"中庸之道"。这一概念表明，生活环境往往会引发一系列的自然反应。这个范围是连续的，它包括两个极端之间的平均值（见表5.1）。一个人的美德和恶习或多或少是他的习惯或习惯的反应方式。它们是他的品格特征。那些最令人钦佩的人是那些一直习惯性或典型地倾向于两种极端反应之间的美德的人。这些人被亚里士多德视为典范。

例如，亚里士多德认为，一个人的品格特征之一就是他或她如何对待金钱。如果人们自己占有过多的钱，他们就会犯吝啬的罪。如果他们太过自由，愿意施舍钱财，他们就会犯奢侈的罪。适当的、健康的反应，即中庸之道，应当介于两个极端之间，也就是慷慨。慷慨的本性是品德高尚的要素之一。

这种对亚里士多德美德观点的具体讨论，现在发展成一种对品格要素的更普遍的解释，因为它们在各个时代都已被定义。品格是由什么形成的？哪些是它的要素呢？

表 5.1　亚里士多德的美德观点

范围	恶习	美德	恶习
恐惧	怯懦	勇气	鲁莽
快乐	敏感	自控	任性
金钱	吝啬	慷慨	奢侈
荣誉	心胸狭窄	崇高的意志	虚荣
愤怒	冷漠	温顺	暴躁脾气
真理	自我抑郁	诚实	自吹自擂
羞愧	无耻	谦逊	拘谨

5-2　道德判断

　　品格必须与性格区分开来。性格是由一个人的外部特征组成的，这些特征如智力、机智或者魅力会给别人留下深刻的印象。另外，品格是指一个人的内在构成，这些特质表明一个人的道德品质或缺陷（美德和恶习的综合）。当我们问人们是否有良好的品格时，我们是在问他们是否有道德力量去做正确的事情，他们是否理解生活中什么构成了美好，他们是否诚信。

　　诚信是良好品格的一部分，这对警察来说尤为重要。诚信是关于一个人整体、统一和完整性的特征，这意味着一个人对生活的态度是全面的。警察必须具有诚信的品格，这是至关重要的，因为他们必须拥有多种技能，掌握多领域的实质性知识，对现实世界有实际理解，以及具有体能或者运动能力。因此，伦理道德和诚信以一种相互依存的方式相互竞争。要成为一名称职、专业的警察，需要从伦理的角度来交织"黏合剂"，把他的所有特性、必需的知识和技能都汇集在一起。对个人诚信的品格来说，一个明智的和深思熟虑的伦理道德观点是必不可少的。诚信是良好品格的关键因素。

　　因此，良好的品格对警察专业化的发展是绝对必要的。我们的论点是，如果没有经过有意识的深思熟虑——去承诺过有伦理道德的职业生活，如果没有良好的品格，再多的智力、训练、技能或体能都不够。坦率地说，没有良好的品格，你不可能成为一个好警察。如果警察们不在理解赖以生存的伦理道德含义的基础上，为他们自己的性格、技能和经历背书，那么剩下的一切都将付诸东流。

现在我们再回头来考虑一下品格的要素，这将使我们更清楚地知道它是什么，以及它为什么如此重要。

亚伯拉罕·林肯通常被认为是美国最伟大的总统，因为他坚持自己的原则。即使在最艰难的时刻，他作为总统的行为也体现了"诚信"的理念。

A. 关于可能性的判断

关于人类生命的智慧，最具主导地位、最核心的事实是，它是如此容易接受可能性。与动物不同的是，我们对自己的生活进行反思。也就是说，我们根据我们的记忆、想象，通过我们的计划、信念和想法，来思考我们的生活。我们做白日梦，我们想，我们计划，我们幻想，我们评估可能性，我们生活在相应的环境中。动物适应环境的方式使它们成为环境的一部分。例如，瞪羚与周围环境完美匹配，但它可爱的跳跃永远不会把它带出草原。生物学的适应性体现在动物身上是通过本能来适应生活，没有其他的选择。

人类也能适应环境，但不是通过生物学，而是通过反思。与动物不同，人类可以生活在任何地方，因为他们可以通过砍伐树木、灌溉农田、耕作或驯养动物来改变环境，以适应自己的需求。然后，人们也可以通过制作衣服或建造房屋来改变周围的环境。一个人的选择不是由自然法则预先决定的。相反，它们是不确定的。只有一个人的想象力才能限制选择的范围。一个人一生的行为具有计划的所有特征。我们的个人经历也是这个计划的一部分。

我们的历史可以被看作包括两组不断融合的可能性：①那些可能会或者可能不会在我们身上发生的事情（命运）；②那些我们可能做过或者可能没有做过的事情（我们的选择）。回顾我们的一生，我们可能会后悔，为看到了我们自己生命中其他的可能性而后悔，为命运的突然转变而后悔。或者，我们同样会为自己所做的选择而后悔，反思我们可能为自己创造另一种可能的生活。或者我们可能会觉得我们的结果就像曾经的经历一样，是幸运的，如果我们再做一次，我们也会做同样的事情。

在这种自我反省中，我们对过去做出不同的道德判断。人们可能认为他们应该在不同的场合做出不同的选择。结婚或者不结婚，生孩子或者不生孩子，从事对他们来说很重要的工作，或从事挣钱很多的工作，等等，哪种选择正确？在这样的道德反思中，我们意识到我们现在的欲望和感觉以及我们现在的处境，我们将这些与过去的好运与噩运、好的选择与坏的选择联系在一起（见专栏 5.2）。

专栏 5.2　影响我们生活的两种"可能性"

> 命运＝在我们身上可能发生的结果
>
> 选择＝在我们控制下的可能结果

我们用自己的历史来解释我们自己。然而，我们的回忆总是被一种潜在的可能性的感觉，被那些本来可能存在的事物所渲染。而且那些可能发生的事情是我们生活中至关重要的部分。因此，我们的个人历史充满了"如果……"和"我本该做……"的感觉。我们的天性，我们生活的质量以及我们的品格，不仅取决于已发生的事件和行为，还取决于我们因这种或者那种原因而未采取行动的可能性（真正的可能性）。这种对可能性的考虑是道德反思的本质。

道德判断——对是与非的判断，对善与恶的判断——最好被理解为一类关于可能性的判断。这类判断的自然情景是在个人深思熟虑中进行的，无论是在公开场合还是在我们自己的内心深处，我们都会对各种可能性进行比较和评估。这种深思熟虑发生在家庭、办公室、工作场所，或者人们聚在一起讨论或争论如何相处的地方。我们说话、我们思考、我们倾听、我们回应，和我们周围的人一起，我们不断发展着我们对自己、对世界、对道德的理解。在人际关系层面，这是人们创造、维持和改变整个文化规范和价值观的方式。

但人们并不都是一样的，他们有不同的观点。这种观点上的差异是人们生活方式不同的自然结果。当人们很般配时，当他们有很多共同点时，他们的观点就会重叠。就好朋友或恋人而言，他们的观点往往会互相辉映，这取决于他们在一起的时间长短。他们的两种生活融合在一起，因为他们开始分享相似的价值观，在一定程度上，他们各自影响着对方的宽容和期望。然而，他们之间仍然存在着差异，他们通过这种不同，认识自己和彼此。他们互相喜欢并彼此依赖，因为他们从各自不同的人生历程中走在一起，共同居住生活。

因此，即使是有很多共同点的亲密朋友，我们也会因为各自不同的经历而有不同的看法。我们经历了不同的可能性，在这种意义上，命运给我们带来了不同的体验，从某种意义上说，我们在各种可能性之间做出了不同的选择。分歧既是构成友谊的有趣成分，也是我们必须作出调整的问题，更是我们必须找到相处之道的领域。结果或者因取得一致而安心，或者因保持不同而陷入困境。从这一基本事实引出了程序正义的核心概念——和睦相处和保持不同有"游戏规则"（见专栏 5.3）。

专栏5.3 了解真实和谎言

说谎错了吗？有些人会认为不撒谎是人生的绝对准则——一个应该永远支配人际关系的道德原则。其他人可能会说，"这要看情况"。在某些情况下，撒谎是可以接受的。

例如，告诉孩子们圣诞老人、复活节兔子和牙仙子的"谎言"是不是不道德？当半夜把长袜子填充好礼物，藏好复活节蛋或从枕头下取出一颗牙齿时，父母实际上是在欺骗他们的孩子。即使再多的合理化的"善意的谎言"，也无法改变这一现实。问题是：这种谎言在某种程度上是可以接受的，因为它不会造成伤害吗？事实上，它是父母爱的产物，因此就与谎言有所不同吗？

例如，在大多数玩圣诞老人游戏的家庭中，当大一点的孩子长大后不再相信这个神话时，会出现一个有趣的转折。他们——这些大一点的孩子们——开始帮助父母"当圣诞老人"，比如给那些还相信这个神话的弟弟妹妹们的长袜子里填充礼物，等等。这是一个很好的例子，说明了孩子们在家里是如何学会人际关系的规则的——在节日期间说这些善意的谎言不仅是可以接受的，而且还有助于营造一种兴奋和惊奇的气氛。他们知道，谈论圣诞老人和飞翔的驯鹿并不是真正意义的撒谎。

B. 正义

在我们对伦理观的讨论中，我们将正义视为公平的要求。这是一个道德概念。和大多数其他道德概念发展的条件一样，这可能是人们如何相处的最基本和最普遍的道德层面。正义的概念源自随处可见的人与人之间的互动。正义对于人与人之间建立令人满意的关系以及社区发展都是必不可少的。

在孩子的生活中，出生的社区是主要塑造力的来源。他们民族的语言和宗教，他们的家庭情感，他们关心的方式，他们学会期待的事物，社会主要机构创造和维护的规范和价值——孩子们在获得独立和个性的清晰意识之前，就已经开始吸收所有这些了。因此，他们从最初的经历开始就被社会化了，并在一生中不断地被社会同化。

孩子最初的社区，他或她的家庭，为他或她的智力和社会能力的发展提供了条件。它是个性和自我意识发展的原始源泉。这个原始社区的本质是建立在对某种形式的正义的需求上的——也就是说，为了得到公平的对待，为了有机会被人重视，并在别人的评价中有所作为。如果孩子们没有得到和兄弟姐妹一样的待遇，无论是食物、衣服还是爱；在纪律方面，甚至在节日的礼物方面，他们都会抗议。孩子们（自然）会抗议，如果他们的诉求未被倾听，如果他们的想法不被重视，等等。抗议的声音是要求正义的声音。

这种要求正义的自然需求，使孩子们意识到自己与他人，包括朋友和家人，以及与工作之间的关系——游戏关系的规则。在学习这些关系中什么是恰当的，什么是不恰当的过程中，他们接触到了一些美德，比如诚实、善良、诚信、忠诚，这些是共同生活的基本品质。由此，他们学会了如何照顾他人和自己。

我们都把这种正义感带入成年生活。这是一切道德的根本主题。公正、公平地与人们打交道，对于什么是美好事物保持不同看法（对生活可能性的不同看法）也有一个程序，这是必要的。换句话说，公共道德的核心是关注人们应该如何互动，应该如何相处，应该如何争论（当他们争论的时候），应该在出现分歧时解决问题。如果不能就如何决定差异达成一致，任何社会都将陷入混乱。

警察所做的大部分工作都是与冲突中的人打交道。程序正义包含了游戏规则，用来规范人们生活中不同观点、期望和宽容之间那些不可避免的冲突。警察的工作不包括试图让人们将相互矛盾的期望聚集在一起，并在一些关于什么是善（生活的善）的概念上达成一致。相反，在可能的情况下，这项工作涉及找到使人们能够共存的方法。公民不需要同意，不需要调和他们的分歧，也不需要找到共同点。他们相互敌视的善的概念应该结合起来，形成一个单一的共同认定的概念。由街头警察处置的正义只能为暂时的妥协扫清道路。

警察不可能解决世界上由于各种观点、经验和可能性而产生的所有问题。但是，他们能够而且必须设法公平地处理所发生的冲突。警察是街上的裁判员。他们是生活游戏的裁判，如果他们是有能力的专业人士，他们试图尽可能少地影响最后的得分，同时确保游戏的公平。继续用这个体育做比喻，当最后的分数被计算出来时，有些人会赢，有些人会输。但是，认为警察会影响人们对善的看法（用足球的比喻来说，是哪种队形），或者决定谁应该被公平对待，谁不应该被公平对待（直接影响比赛的分数），这既不可能，也不是个好主意。

因此，人类的基本经验包括对正义的需求。这是我们所有人自然产生的需求。人类的经验也产生了关于美德的个体想法。我们需要一个自由的社会，我们需要正义，这样，每个人对美好事物的看法才能蓬勃发展（见专栏 5.4）。

专栏 5.4　两种正义

> 实体正义 社会的具体行为规则（例如刑法中关于强奸和谋杀的法律）。
>
> 程序正义"游戏规则"（例如，米兰达判决，要求嫌疑人被告知他们的权利）。
>
> 实体正义的概念源自善的特定概念。在什么情况下执行是正当的？在什么情况下被虐待的妇女开枪射杀丈夫是合理的？什么时候堕胎才是正当的？这些都是实体正义的问题，不能指望达成普遍协议。
>
> 然而，若能以理性的名义，用公平辩论的方式权衡主张和反诉；当公众需要一个答案时，在这些问题的相互矛盾的答案之间进行仲裁；并——在警察的竞技场——知道如何对待一个公民，不管他或她被指控做了什么，那么达成普遍协议是可以预期的。

C. 善

就像程序正义一样，善的道德观念自然地产生于人类的基本经验，而不是产生于所有人都知道并普遍接受的信仰或理论。例如，人们对教育、经济保障、锻炼或娱乐等对美好生活来说很重要的事，都有不同的看法。他们不仅在不同程度上重视这些概念，而且对它们的定义也各不相同（见专栏 5.5）。

专栏5.5 对善有不同看法的问题

美国是一个拥有 150 多种不同的民族和宗教传统，汇聚在一起，寻求某种和谐存在的多元社会。我们的观点是，关于善，没有一个建立在美国中心论之上的单一的普遍性概念：个人享有自己持有、发表意见和根据自己的意见、观点和哲学采取行动的自由。但这个观点存在一个不容忽视的问题。

正统宗教采取相反的方法来理解善。也就是说，正统宗教认为，对所有人来说，一种普遍的善是存在的。《圣经》《可兰经》，尤其是《摩西五经》，三种正统的"现代"宗教的圣书，每一种都有这样的观点：作为一个好人，必须理解善的真正概念，以一种特定的方式行事。例如，有些人认为《十诫》是针对所有人的，没有任何资格要求或保留。每个人都必须接受，并对其忠诚。

我们正在讨论的这种多样性的类型没有这样的观点。虽然我们肯定不想坚持，认为警察不能忠于自己的宗教信仰，但我们必须理解，在维护一个多元化、自由、宽容的社会时，警察不能把自己的宗教观点强加给他人，特别是关于对善的观点。美国的法律甚至宗教传统都要求相反的观点共存，即对思想、哲学和世界观的宽容是社会运作的核心原则。

涉及具体警务工作，美国的传统要求，警察的行为不能试图为任何关于善的普遍观点背书。警察可以在他们的私人生活中持有自己的观点和行为，但是作为警察就不能这样了，不能认为这些观点应该被所有人接受。

例如，有些人认为"接受教育"意味着要对生活作一般了解（在苦难学校），或者接受他们的专业或职业的教育。另一些人认为，真正受过教育的人是那些在学术世界里尽其所能地学习他们所从事的每一门学科的人。同样，有些人喜欢歌剧或交响乐，有些人喜欢拖拉机牵引和轮滑。通常，爱一个事物的人会厌恶另一个。在一个自由的社会中，我们必须承认，这些差异是存在的，是每个人拥有的权利，而且确实使我们的社会生活变得有趣。换句话说，如果每个人都喜欢同样的东西，并把它们按先后顺序排列，生活将会非常无聊。

在一个自由的社会中，强烈的兴趣和激情往往是可以通过理性的计算来调和或者妥协的。但是，蛮横地持有善与恶、对与错的概念却不可以。没有一种理性选择的机制可以在道德冲突中发挥作用，就像它们可以在利益冲突中发挥作用一样。因此，正义的理念陷入了一个不可避免的困境。它涉及协商一致的必要性——不能使用武力或者彻底放弃——在那些因为一方或双方都不满意而发生冲突的人之间的对抗。反过来说，这又是因为他们对善的概念不同而造成的。

总之，人们对善的不同概念来自人类的经验，来源于想被赞美、不被责备、想要更好的东西、想要以理想为导向目标的生活、想要关注重要的事物、想要忽略琐碎事物的倾向等。而将人类经验与个体概念联系起来的线索就是这种可能性——可能是什么以及我们生活中可能会发生什么。

在这一节中，我们按照可能性和正义以及善的道德概念，对道德判断的一般概念作了讨论。我们认为，我们每时每刻的体验都充满了可能性，充满了可能发生什么以及责任感，这种责任感来自知道这种可能性是我们的可能性。对我们的可能性和我们想要的生活方式做出现实的判断需要公平的交易，也就是公正。这是人们追求生活幸福的唯一条件。

5–3 自由裁量权和品格

警察的品格对司法系统的完整性至关重要，这一观点引出了一个核心事实。警察拥有大量的自由裁量权。就他们的决定对公民生活的影响而言，在整个美国法律和政治体系中，警察比任何其他行动者都拥有更大的自由裁量权。警察在大街上执勤时，完全可以无视任何越轨行为，将一个行为异常的人排除在刑事司法系统外。在这一过程中，没有任何其他行为人能对人们的生活产生这样的影响，因为一位公职辩护律师、检察官、法官或缓刑官关注公民的行为，公民就已经进入了这个系统。只有警察才有能力把一个人完全排除在这个系统之外。

警察经常决定逮捕或者不逮捕、使用武力或者不使用武力、去干预冲突或者让人们独自解决他们自己的问题。这些决定通常是独自一人在街头做出的，而且常常是在晚上，没有任何证人在场。特别是决定忽视那些不轨行为并让人们自行解决时，警察的行为不会被其他人审查。因此，这种巨大的力量不是对所有人都负责。那么，警察应该对谁（或什么）负责呢？

答案是，大多数时候，在大多数情况下，警察的自由裁量决定只对警察个人的道德标准负责。因此，对警察品格的关注至关重要。面对市民之间的争论，警察们会根据他们对正义、法治、切实可行和最重要的、生活中的善的理解来决定该做什么。这是无法逃避的现实。

警察的品格塑造并推动了法律的发展。个别警察的品格给社会的规范和价值赋予了一定的意义。具有良好品格的警察，懂得事实和歪曲事实之间的区别，对生活中做好事的意义有坚定的信念，他们是美国街头正义的捍卫者。他们的自由裁量权使他们成为关键人物，可以决定美国公民生活中法律的真正含义（看上去像什么，感觉是什么）。

5-4 重申"警察就是法律"的观点

我们在第1章中建议，现在是时候让现代的、聪明的、受过教育的警察努力去理解美好的生活意味着什么，反思什么是美德，并对拥有良好品格意味着什么形成具体的想法。这不仅仅是古希腊人感兴趣的学术活动。这种反思直接把成为一个好人意味着什么，以及如何去过一种有意义的生活作为目标。

对于那些在他人生活中行使巨大权力的警察来说，这种讨论和分析至关重要。正如我们前面提到的，再多的身体灵活性、才智、训练或街头感都不能使一个人成为一个好警察。只有当他将所有这些才能、技能和信息整合到个人的、角色导向的、工作型人格中，并根植于坚实的职业道德中，才能真正培养出能力和职业精神。

因此，我们扩展了"警察就是法律"的概念。法律必须有良知，使其运作与美国理想的正义保持一致。法律必须是一个活着的实体，它不是停滞不前的，而应响应街头生活的脉搏，响应人们的希望和梦想。法律必须对生活环境的感受加以调和，允许人类的同情心去修改应用。法律必须在了解现实生活的戏剧性、有时是暴力和丑恶的本质的基础上予以保证。而具有所有这些理想基础的警察，最有可能将这些动力发挥出来。法官、律师、缓刑官、假释官以及法律体系中的其他任何角色都可以帮助他实现这些理想。但是，巡警是与所有公民的生命最接近的政府探员。

5 – 5　小　结

第 5 章把几个观点结合在一起。第一个是我们的中心主题，即在许多人的生活中，即使不是多数人的生活中，警察的决定定义了法律。第二个原因是，由于警察要扮演多种相互冲突和模糊的角色，而且由于警察经常面临相互冲突的论点和微妙的权利平衡，这些决定往往是根据警察个人的伦理道德观点作出的。第三，这种伦理观点成为警察个人品格的直接表现。

因此，法律的完整性取决于警察的完整性。法律的一致性体现警察的一致性。法律制度运行的公平性、客观性和公正性都取决于警察的良好品格。

5 – 6　话题讨论

1. 用亚里士多德的话说，谁是你的"模范"? 在当代世界，谁是你的榜样? 讨论一下我们今天在哪里发现英雄，怎样可以发现英雄。

2. 在"平等对待"和"公正"之间有哪些关键的不同。列举你自己的例子，说明平等对待可能不会带来正义。用完全平等的方式对待人们，为什么仍然可能产生不公正?

3. 警察经常认为他们受到监视。但这是一个误解。讨论一下为什么要让警察相信这个误解——为什么这对相信这个误解的人来说是一件好事，以及为什么它可能会是一件坏事。这一讨论如何将我们对警察个体品格的重要性代入我们的分析之中呢？

4.《独立宣言》指出，我们有权追求"生命、自由和幸福"。这种"幸福"的概念类似于"善"的概念，我们在这里已经讨论过了。我们每个人都对此有自己的定义。你如何定义你生命中的"善"？你的长期目标是什么？你希望未来的生活是什么样的？

5-7　伦理情境

想想撒谎的伦理道德含义。撒谎总是错的吗？"有时"能否合乎伦理道德？是否在某种情况下，警察可能会对公民撒谎，甚至冒着最终被判犯有某种不当行为的风险？但为了正义，为了社区和公民本身的最大利益，警察是否也会撒谎？考虑下这些例子。

警察告诉一名悲痛欲绝的母亲，她受伤的孩子——被救护车带走了——是没事的，这是否合乎伦理道德呢？警察对一名歇斯底里的丈夫说，如果他不冷静下来，他将被关进监狱，这是否合乎道德呢？即使这个人没有做任何可能被依法逮捕的事情。警察为了获取情报，告诉一个犯罪者"另一个人背叛了你——你不交代的话将被送进监狱"，这种方式是否合乎伦理道德，尽管这是一个谎言？

许多其他例子都可以被用来证明警察可能撒谎，但同时这又符合司法的最佳利益的情况。你怎么看待这里的伦理道德问题？你看到警察的矛盾处境了吗？记住，公民向警方撒谎是犯罪行为（在大多数司法管辖区）。那么，警察对公民撒谎是否可以接受呢？

5-8　写作练习

看看亚里士多德的美德清单。你同意他的概念吗？你能在这张单子上加些什么吗？例如，他没有具体地讨论正义，许多人一直认为正义是另一个绝对重要的良好品格要素。正义就是按照自己的哲学生活。伪君子缺乏诚信。那么善良呢？善待他人难道不是良好品格的另一个关键因素吗？

构思一篇文章，讨论一下你可以在这个古老的列表中添加什么。（对导师来说，应与你的班级一起分享你的观点并就他们对亚里士多德美德思想的理解，以及你的学生可能想要加入的其他想法进行讨论。）

5-9 关键术语

Aristotle：亚里士多德，公元前384—前322年，希腊哲学家，受教于柏拉图，辅导了亚历山大大帝，建立了他自己的学校，学园派；创造了基于伦理学以及对逻辑、政治、戏剧和生物研究之上的美德理论。

ethics of virtue：美德伦理学，一种学派的思想，认为好的品格是由试图模仿榜样或榜样的生活所决定的。

exemplars：榜样，榜样或者英雄；其生活是别人想要模仿的。

Golden Mean：中庸之道，亚里士多德的观点，人们应该适度行事，在个人行为中寻求缺陷和过度之间的平衡点。

the good：善，个体关于对幸福的追求应该包括什么，是一个不断提高的认识。

integrity：正义，完整的、与自己的原则相一致的生活的特征。决定一个人性格的最外在的特征，如智力、机智、魅力、亲切等。

procedural justice：程序正义，适用实体法的刑事司法从业人员必须遵守的游戏规则；例如，应适用米兰达判决。

substantive justice：实体正义，人们（公民）在日常生活中相互交往时必须遵守的行为准则；实体正义是人们应得的。

virtue：美德，一种特殊的道德或好的道德品质。

第6章　品格的发展

"事实是，最辉煌的壮举经常不会告诉我们执行者的美德和恶习，而另一方面，偶然的评论或笑话，与使成千上万人倒下的战斗中获胜的壮举，或者编组伟大的军队，或者围攻城市相比，更能显示出一个人的品格。"

——普鲁塔克

在讨论警察品格的极端重要性时，我们只是常规性地提到品格这一概念。警察必须对生活有一种认识，这种认识是建立在对我们的道德品质的理解上的，这是品格的核心要素。但在更实际的日常意义上，我们该如何改善我们的品格呢？让我们记住，品格不一定是值得称赞的东西，因为有缺点也有优点。当我们走过人生的旅程，去改变和改善我们的品格时，我们能做些什么呢？特别是，考虑到警察所承受的压力以及他们在他人生活中占据的重要地位，他们能做些什么来改变自己的品格呢？

这一章将更深入地探讨什么是品格，我们如何获得品格，以及它是如何运作的。这一讨论看上去与警察工作本身无关，因为我们必须把我们对警察的品格和伦理道德的考虑扩大到对这些概念的更广泛的理解上去，因为它们涉及每个人，警察和公民都一样。只有这样，我们才能把注意力直接放在警察身上。

在整个工作中，我们强调，品格是伦理道德最重要的方面。由于品格被定义为一个人的道德素质，品格实际上是所有伦理道德行为乃至不道德行为，甚至是警察的职业精神的来源。"品格"这个词指的是影响一个人如何看待世界、理解世界、如何行动的持久特质。这些特质不仅解释了为什么现在有人以某种方式行事，还解释了为什么人们总能指望某人以某种方式行事。从这个意义上说，品格给人类行为赋予了一种特殊的责任和模式。

除了道德上的特征外，性格还包括许多其他的特征。除了如诚实、勇气和忠诚等道德美德之外，一个人的性格还包括一些在某种程度上有助于他们的总体幸福，有助于他们在生活中取得成功的特征。性格特征，或美德和恶习，决定一个人是否愿意学习，他们倾向于思考那些引起他们注意的事情。性格特征决定一个人幸福的可能性。

然而，在这项研究中，我们只关注与道德感或者我们对是非的理解有关的那部分品格。当我们考虑到人类和动物之间的区别（建立在直立姿势、反向相对的拇指、有额叶的大脑、语言和文化上），所有这些不同都体现在我们对善与恶、对与错的敏感上。从目的论的角度来说，所有这些定义人类属性的东西都是完整的，或者结合在一起，具有道德感。

6-1　开展工作

我们的讨论将集中在品格的要素上，人们可以做一些积极的、有意识的事来促进自己的良好品格。一开始——而且这看上去似乎是显而易见的——很重要的一点是，认识到拥有良好的品格是一个人必须努力的目标，这是很重要的。它不会自动或偶然发生。在电影《金钱的颜色》中，当年轻而有潜力的台球行家（汤姆·克鲁斯饰演）问埃迪（保罗·纽曼饰演），他如何能以一个台球桌上骗子的身份达到像埃迪那样对台球的控制程度水平，埃迪说："你要做你自己，孩子，但要有目的地去努力。"

A. 做你自己……但要有目的地去努力

虽然我们已经在另一种背景下讨论了诚信的概念，并利用了另一种替代的定义，但当我们讨论一个人如何以积极的方式发挥个性而开展工作时，诚信是最重要的一个品格。许多人认为"诚实"就是诚信的定义。

这只是部分正确的，因为正直是一种特殊的诚实。一个人如果具有诚信品格，那他的生活就会和他的人生哲学一致，高度统一。不管他们的人生价值和观点是什么，诚信的人的行为举止都是对其理想的肯定。坚持自己信仰的人，尤其这样做有困难的时候，都是诚信的。与此同时，当人们说了一件事却做了另一件事时，我们称为虚伪。诚信涉及行为，这与我们的哲学是一致的。

"如果你诚信，其他什么都不重要。如果你不诚信，那就没什么大不了的。"

——前怀俄明州参议员阿兰·K. 辛普森

在 1986 年的电影《金钱的颜色》中，保罗·纽曼饰演的"快速埃迪"给了一个年轻的台球迷（汤姆·克鲁斯饰演）一些建议。

正因为如此，诚信不仅仅只是象征良好品格的许多美德中的一种。它是至关重要的，因为它可以被培养，也必须被培养。人们必须努力使自己的行为准则得到应有的赞扬。在这里工作的人，通过做正确的事情和表现出诚信来通过道德"测试"，通过其行为表明他们正在积极地致力于过一种合乎道德的生活。当一个人"走捷径"或做最自私的事情，而不是做那些他们认为是正确的事时，他们就缺乏良好的品格。

勤奋或坚韧是塑造品格时另一种特别重要的积极特征。在警察的日常工作中，有些人往往在职业生涯中"装病"。也就是说，他们往往在工作中尽量少做一些事情，以避免麻烦，尽可能地保证平安、安全，并且在不解决困扰民众生活问题的情形下领取薪水（见专栏6.1）。当一个人缺乏严谨的时候，他们就会放任自己去过无关紧要的生活。一个警察如果没有努力工作或勤奋工作的特点，那他只是在浪费时间，尸位素餐。这样一个警察实际上生活在一个奇怪的现实中。警察过的是一种代价巨大的生活。工作在奇怪的时间，有奇怪的假期（在一周的中间，代替周末），在孩子们还在上学的时候度假……这些只是作为一名警察必须付出的一些特殊类型的代价。如果一个人想继续战斗而不认真对待自己的手艺，为什么还要付钱给他呢？为什么不找一份允许晚上睡觉，白天工作，和爱人在一起的工作呢？

个人（或警察）身上这两个最重要的特征，正如前面"快速埃迪"所提及的那样，可以使一个人为了过上幸福的生活而积极地努力工作。正如引文所指出的，一个好人必须是他或她真正的样子，并且是有意的。

专栏6.1 穿制服的窃贼

警察是有大量机会参与犯罪活动的人。工作中总是有着诱惑。他们徘徊在午夜，没有人在身边，商店的门可能是开着的，警觉的眼睛可能在睡觉。此外，那些希望通过贿赂、贪污或免费提供商品和服务来填补收入的公民也会与他们接触。他们与那些愿意用报酬来保护其邪恶的毒贩、皮条客和赌博彩票的兜揽人打交道。警察如果一旦利用这些机会，他们就会表现出缺乏诚信。这听起来似乎是不言自明的，但现代的专业警察必须明白这一点，这种虚伪实际上是美国警察历史的一部分，是新的专业人士在任何情况下都必须避免的。

B. 发展自己的哲学

人不会自动地或凭直觉生活。狼不需要成为一个好狼。狼不需要估量它的生命，决心成为一头更好的狼，并采取相应的行动。它只是做大自然赋予它的事情。

但是人类的生活对他们来说是永无止境的。与动物不同，人必须努力做自己。人类处境的一个巨大讽刺是，我们必须努力成为我们想成为的人。我们试着以一种特定的方式生活，试着被别人以某种特定的方式看待和思考。运动员努力保持专注。忧心忡忡的单身母亲对自己说："我必须在孩子们面前保持乐观。"演员重复着咒语："待在你的角色里。"好老师努力不让自己变得愤世嫉俗，继续为学生做最好的事。警察受到腐败官员施加的压力时，必须告诉自己："记住你是谁。"我们都希望被人以某种方式看待。我们记住别人对自己说过的话，并据此采取行动。这一切都是经过深思熟虑的，或多或少有点自觉的。我们是在做自己，但是这是有目的的（见专栏 6.2）。

专栏 6.2　犯罪故意和法律责任

就法律事实而言，在我们对人的责任的共同理解中，这种犯罪故意的思想是如此彻底地交织包容进去，以至于这类"行为"的法律定义是经"深思熟虑的、明知的行为"。一般来说，一个人只对他或她明知可能犯下的罪行负有法律责任。

精神障碍会减轻责任，改变行为的性质。未成年儿童属于不同类型的罪犯，因为他们的年龄限制了责任。法律认为，强制行为不承担责任，当窃贼用枪指着你的头，让你把钱从收银台取出，这不是你要为之负责的事。

综上所述，这些观点意味着法律要求并期望人们按照我们建议的方式谨慎地生活。

人们以一系列真实的或想象的可能性来看待自己的生活，并在这些可能性中加以控制。我们生活在"是什么"与"可能是什么"之间的紧张不安中。这种紧张说明了我们的希望、恐惧、计划和梦想。它解释了我们所做的一切，解释了我们生活的连贯性、统一性、可识别性和个人品质。当我们专注于所谓的道德美德（诚实、慷慨、勇气等）时，重要的是要记住，这些美德的基础包括那些使我们能够有目的地生活的特征。

我们每个人的生活都有一定的戏剧性，因为我们经常扮演一个角色，努力成为某个人。警察想要看起来像个警察。例如，他们希望自己看起来坚定、果断、坚强。试图让人们以那样的视角看待他们，意味着他们正试图成为那样的人。做一个好警察并不是自然而然的事。当我们被授予警徽时，并不意味着我们就已经是一个高效的警察。这是我们有意、有意识地做的事情，在某种程度上，这是我们继续努力的事情。我们知道我们是谁，我们想成为什么样的人。但两者之间经常存在差距，我们试图缩小差距。警察们要有这样一种意识，即不会随随便便就成功。他们必须为之努力工作。

我们对自己所做的事情的关心，实际上是去填补一个鸿沟，即我们认为自己是什么和我们想要成为什么之间的鸿沟——或者是我们思考自己应当被人怎样看待和我们想被人看待的模样。对我们来说什么是重要的？在揭示这一点的时候，我们的关心表明了我们想成为什么样的人。我们的人格并不是预先确定的，这个事实对我们很重要，它组织我们的每一个行动。这是我们品格的标志。

虽然生命的早期就决定了我们是谁，但我们却在生命的过程中不断地改变、适应和成长。只有真正的失败主义者、犬儒主义者和麻木不仁的人，才会因为某种外部力量而迷失自我，他们相信，他们无法控制自己是谁以及他们自己的性格是什么。

6 – 2　情感是理解的一种形式

这里我们将区分学术上的智力和情感智力（或社交智商）。理解这种差异很重要，因为对现代的、专业的警察来说，同时拥有这两种形式的智力至关重要。就他们的行政工作而言，学术智力在很大程度上会告知他们必须完成的任务：法律分析、理解关于搜查和扣押的法律、审讯、调查、撰写报告、出庭作证，以及其他多种任务和角色。但是，在处理公民利益冲突、正义的多重定义、有问题的道德困境和模糊的法律问题时，情商或许更为重要。

A. 学术智力

我们习惯于说智商。智商是一个计算出来的百分比，它将个人的天赋智力（顺便说一下，不是他们的教育水平）与普通人的天赋智力联系起来。当我们谈论这种智力时，我们是在讨论一种学术或"书本学习"类型的智力。人们参加智力测试，他们的分数与同龄人的分数相比，这个人的考试成绩除以他们这个年龄的人的平均成绩，由此发展起来的数字是一个百分比，表明个人在一个假想的连续体中的位置，这个连续体延伸到最聪明的人和最不聪明的人之间。

智商为100表明某个人的智商是绝对平均的智商或者中等智商。那些智商较高的人（比如普通警察新人）更聪明一些。一个高智商的人能够在正规教育或专业训练中做得很好。因为它表明他们有能力摄取大量的信息并研究复杂的概念。智商是智力潜能的衡量标准。因此，在警察组织的世界中，这是非常重要的。但这并不是衡量警察脑容量的唯一重要指标。

今天，当我们研究警务世界中的人际关系时，我们挑选人员时关注的是智商。当聘请新人的时候，我们担心那些被聘请来与公众互动的人是否有一个基本的智力水平，足以让他们接受必要的技能培训。而且，由于当今招聘的要求如此冗长和复杂，每个被聘请到公共组织工作的候选人都具备这种基本的智力。换句话说，对当今的公务员来说，拥有足够高的智商很少是个问题。

更重要的是一个人的情商。这是因为，在当今的警察队伍中，智商高于平均水平是司空见惯了的，而高情商才往往是需要的。

B. 情商

仅仅关注智商，往往在组织世界中的价值有限，作为替代的构念，一些作者讨论了情感智商（EQ），一些人讨论了社交智商（SQ）。在我们的讨论中，我们不会花时间区分这两者。这是因为情感智商和社交智商在很大程度上是重合在一起的，因为它们都是智商的历史局限性的替代品。这里没有详细说明，只要说情商是社交智商的关键部分就足够了，反之亦然。

我们可以从定义中推断出，情商高的人可以在很多方面为警察组织带来好处。高情商的人与公众、犯罪嫌疑人、警察组织结构中的上级以及下属都有良好的互动。虽然对现代警察来说，智商很重要，但这并不是警察领导需要花很多时间担心的问题。在当今的警察世界中，情商有时是稀缺品。引申开来，因为如此，当代警察的伦理道德行为也是可遇而不可求的（见专栏6.3）。

专栏6.3　社交智商的一个定义

> 卡尔·阿尔布雷希特（Karl Albrecht）建议这个概念包括：
> - 情境意识：阅读社会背景和理解空间关系学
> - 风度：表现出个人魅力和对他人的看法
> - 真实性：避免操纵和"嵌入式微笑"
> - 明晰：能言善道；口才和博学
> - 同理心：感受他人的痛苦、悲伤和情绪

警方必须对家庭暴力场景作出回应，对非理性的人提供帮助，并对可能存在暴力的人群场景作出回应。他们必须帮助发狂的和害怕的人，必须处理许多情况，维持稳定和安心。社会的所有弊病和人们的所有问题都被每天巡逻的警察记录在案。最优秀的警察能够应付每天与最差劲的人打交道，应对每天遇到的那些变幻莫测的事情。警察不仅要应对不理智的人，他们还必须能够通过这些消耗能量的行为来处理自己的情绪和困难环境。此外，应对这些压力重重的情况和遭遇，是在警察的整个职业生涯中都会发生的事情。它从来没有减轻，也永远不会容易。很多警察离开这个行业的原因之一就是他们中的一些人在处理这一现实问题时筋疲力尽。

拥有"街头智慧"的警察通常是那些能够应付日常情况和遭遇、然后可以回家减压的人。他们已经学会了给自己足够的时间去应对困难事件的持续压力，以及与处于最坏状态的人打交道。多年来，我们把真正

有社交技能的警察称为"独特的""特殊的"或"超级专业人士"。事实证明，这些人在情感上很聪明。他们能够在几乎不费力气的情况下以高能量状态度过每天。他们很少发生口角纷争。他们很少收到市民的投诉。而且不必要的话，他们通常不使用武器和武力。总的来说，他们更有个人自我意识和自我中心意识，而且在职业上，由于拥有这些积极的特点，他们更能迅速地向指挥链的上游移动。

这样的警察似乎总是显露出具有某种难以确定的特殊品质。他们的背景或个人心理通常被认为允许他们以这种心理健康的方式行事。一些古怪甚至有魅力的东西一直被认为是他们的优势。但今天我们对这些人的品质有了更清晰的解释。它们是我们正在讨论的伦理道德框架的一部分。

"情商"的研究是当今人际关系、领导、激励、组织理论等精神学研究的重点领域。

C. 情感和同情心

这整个讨论指向一个事实，即情感和理性是道德美德的基础。我们对可能性、个人认同和关怀之间关系的讨论表明，情感本身就是道德反应的模式。我们的情感决定了什么在道德上与我们相关，在某些情况下也决定了我们需要什么。当警察看到一名帮派成员"给"一辆城市巴士贴上标签，一名醉醺醺的司机在车流中飞驰，或者一名游客的钱包刚被偷了的时候，这些警察会立即并发自内心地对他们看到的情况做出反应。这种情绪反应是一种他们感兴趣的东西，他们在现场发现的重要的东西，以及他们对这些东西的理解。正确的行为意味着情感上的投入——它以一种用心承担的方式去行动，而不仅仅是表现出冷静的智慧。由正确的理由所驱使而缺乏正确的感觉的行为仅仅是正确的，它不一定能表现出良好的品格（见专栏6.4）。

专栏6.4 关于警察的悖论

> 人们普遍认为警察是愤世嫉俗的人，他们总是期待人们最坏的一面。他们看到了人类所能做的所有最坏的行为，并对每个人都要做好最坏的打算。酒鬼、黑帮成员、精神病患者、堕落的人、恶毒的掠夺者、无知的受害者、以自我为中心的小偷，以及许多其他消极的人，必然会进入警察的生活中。
>
> 但奇怪得很，大量的研究表明，大多数人成为警察，因为他们想帮助别人。不管他们最终会多么疲惫，大多数警察在开始工作的时候都会考虑到这一点。他们因感动而去做善事。
>
> 这是一个悖论，照顾受害者、帮助真正脆弱的人，希望世界变得不同——朝着这个目的努力，结果却与这些消极的经历相结合，使许多警察变得冷漠和疏远。换句话说，不是警察不在乎，而正是因为他们关心，从长远来看，使得他们中的许多人对人失去信心。

当我们意识到自己做了对他人有道德影响的错事时，我们不仅会为他们感到难过，还会感到悔恨。我们的悔恨是我们认识到自己做错了，认识到自己做错了什么。这表明，例如，当一个男人打他的妻子，他得到的比他所期望的更多；他让自己变得像个打老婆的人。当妻子对丈夫说谎时，她让她自己成了一个骗子。不管我们喜欢与否，这是我们做某件事时达成的协议的一部分：我们对自己所做的事感到认同。世界其他国家都认识到这一点，即使我们试图否认或使它合理化，我们也承认它。还有什么可以对合理化和推卸责任的共同努力作出解释？

感到悔恨就是因为我们做了错事。悔恨，与其说是由我们的理解引起的，不如说是我们首先洞悉了我们所做的，然后是随之而来的懊悔感。悔恨是理解了我们所做事情的严重性和我们在道德上成为什么。我们通常会注意到，在需要悔恨的情况下一个人缺乏悔恨，这表明他们缺乏深度的理解。或者，这种情况对他们的意义与对我们的意义不同，他们缺乏悔恨只能表明，对他们来说，这是不真实的情况；而对我们来说，是真实的和突出的。

这里重点要指出，我们所理解的现实只是一种对我们有意义、使我们感兴趣的现实。我们的情绪反应取决于我们对重要事物的把握。我们这样反应是因为我们被一定的现实所影响——看到强者捕食弱者的暴行愤慨，看到好人被不公正地对待愤慨，看到被害人在街上流血愤慨，看到未设防的孩子受到无知父母的伤害愤慨。正如悔恨是认识到我们所做事情的严重性的结果，怜悯也是理解他人痛苦的一种结果。悔恨和怜悯等情感是道德判断的自然表现。

我们所说的关于我们生活中所有的关怀的复杂性，有另一个更深层次的含义，道德反应并不假定公正。在大多数与人打交道的职业中（医学、社会工作、护理、教育、警察工作），我们听到很多关于客观的谈论。诚然，医疗决定或法律的适用必须以公平和公正的方式进行，但我们在这里辩称，这并不意味着专业人员不应该关心他人。在某些情况下，公正是一种公平模式，但并不意味着不该关心。

对所有这些"关爱"职业的批评之一是，与专业人士交往的往往被视为个案而不是人。这种趋势的发展是因为，就好像它们在流水线上一样，患者、学生和市民都是由专业人士带动处理的，而且是以公正的名义，他们的个性并没有得到承认。公正是必要的，因为专业人士不应该表现出偏袒。但我们这里说的公正可能变得太过，它会逐渐使人变得玩世不恭，对专业人士产生偏见，从而妨碍人们做出道德决策。

从道德角度看待某种情形显示出道德情操和道德品格，这是道德恰当反应的一部分。追求正确的回应不是从做出选择开始，而是从认识到与某些理想目标相关的情况开始。知道如何去看相关的细节是道德品格的标志，它表现在一个人所看到的和他所做的一样多。因此，道德始于品格。

当一名警察注意到一件需要注意的事件时，能够看到现场的相关细节既是一件理性的事情，也是一件情感上的事情。通常情况下，警察通过他们的情感看到他们看到的东西。因此，举例来说，一种陌生的感觉让警察对抢劫犯的残忍很敏感，就像怜悯让警察看到被抢劫的人的痛苦一样。警察的情感倾向创造了一个相关的视角，来观察相应情况下什么是重要的。专业的警察会注意到——这些感觉可能会被超然的或漠不关心的人所忽视——正如在专栏6.5所讨论的波多黎各欢庆会上的警察们。

这是一个不幸的现实，许多警察遭受情感上的屈辱。

因此，情感对于一个明智的、合乎道德的人生观是绝对重要的。此外，情感是可以培养的。就像孩子们学习乘法表、日期和历史名称一样，我们也可以了解我们的感受意味着什么。当它对我们很重要时，比如当我们想成为一名优秀的警察时，我们可以学会对人们的生活状况和观点有不同的看法。

专栏6.5 一个关于警察畏惧症的例子

> 最近的一个例子发生在纽约市，警察站在波多黎各人的庆典上，看着一群男人猥亵和强奸妇女。这些警察看到这一事件时，他们眼中看到了什么？他们认为性骚扰者的行为"有趣"吗？他们是否认为这件事合理，"这就是那些人的行为方式"？他们是否因为"女人喜欢这样的事情"而避免牵涉其中去履行他们的职责？数十名警察不采取行动，这一事实揭露什么？这些警察认可的是什么，以及他们是什么样的性格？

6-3 伦理道德感知

诸如适当的愤怒和不适当的愤怒之间，适当的恐惧和不适当的恐惧之间有一个重要的区别。愤怒不恰当时，它是过度的愤怒或是不必要的愤怒。愤怒的人所理解的愤怒应当表达的东西，和他或她应该理解的东西之间，有一个鸿沟。警察经常对非法行为感到愤怒，比如遇到闯入家庭的窃贼并带走宝贵的财产，但这种愤怒必须适当地转化为采取法律行动的愿望。它不能通过合理化允许警察以殴打作为对这种行为的惩罚来实现"路边的正义"。第一类愤怒（受对受害者的同情驱使），不仅可以理解，而且也是促使专业人员采取行动的重要因素。第二种愤怒（受复仇欲望驱动）对专业人士来说是危险的，因为它可能使过度使用武力的行为合理化，并扭曲了整个司法系统的存在的意义。

在警察决定如何行动之前，他们必须先了解情况需要，然后再采取行动——在专栏6.5所记述的纽约事件中，警察没有意识到（是犯罪）。做出采取行动的决定来自对当前形势实际情况的了解。那些重要而突出的东西是由警察的伦理道德敏感性决定的。因此，具有良好性格的警察，其大部分工作有赖于如何去构建一个情景、如何对正在发生的事情进行描述和分类。这需要练习。在日复一日地这样做的过程中，警察没有充分的理由对自己看待事物的方式固执己见。

只有愚蠢的人才会坚持认为，只有自己的方式才是判断情况的唯一方式。事实恰恰相反；想要成为一个正派的人——想要成为一名称职的警察——需要我们对自己持批评态度。我们必须公开接受来自我们自己和他人的询问和质疑，这要求我们持续反思我们行为的目的。警察只有在对实际情况进行反思时，才能对他们自己、自己的生活和自己的专业能力进行反思。"我做对了吗？我能以不同的方式、一种更公正的方式来解决这个问题吗？我真的必须使用武力吗？或者我能说服那孩子上车吗？"这些类型的问题需要随着警察的改变、能力的增长和学习，被反复询问。

我们可以控制自己的情绪。我们知道如何做到。通过与其他警察和市民的合作，通过聆听和认同他人的观点，一名警察的视野得以开拓扩大。这种道德观得到了改善，也提高了发现相关事实的能力。思想开放的警察开始学会用不同的方式来理解各种情况和不同的问题，以提高清晰度和理解力。如何看待问题，就如同要做什么一样重要。这样的询问和对话建立了长期理解的途径。所有职业均是如此，在执法部门中有一种明显的倾向，认为只有一种方法可以处理细节——在一个警察刚开始在街上工作的时候，他（她）就学会了这种方法。我们说，这种想法是愚蠢的，而以这种方式操作，警察们限制了他们继续成长的能力，也限制了他们成为最优秀、最能干的专业人士的能力。

关键是培养对问题保持开放的自豪感。也许没有一件事能比批评自己的能力更能说明一个人的性格。所有其他的道德美德和学习的可能性或者改进都取决于对世界的开放。每个人都要从生活中学到很多东西。睿智包括接受这个事实。

世上没有伟人，只有普通人被环境所迫而面对的巨大挑战。

——美国海军上将威廉·海尔赛

6-4 小 结

在我们的生活故事中，我们的性格制定了统一的整体目标和计划，一个可识别的情节主线。道德判断最容易被理解为一组关于可能性的判断，因为我们所做的决定包括根据什么是好的这一标准来评估我们的可能性。我们所选择的许多符合我们整体观念的选择，都与我们的长期目标有关，这种未来的想法显示出我们想要成为哪种人。这就是"选择显示性格"的含义。

人们生活在这种可能性的紧张之中，因此正义和良好的概念是道德生活的基本原则。这些道德观念直接来自我们生活的人际关系、经历和困境。它们构成了人们及他们对善的不同看法，以及不同可能性的意象。这些道德观念并非来自一些抽象的、普遍的观念。由于警务工作是在程序正义的层面上进行的，因此警务能力必然包含良好的品格。

情绪是道德理解的关键因素，因为我们通过情绪反应来感知与道德相关的事实。我们的情绪反应也揭示了我们在道德上对特定情境和我们自己的理解。在很大程度上，我们选择自己的性格，因为我们的情感是可以培养的。也就是说，当我们意识到它对我们的意义时，我们可以改变我们的感觉和反应。

在对品格是什么和它的重要性是什么进行大量的反思后，我们现在转向后两章，将介绍几种伦理理论，讨论如何进行道德判断。与我们在这里讨论的基于性格的讨论不同，我们现在将讨论处理伦理问题时需遵循的一系列规则或原则。随着我们的讨论，这两种方法之间的差异将变得十分明显。

6-5 话题讨论

1. 本章的主题之一是我们努力成为某个人并以某种方式被感知。讨论一下在街上作为警察的角色时，我们希望被别人怎样看待？我们想要成为什么样的人？

2. 讨论一下客观和公正的区别（专业人士不能太情绪化），以及远离人类痛苦和毫不关心的情形。为什么与危机中的人打交道会产生一种偏见和犬儒主义，使一个官员在特定的情况下看到任何重要的事物却无动于衷？

3. 讨论一下如何处理一群参加派对而出问题的青少年。第一，讨论一下更衣室里的一些常识，即经验法则，以及你听说的如何处理这样的工作的经验。第二，批判这些经验法则，并考虑采取其他方法来完成这项工作。请注意，开展这种讨论的原因是强调有很多方法可以处理很多类似的细节——用常见的本地话来表述，就是"不止一种方法可以剥猫皮"。

4. 讨论一下情商。它与学术智力的区别是什么？你能举几个例子吗？有没有平民生活的例子？或者与警察有关的例子？为什么作者认为情商或社交智商比学术智力更重要？

6 – 6　伦理情境

专栏 6.1 暗示，有时警察会成为牺牲品，这份工作为犯罪行为提供了多重机会，使警察成为穿制服的窃贼。如果你发现你的一些同事在街上行窃怎么办？你相信吗，你的个人伦理道德会让你无视亚文化的准则，即永远支持其他警察，以警察的身份采取行动，打击所谓的"警察犯罪"？你认为这样做所带来的潜在个人代价是什么？在采取这样的行动之后，你会不会觉得和其他警察在一起很尴尬，因为让大家失望了？另外，你是否因为占据了较高的位置而具有优越感？最后，什么样的警察不当行为会让你感到舒服？盗窃？拿皮条客的钱换取不逮捕妓女？在嫌疑犯身上安置证据？骚扰公民？（在后面的章节中，我们将对这些和其他形式的不当行为作实质性区别。届时，我们将得到这样的事实，打击某些形式的不当行为更容易。并非所有类型的警察失范行为对亚文化和/或司法的影响都是平等的。）

6 – 7　写作练习

构思一篇文章，将智商（IQ）这一普遍概念与当代分析人士所称的情商（EQ）和社交智商（SQ）区分开来。它们有什么不同？你能举出具体的实例来说明，人们是如何拥有一个而不是另一个的吗？此外，在你的分析中能否用一两个例子说明所谓的警察工作只涉及"常识"与人际关系中智商与情商重要性之间的关系。鉴于今天所涉及的宪法学和社会学/犯罪学理论，我们知道学术智力对于专业的警察来说绝对是至关重要的。然而，如果没有常识（用今天的说法，情商/社交智商），就不可能发展警察工作的能力。

6 – 8　关键术语

academic intelligence：学术智力，一种自然特性，包括学习复杂概念和学习困难学科的能力。

curbside justice：路边司法，一些警察倾向于向街上的嫌疑人传递他们自己的"正义"（通常以暴力的形式）。

deliberateness：故意，自己对自己的行为和言论有清醒认识。

emotional intelligence（EQ）：情商，与他人互动时，具有洞察力、同情心和有效性的能力特性。

hypocrisy：虚伪，一个人的哲学及其行为的诚信之间缺乏整体性或不一致。

integrity：诚信，与自己的哲学一致或相匹配的行为。

intelligence quotient（IQ）：智商，将个人与普通人的智力联系起来的数值。

proxemics：人际距离学，研究个人空间的学科，当人们与他人交往时，必须考虑到与他人的亲密程度。

social intelligence（SQ）：社交智商（SQ），在社交场合与他人打交道时的世故程度。

soldiering：磨洋工，在工作上尽可能少做工，尽可能少做点事来完成这项工作。

street smarts：街头智慧，常识；警察术语，是指那些善于处理街头问题的警察，不管他们的学术水平或正规教育程度如何。

第7章 伦理形式主义

> "你并非有些时候需要做正确的事，你在任何时候都需要做对。"
>
> ——文斯·隆巴迪，足球教练

伦理理论按照不同的界限可以分为几个主要的类别。在我们的讨论中，我们将重点放在一个基本的区别上。有些伦理理论制定并鼓励个人遵循绝对规则，即有关什么是善，人应当以某种方式行事。有一个普遍的规则是预先确定的，表明个人决定采取什么行动时是如何计算的。当一个伦理问题出现时，类似一种"我应该在这时做什么"的困惑就出现了，伦理个体就会去寻求先前存在的原则。正如我们之前提到的，这类哲学是义务论的——也就是说，它们是道德义务论的哲学。

另外，其他理论重点关注伦理决策的长期效用或者用途，并认为只有结果才是重要的。更确切地说，他们强调利益最大化才是决定性的道德问题。当遇到伦理问题时，这类人遵循这些原则进行计算。在行为选项之间做选择并计算应该做什么时，第二种理论考虑做选择时的具体情况。这种伦理情境理论并非绝对主义。相反，它们认为，出于对这种选择的后果的担忧，因情况而异做出选择是最合乎逻辑的（而且在道德上是站得住脚的）。在第8章中讨论的功利主义就是这样一个理论。功利主义被称为目的论，因为一个特定的结果，或终结状态，定义了行为的本质，而不是行为本身或遵守规则。

在这一章中，我们主要关注前者。我们来看看历史上最重要的义务论理论：由伊曼努尔·康德（Immanuel Kant）定义的伦理形式主义学派。首先，我们简要地回顾一下其他的绝对主义流派，它们已经被人类接受了几千年。

7-1 绝对主义流派

花这么多时间——整整一章，甚至更多时间在一个似乎价值有限的理论上——好像有些奇怪。特别是在讨论警察工作的伦理道德规范时，我们知道自由裁量是如此无所不在，对这项工作至关重要，为什么要讨论绝对主义原则呢？既然它们在现实世界中没有多大用处，这似乎是不言自明的，那又何苦呢？

答案是，这种关于义务论的讨论是义务的。在任何关于遵守法律、行为问责和总体上的人类责任的讨论中，义务都是一个中心主题。义务包括为人父母的义务、服兵役的义务、公共服务的义务，当然还有警察工作。在谈到康德本人和现代的绝对义务概念之前，我们将花一点时间来思考义务论/目的论辩论是如何贯穿历史的。

A. 对上帝的义务

一个人的义务是绝对的，这一观点起源于古代。很久以前，在发明文字之前，我们知道人们认为他们的义务来自上帝。宗教是起点，是义务的试金石。很早之前，孩子就知道，一个人可以通过遵守神旨，确保自己是好人，确保自己成为一个真正的男人或女人。这种观点是"因为神是这么说的，所以这是对的"。

再来看看《圣经》里亚伯拉罕准备杀死他儿子的故事。这个关于现代西方宗教之父（犹太教、基督教和伊斯兰教）的故事是一个寓言，讲述了一个人如何愿意杀死自己的儿子，这可能违反了自我和家庭保护的基本规则——为了表示他对上帝的绝对忠诚。上帝告诉亚伯拉罕要杀他自己的儿子，他已经准备好了。

世界上所有有组织的伟大宗教都表明，伦理学是上帝赋予的，而不是人类创造的。也就是说，正义的定义和行为准则不是被聪明的人类发现或捏造出来的，而是由最高的神性权威赋予人类的。这权柄可能是亚伯拉罕的神、上帝或神灵。人类从他们传统的伟大宗教作品中发现了这些规则，这些作品通过历史流传下来，比如《圣经》《可兰经》或《摩西五经》。宗教带给我们的规则是绝对的权威，是不可改变的。

在讨论如何形成一种赖以生存的伦理道德时，我们将集中讨论由人们自己所决定的原则和品格。然而，我们说的所有关于康德、功利主义和我们自己"赖以生存的伦理道德"可以被视为完全符合宗教信仰的。我们的伦理道德的一部分涉及避免绝对声明，赞成一种更实际的、情境导向的观点，即一个人应当如何发展他或她自己的性格，并在行为上做出选择。

B. 自然法

与来自具有人类性格的上帝的绝对责任原则观点类似的是自然法学派。这一观点表明，这些原则来自事物的自然秩序。不要（必然地）与个人上帝的观念结合起来，自然法的信徒——无论是古代的还是当代的——都相信，责任的绝对原则来自自然界。指导人类行为的伦理标准是客观地从人和世界的本性中派生出来的。在罗马共和国，我们发现西塞罗写道，自然法包括对神的崇敬、对祖国的责任、父母和亲属的责任、感激和准备原谅，以及对所有在年龄、智慧或地位上比我们优越的人的尊重。人可以而且必须从自然规律中推导出规律，因为自然规律是自然的力量，因此它是对与错的规范。

专栏 7.1　宗教义务

第二次世界大战快结束时，日本军队意识到他们注定会在太平洋战争中失败。他们中的一些人想要自杀，但一些更理性的领导人希望尽可能延长战争，以便尽可能有利于战争结束时的谈判。为了做到这一点，他们利用了神风特攻队对美国海军进行攻击。日本飞行员会驾驶装有炸药和额外汽油的飞机，故意撞向美国军舰。当然，最终的结果是飞行员死亡，这些都是自杀式的任务。

> 这些飞行员是自愿执行任务的。他们走向既定的死亡。为什么？为什么人们明知道自己会死却还去战斗？答案与当时日本人的宗教观点有关。飞行员是神道教的成员。这个宗教把天皇奉为活着的神明。当一名飞行员死于为天皇尽忠时，他会在靖国神社受到供奉。事实上，天皇本人每年都会参拜靖国神社两次，以纪念日本阵亡的军人。
>
> 所以这些飞行员为他们的国家牺牲了……他们为天皇而亡……但他们也为自己的宗教而献身。他们有义务这样做。

自然法的信徒们很可能相信神明——一些自然法理论来自宗教理论家，比如圣托马斯·阿奎那——但是人类必须承担的义务并不是上帝直接写下来或说出来的。与《十诫》不同，自然法是可以通过理性思维确定的。

正如物理定律和化学定律可以通过理性而发现，道德定律、社会定律和政府的法律也是如此。这些自然法规定了人类对彼此的义务。自然法构成了实践理性的原则。因为拥有理性的力量，每一个人都拥有自然法的基本知识——事物的本质。

圣托马斯·阿奎那指出，所有人都能通过意愿，立即知道善的构成。他认为，除了其他事情外，人们知道他们应该追求生活、生产、知识、社会和合理的行为。法国哲学家让-雅克·卢梭在启蒙时代扩展了这种哲学。他认为人性本善，不正常的邪恶、罪恶的历史和不适当的制度会使本性堕落。他进一步指出，所有人都是通过一种隐含在我们所有行为中的社会契约与他人和社会紧密相连。它的知识，再一次，是自然的，为所有人所拥有。

我们在这里集中讨论一下是很重要的，因为自然法的基本原则是要行善，勿行恶。这对我们的讨论是至关重要的，因为这之后，它会影响我们的生活准则。

C. 伦理形式主义：康德的义务理论

今天，绝对主义理论以"伦理形式主义"为代表，最为突出。伊曼努尔·康德是这一学派的创始人。作为法国革命的狂热支持者，康德主张人们应该独立思考，不受任何外部权威的支配，包括宗教权威。康德认为，善的源泉不存在于人类主体之外的任何东西，也不是来自自然或由上帝赋予，而只是在于善意本身。良好的意愿是指自主的人出于义务行事的意愿自由地给予自己的普遍道德法则。这条规则要求人们把每一个人——被理解为理性的代理人——视为自己的目的，而不是（仅仅）作为个人可能达到的其他目的的手段。

伟大的哲学家伊曼努尔·康德

理性是我们的支配性特征，在康德看来，理性使我们成为人。而且理性对每个人来说都是一样的。就像数学定律一样，理性的参数不会因人而异。它们不是由上下文或情境决定的。它们不是个人欲望或需求的函数。如果我们对理性生活感兴趣，这是一个很大的假设，我们必须以符合理性的方式行事。这意味着，我们行为的原因或者动机必须是在这种情况下能够平等地适用于每个人的动机。这就是康德的道德原则，它包含在任何情况下都按照理性的标准行事的绝对义务。

以理性为指导的人，不受其他因素的影响，某种形式上是康德主义者。不管他们自己是否能意识到，这些人相信，权利、义务、道德上的善，只由一件事决定：行动背后的意图，即这样做的原因。他们认为行为的全部道德价值来自其动机的本质，而不是行为所带来的后果。他们认为，人试图做的事有道德价值，而不是行为本身造成的。伦理形式主义者认为，只有绝对原则（绝对命令）才能作为伦理选择的基础。基于结果的计算没有进入这种绝对论的责任观。

康德指出，成功地完成一件事牵涉许多因素。在大多数这些因素中，一个人没有直接的控制。由于他们自己的错误，人们可能不够熟练，也可能不够了解，无法成功地完成一件好事。其他人可能不合作，或者可能与会做好这件事的人作对。或者环境可能会成为障碍。尽管这些因素显然很重要，但它们在评估行为的道德价值时并不重要，因为道德与一个人的心境、他或她的"心"有关，而与世界的事实无关。从道德上讲，为正确的理由做某事才是最重要的。

绝对命令。在这一点上，我们同意康德的观点：除了其结果的好坏（结果）之外，还有其他的考虑因素使行为正确、善或义不容辞。我们同意行为本身的某些特征使行为正确——例如，它遵守承诺，或者它是公平的或善良的。我们也可能会同意，有时其他行为之外的事实使它对我们是正确的或必须的——例如，它是由上帝、爱国主义或垂死的母亲所命令的。"我这么做是因为那是她想要的，这是她最后的愿望。"

关于康德的道德观，他提出了一个绝对命令的规则来检验任何行为的道德有效性。这条规则是"分类"的，因为它适用于所有情况。它是"势在必行的"，因为它具有理性法则的力量，在任何方面都不是可选的。这是绝对的。康德给出了定言令的三种形式，但我们将把自己限定在这三种形式中的两种："只按照你能同时成为一个普遍法则的那句格言行事。"在这一论述中，康德声称，只有当行为的动机或理由能够被想象成对每个人都适用时，行为才算正确。第二个公式在专栏 7.2 中解释。

有了这一要求，康德立刻说了几句话。首先，当人们自愿做某事时，他们必须始终按照他们能够制定或向自己解释的规则行事。这意味着当人们主动行动时，他们必须知道原因。对规则盲目服从，而没有对规则意图的理解，是不令人满意的。

第二，一个人从道德的角度去选择和判断，如果（并且只有在）他或她愿意将这句格言普遍化的话。

专栏 7.2　康德的绝对命令的两个公式

> 1. "只按照你将之当成一个普遍法则的准则去行事。"
>
> 2. "因此，不管是谁，在任何情况下都不应把自己和他人仅仅视为工具，而应该永远看作自身就是目的。"

也就是说，如果人们愿意想象他们正在创造一个规则，那么他们就会选择做正确的事情——这是一条规则，在类似的情况下，每个人都应该遵守，即使他们最终是在接收端。这是一个哲学家对人们常说的黄金法则的表述："己所不欲，勿施于人。"

第三，康德告诉我们，从定义上讲，履行自己的义务具有道德价值。也就是说，不管它给世界带来什么后果，尽职的行为本身就是道德的。有忠于义务的意愿（善意）足以使一个人的行为合乎道德。

与那些强调"作为人拥有权利"的哲学家不同，康德强调作为人所承担的义务。大多数传统上被认为是义务的行为可以被认为是源于一项基本义务——把人当作目的的义务。理性将每一个动机与他人的动机联系起来，并将一个人与所有其他人的行为联系起来。在自觉自愿的行为中，一个人看到所有的人都是"目的的王国"的成员。这是人格尊严的来源：理性的这种联系为每个人提供了终极的价值感。生活中，我们有一种身份需要维护，作为男人和女人，作为理性的生物，我们有自己的责任，否定人类的高贵是可耻的。作为人类，我们必须实现自己的目标和命运，否则，就会让整个民族失望。

一个例子：做出承诺。让我们以康德自己的一个例子来说明他如何应用他的规则。他假设一个人做了一个承诺，但不打算遵守它。这个人关于承诺的格言可能是这样表达的："当它适合我的时候，我会做出承诺——但是同样地，当它适合我的时候，我也会违背诺言。"康德说一个人不可能始终如一地希望这条格言能够被普遍采纳。一个人可以很容易地"将谎言，而不是将一条普遍的规律拿来撒谎"。他的意思是说，人们不可能在符合他人利益的情况下欺骗自己。这没有任何意义。

康德并不是说一个人必须遵守自己的诺言，如果只对自己方便的话，每个人违背诺言的结果将是不好的。（正如我们在第 8 章中看到的，这就是功利主义者的论点。）相反，康德认为，你甚至不可能将这样的准则或规则普遍执行，因为如果这样做，你就会陷入矛盾。他的意思是，一个人不能同时：①做出承诺，并受其约束；②自由地违背承诺以适合自己。这样的格言是弄巧成拙的。如果一个人按照这样的格言行事：做出虚假的承诺是可以接受的，那么"做出承诺的制度"就没有意义了。

因此，康德的伦理哲学关注的是人们行为的意图。该观点认为后果是无法控制的，因而，无关紧要。他的意思是，要向人们灌输一种理想，即他们的义务是绝对的。再多的合理化，无论是为了自身利益还是为了某种社区利益，都不能用来挑战这种绝对主义伦理观所包含的准则。正确就是正确，而且它一直都是正确的。

专栏7.3　绝对责任

我们生活在一个高度强调文化多样性的时代。今天，康德学派的逻辑问题之一是，因为不同的文化创造了不同的规范、价值观和法律，所以关于是否存在绝对的责任存在着严重的争论。以下是关于这些绝对责任可能包括哪些内容的一些建议：

- 每个孩子都值得被爱护。
- 已婚者应该遵守他们的结婚誓言。
- 父母有责任保护他们的孩子不受伤害。
- 折磨动物总是错误的。
- 残酷总是错误的。
- 恋童癖是不允许的。

你同意这些"绝对"职责中的一些、大部分还是全部呢？你能为别人着想吗？或者你是否认为根本没有绝对的责任？

7-2　康德绝对主义的优势

假设一名警察正在执行他的职责，他在一个大型摇滚音乐会上逮捕了一个吸大麻的人。这次逮捕引起了警察和几十名青少年之间的冲突。伦理形式主义的原则表明，因为吸食大麻是非法的——无论何时何地——逮捕都是恰当的。功利主义逻辑（我们将在第 8 章讨论）表明，逮捕的后果，一种由相对平静发展成混乱局面，是不好的，因此采取的行动（逮捕）是错误的。从功利主义的角度来看，即使吸食大麻是违法的，在这种情况下进行逮捕将会产生消极的后果，绝对超过执行法律的积极责任。

以上例子的很好，有几个原因。它体现了警察自由裁量的一种常见形式。对于警察来说，这是一个很好的例子，他们可以用自己的头脑和心灵，而不是作为一个专制的人去做决定。因此，似乎要对伦理形式主义的原则提出异议。但伦理形式主义在世界各地都有强有力的支持者。我们有充分的理由辩称"规则就是规则"，并引用警方的一句老话："我们不制定规则，我们只是执行它们。"

不管人们是否知道，他们经常为支持伦理形式主义的绝对原则而争论，因为他们重视法治，明白自由裁量权是一个非常重要的问题。太多的自由裁量权意味着法治的终结。允许执法者——在我们讨论的案件中是警察——"动脑"往往意味着他们并非一定在执行已制定的法律。他们可以用自由裁量权所创造的自由任意地控制街道。在一个社区或一个社区的人们的支持下，行使权力而不考虑先前存在的规则，也会导致暴政，法治被发明出来就是为了克服那种暴政的。

暴政就是"残酷或者不公正地行使权力"。在法律概念发明之前，对任何人都不负责的一个人或一群人所实施的暴虐统治是数千年来历史的一部分。南方奴隶制度的暴政是内战的主要原因。日本和纳粹的暴政把美国卷入了第二次世界大战。

民主的核心思想是人民团结起来，或者他们选出的代表团结起来，制定社会治理的规则。然后，这个在双方同意条件下创建的代理人（警察）在街上适用这些规则。如果该规则附加了太多的自由裁量权，以至于他们实际上并没有遵守这些规则，那么无论谁最终被逮捕，被捕者都会认为自己受到了不公平的待遇。换句话说，如果自由裁量权被滥用，那么法治就结束了，警察的统治也就开始了（见专栏7.4）。

卡迪（Qadi）（也拼作 Khadi、Cadi 或 Kadi）在道德判断方面拥有绝对的权力。

专栏 7.4　卡迪正义

在北非，有些已经生存了几千年的部落并没有我们所说的正式的法律制度。当个人之间发生争执时，是交由卡迪来解决问题，而不是由陪审团和法官审判。卡迪是立法者。他用《可兰经》（神圣的伊斯兰文本）的基本教义和他自己的道德原则来决定争端。卡迪不向谁负责。他的决定不一定要求前后一致，有时也不是前后一致的。一个争端可以在一天中以一种方式解决，而另一天用另一种方式解决。

研究比较法律制度的人把这种绝对决策权称为"卡迪（Khadi）正义"。它指的是最终的自由裁量权。没有规则，没有原则，没有法律被引用——只有决策者对什么是正确的个人理解作为解决争端的依据。

如果这种滥用自由裁量权的行为发展起来，那么社会就不再是建立在共识之上的，而警察也会成为他们自己的法律，就像以前的英国"红衣军"一样。这又回到了我们的中心主题之一。在现实意义上，警察就是法律，他们的行为决定了法律对于数百万人的意义。但他们必须受到承诺的约束，一种绝对的（康德）义务，就像他们为社会和人民服务一样，为法律服务。如果他们开始表现得好像他们在任何意义上都是真正的法律，那么警察就摧毁了美国的本质：一个由个人自由、代表民主和所有人的正义所统治的国家。

因此，接受康德的观点是好的、实际的、法律的和伦理的理由，或者至少是其中的一部分。但康德的与此相关的绝对主义立场也存在问题。我们现在要讨论的是对这些问题的审议。

7-3　对康德和绝对主义的批判

尽管康德拥有所有与"法治"相关的优势，但他的立场也造成了困难。我们必须小心，因为当我们执行他的暗示时，一个行为或行为规则就有可能在道德层面上是正确的，即使它不能促进正义战胜邪恶。也就是说，专注于一个人的意图的逻辑延伸，行为的道德性不是由这些不同来衡量的，无论好坏，它在任何人的生活中都是如此。它是正确的，仅仅是因为它的某些其他事实（例如，它是由上帝、宗教信仰或法律所支配的）或者因为它本身的性质（例如，它是合理的）。对于伦理形式主义者来说，遵循绝对规则的行为在道德上是有效的，不管这样做是促进了一件好事还是改变了一个人的生活。

让我们举一个与警察工作有关的例子。一名没有犯罪记录的少年因宵禁后外出而被制止。这个孩子很合作，冷静并且真诚地为这种行为道歉。事实上，参与调查的警察发现，这个孩子是在周二晚上参加完高中篮球比赛，看望生病的祖母后开车回家。如果不考虑任何关于正义利益的分析，反对宵禁的法律要求起诉这个孩子。绝对主义关于义务有要求，即无论在什么情况下，都必须遵守法律，那么对警察来说，就必须要发出传票。这个青少年的行为是违法的，因此是错误。警察发出传票的行为是援引法律，因此是正确的。

以康德的观点来看，我们遇到了一个问题。任何行为，就其本身而言，非对即错。行为的道德品质是完全由其自身的道德品质决定的。这是循环逻辑，表明这个立场根本就不是真实的立场。更明确地说，我们认为行为的道德价值必须，至少一定程度上取决于它本身之外的东西，取决于它对人们生活的真正影响。我们的意思是，行为的道德必须直接与它给某人带来的善恶后果联系在一起。由此可见，为了知道某些行为是对还是错，人们必须首先知道什么是好的，所讨论的行为是否促进或者旨在促进善。否则，人们怎么知道什么行为是正确的呢？

在上面提到的例子中，警察作出签署一张传票的选择，必须与它可能对一个有着清白记录的青少年造成的影响相联系。始终坚持执行法律的绝对义务，很可能会对青少年的生活造成影响，这在道德上是站不住脚的。

康德的另一个问题是义务之间的冲突。例如，康德认为，一种义务是讲真话，另一种义务是保护人们不受伤害。不幸的是，这两种义务可能会互相冲突。换句话说，撒谎可能会帮助有困难的人。如果知道犹太人藏在哪里，康德会对一个企图逮捕犹太人的盖世太保撒谎吗？一个人很可能会有一个特定的规则，允许在某种情况下撒谎（类似这种）——"向盖世太保撒谎是可以的，他们做不出什么好事。"但是，你不可能有一个普适性的法律，把所有的例外都包括在真理的法则中。这句格言或许可以读作："说出真相，除非你认为最好不要说。"这样的格言根本不是格言。

此外，即使我们承认绝对命令的标准排除了某些不道德的行为（例如，撒谎或做出欺骗的承诺），我们是否也必须同意，我们所有的道德义务都可以通过这种方式建立起来？这种"普遍性"是否足够？我们认为不是，尤其对警察来说。

想想那些不喜欢别人的孤独者，他们想要在生活中得到完全独处的自由。我们可以很容易地想象，这样的人是能够将"人们不应该帮助有需要的人"这一普遍的格言付诸实践的——即使当他们需要帮助的时候。对警察来说，遵循这样的格言是一个灾难性的想法。对警察来说，要想让他们按照不应该帮助人们的格言行事，就必须废除警察的核心作用。

另一个问题是，康德没有告诉我们如何判断哪些规则是合乎道德的。"你应该总是先按下底部按钮"的"规则"当然与道德无关。但这是许多人观察到的一条经验法则。在我们关于品格的讨论（第 5 章和第 6 章）中，我们指出道德始于对道德情境的认识，来自道德相关的事实，并且需要某种回应。康德对格言的检验根本不能帮助我们确定什么是道德问题。

因此，这里似乎要将格言视为道德义务，那么仅仅使你的格言具有普遍性是不够的。由于康德的伦理学理论并不关注善在世上的推广（换言之，善的结果），但在有了意图的情况下，他的普适性思想就变成了一种行为方式的要求，这种行为方式在逻辑上符合一个人的意愿或愿望。仅仅行为与理想相符这一事实并不足以使行为合乎道德。纳粹杀害犹太人是因为他们认为这样做是正确的，他们的行为在道德上是站不住脚的。

对康德来说，道德最重要的特征是理性——而不是人们生活中所带来的善良。这是为了赞美理性本身。一个严格的康德派的警察在遇到一个谋杀妻子的男人时，只能对他说："你是理性的叛徒！你违背了你妻子的理性本性！"因此，从道德的角度来看，人们更倾向于将自己的规则普遍化。康德和他的追随者只关注理性和一致性，却没有看到这一事实。

康德的绝对公式提出了民主制度的另一个问题。在法律不公正的情况下，以绝对的方式遵守规则和遵守法律，这种绝对义务会给人们带来可怕的后果。当这种情况发生的时候——历史上充满了这样的例子——康德主义者可能会因为忽视了正义和善的崇高观念而倾向于盲目地服从规则，从而感到内疚。

法律的悖论之一是，民主制定的法律有时会像少数人——权贵们（沙皇、国王和独裁者）的意愿一样专制。也就是说，多数人并不总是制定公正和公平的法律。

在美国南方，在南北战争之后的一百年里，一种隔离制度使黑人在贫困中生活，把他们的孩子送到贫穷的学校，而大多数白人则相对安逸。在欧洲，数百年来，犹太人被迫住在贫民区，被剥夺了普通公民的权利。爱尔兰天主教徒，世世代代都不允许投票选举、拥有土地或者送孩子上学。在这些例子中，大多数人都同意这些政策，并制定了支持这种种族主义的法律。因此，民主不能保证治愈不公正和不人道。

专栏7.5　纽伦堡审判

> 第二次世界大战后，负责将数百万人送进死亡集中营和毒气室的纳粹分子在德国接受战后审判。在纽伦堡审判中，他们中的一些人为自己辩护说，他们当时只是在遵守国家（1930年代和1940年代初）的法律。确实，犹太人和非犹太人之间的诸如友善的行为在当时的德国是一种犯罪行为。这种罪行可被送进集中营进行惩罚。这些种族之间的性行为也是犯罪。这只是纳粹德国法律的两个例子。
>
> 研究这一时期的政治学家告诉我们，在纳粹统治的早期，这些法律在大多数德国人中间非常流行。阿道夫·希特勒在1932年通过德国的民主进程获得了权力。这里我们的问题是，当民主程序通过的法律是不道德的，会发生什么？当大多数人持有这样的种族主义观点并将其变成法律时，会发生什么？这就产生了政治学家所谓的"多数人的暴政"。
>
> 一个执法者有比执行成文法中所代表的人民的意愿更高的义务吗？善良的德国人是否有道德义务无视他们的法律，以他们认为道德和公正的方式行事，而不考虑德国法律（在纳粹时代）的绝对命令？

因此，盲目的、绝对的、康德式的对法律的服从，对于少数人的权利和正义的利益来说是灾难性的。正如我们将在第8章中看到的，有一些伦理思想流派以情境观来研究道德决策。功利主义等制度考虑到个人的抉择对他人生活和对社会的好处所产生的重大影响（后果），鼓励个人专注于做善事。

总之，康德的哲学有几个主要的缺点。首先，它无助于我们履行相互冲突的义务。第二，它不允许有合理的例外。第三，我们无法判断格言是否道德。第四，少数人的权利（参照更高的道德原则）可以以盲目服从义务的名义做出牺牲。

在纽伦堡，纳粹分子因"反人类罪"而受审，目的是让他们为自己所建立的死亡集中营负责，在那里，超过 1100 万人被处死。这里展示的是波兰比克瑙的奥斯维辛集中营。

专栏 7.6　康德：优点和缺点

应用绝对规则的优势：

- 它确保对处境相似的人同等对待。
- 它发展了对法律和适用法律者（警察）的尊重。
- 它限制了个人偏见的影响。
- 它使法律变得可以理解、一致和（因此）公平。

应用绝对规则的缺点：

- 它允许多数人迫害少数人。
- 它不允许适用法律者用他们的头脑和心来决定什么是公平和公正，并因此做出创造性的职业决策。
- 考虑到人们所处的环境，它可以通过不公正地对待他人来抑制正义。

7-4　小　结

这个讨论的主旨是两个相反的方向。一方面，我们站在伦理形式主义者的一边，并同意，为了确保个人偏见不影响街道管理，法治的客观性和公平性是必要的。为了更好地组织一个系统，该系统将以公正的方式决定何种行为是可接受的，那么必须由法律和那些对如何应用这些绝对规则负责任的人来管理社会，这样法律才能在大街上得以公平适用。在一个民主国家，他们对那些制定法律的人负责。

另一方面，行为准则几乎总是过于死板。它们不考虑生活的变数，不考虑人们的优点和缺点，不考虑那些企图做正确的事却因贫穷、无知或命运而失败的人。简单地说，绝对规则并不能很好地决定人类的行为是否可以接受。他们不够有活力，不够有同情心，不够灵活，或者不够现实，不可能一直适用于现实生活。

母亲为了带她的孩子去医院急救而超速驾驶；首次在商店行窃的扒手；用拳猛击妻子出轨对象的人；在一个冬天的夜晚，为了生存偷了一件外套的无家可归的人，这些例子中的人在专制制度下都会被逮捕。同样，他们也可能被一个灵活的、深思熟虑的，可以说更公正的系统所放弃不被逮捕，这个系统被设计成对人类内心有一些洞察力。"规则有例外"，然而康德对此不加考虑。

所以，①警察必须坚持法治；②绝对适用规则（法律）会有严重的缺陷。我们如何理解这种二分法？答案是，法律和刑法中写下的绝对规则，需要被专业警察视为维持秩序、保护生命和财产、为社区服务的工具库中的一个工具。当被诚实、聪明、受过教育、有道德的专业人士通过他们的自由裁量决定而加以调节时，法律在创造一个安全、宜居的街头氛围方面是非常有用的，在那里，人们可以追求自己对美好生活的憧憬。

利用法律作为一个工具去努力营造这样一种氛围，警察促进了正义、平等和自由。他们理解"法律必须是绝对的"这种想法背后的推理思维，同样，他们理解"法律必须旨在为大多数人在日常生活中创造幸福"这种观点背后的原因（见第8章）。这种最民主的伦理道德原则，是我们充分理解警察伦理学路途的下一站。

7 – 5　话题讨论

1. 想想自然法则的理论。哪些例子可以适用于人类社会的"自然法则"？有关供养一个家庭吗？性？家庭责任？

2. 讨论一下专栏 7.3 中的"绝对责任"。你同意这个清单吗？你能再加一些其他的义务吗？你会将其中的一些建议排除在外吗？

3. 讨论一下与警察工作相关的例子，说明不同的义务之间是如何冲突的。为什么以绝对方式适用法律的义务会与对个人的责任、对社区的利益、对同事的责任等发生冲突？

4. 讨论不道德的法律——被大多数人支持的法律，但是（我们可能会认为）有道德操守的警察不应该适用这些法律，而应该关注更高的道德原则。历史上这样的例子比比皆是。有哪些？

7 – 6　伦理情境

在伦理学研究中，在义务论的理论和目的论的理论之间有一个重要的区别。假设警察经常在大学城的校园内和周围遭遇具体情况，这类情况使警察经常接触未成年人饮酒。鉴于逮捕所有未成年饮酒者是不可能的——由于监禁室的空间有限和法庭审理的时间有限——那么警察们应该如何对此类犯罪行为作出逮捕或不逮捕的决定呢？这种决定是基于义务论还是基于目的论？这样做有什么不同，为什么？

7 – 7　写作练习

文中内容认为康德的绝对命令等同于《圣经》的"金科玉律"。这条规则是什么？你相信它实际上和康德的规则一样吗？讨论一下为什么可以将这两个概念类比，怎样类比？尽管康德的哲学比《圣经》的训诫更复杂，但它的哲学却是被认可的。

7-8 关键术语

Age of Enlightenment：启蒙时代，历史上的一个时代，大约在 18 世纪，当时人们尊崇人类理性，将科学推理的逻辑应用于所有学科；自由主义和民主价值观的哲学，加速了贵族传统的终结。

Categorical Imperative：绝对命令，伊曼努尔·康德关于所有人尊严的普遍性的伦理原则。

Gestapo：盖世太保，纳粹秘密警察，因逮捕犹太人和其他"国家公敌"而臭名昭著，盖世太保将人们送进一种类似于拘留所的地方，那里几乎意味着死亡。

Immanuel Kant：伊曼努尔·康德，伦理学哲学家，最著名的功绩是创立了伦理形式主义、绝对主义、义务论思想学派。

Rousseau, Jean - Jacques：让-雅克·卢梭，法国哲学家，启蒙运动的一部分，首先提出了社会契约的概念。

Khadi justice：卡迪正义，由非洲贝都因人的立法者所执行的情境式正义。

kamikaze：神风敢死队，第二次世界大战末期袭击美国军舰的日本自杀式飞行员。

maxim：格言，一种动机；个人行为的动机、原因。

natural law：自然法，一套伦理理论，认为人类行为和社会互动的法则来自更高的来源，也许是上帝，而不是人为的、自然的原因。

Nuremberg trials：纽伦堡审判，第二次世界大战后对纳粹的审判，目的是让他们对战争罪和一种新的犯罪类型——反人类罪（大屠杀）负责。

practical rationality：实践理性，启蒙运动的继承者获得世界自然规律的方法。

Shinto：神道教，和佛教一样，大部分日本人都信奉的宗教。

situational theories of ethics：伦理学的情境理论，分析人类正确行为的方法，这些行为因环境而异。

social contract：社会契约，由英国哲学家托马斯·霍布斯创造的一个概念，后来卢梭进行了改编，认为原始的生命形式是"自然状态"，在这种状态下没有国家或社会秩序，人们为了得到保护而放弃他们的自由给政府。

St. Thomas Aquinas：圣托马斯·阿奎那，著名宗教哲学家，贡献很多，因自然法学派的一员而出名。

utilitarianism：功利主义，由杰里米·边沁和约翰·斯图尔特·米尔创立的伦理思想流派，认为正确的做法取决于它对大多数人的影响。

第8章　功利主义

正如第7章所概述的，履行自己的义务是一种值得称赞和可靠的生活方式。当然，很多时候都是这样。但这种专制主义的做法有时会忽视履行义务的后果。目的论——康德关注的主要方法——有其缺陷。他的关于行为后果不考虑道德的观点，很大程度上忽视了行为对他人生活的实际影响。这样的关注使一种游戏脱离了伦理，这种游戏关注一个人的行为在现实世界中的重要影响。

专栏8.1　康德与米尔：一个例子

假设一个警察因为超速而截停一辆车。面对司机，警察发现是一位母亲带着一个生病的孩子高速驾车去医院。这位警察对急救医学非常了解。他清楚地知道孩子目前并不是很危急——这位年轻的母亲只是对孩子的病情反应过度。警察应该怎么做？

康德认为司机超速驾驶了，而超速驾驶是违法的。而这一情境——一个深受保护恐惧的母亲——是无关紧要的。此外，康德还建议，警察若能允许司机不被逮捕而继续驾驶，前提必须是警察能保证所有的超速驾车者都能得到这样的待遇（这是一条普遍的规律）。这一普遍规律的含义应当类似这样："一个人不能超速，除非他认为有紧急情况发生。"因为人们可能在许多方面上定义"紧急"，也包括上课迟到等，严格的康德主义者不希望有这样的法律。因此，康德学派倾向于为了正义而签发传票。

从米尔的观点来看，警察应该考虑社区的最大利益。这可能需要考虑：①情绪异常激动的母亲并不是一直这样成为超速驾驶的威胁；②其他母亲在同样情况下也很可能采取同样的方式；③做母亲需要保护自己的孩子，这是一项必须认真对待的义务；④给这样一个女人的驾驶违法行为签署传票，对社会的长远最佳利益来说，将是不利的。因此，米尔可能会建议警察让这个女人冷静下来，向她解释孩子没有危险，劝她以一种更安全的方式开车去医院，为了正义而放她走。

尤其对警察来说，那种绝对主义的、有责任的焦点是目光短浅的。警察是注重事实的实干家。也就是说，当犯罪发生在大街上时，他们必须知道发生了什么，谁应该负责。他们必须关注事实性犯罪。他们的任务是决定"谁做的"和给他们戴上手铐。虽然刑事司法系统关注的是程序性犯罪，但警察不是。事实上，正如我们在先前的讨论中所看到的，一些警察经常因这种区分事实和程序而内疚，他们开始陷入"肮脏的哈里"式的行为。

功利主义学派是由 19 世纪的两个英国人发展起来的——首先是杰里米·边沁，后来是约翰·斯图尔特·米尔——作为对这些问题的回应。这两位哲学家的出发点是一个明显的担忧，即康德误解了绝对主义观点的一些现实意义。他们认为人们忽视其行为所带来的后果就会招致灾难。从这种目光短浅的方法到对世界上正确行为的研究，可能会出现各种各样的弊端。因此，他们创造了一种全新的哲学学派来解决康德的一些难题。

8-1 定 义

根据功利主义，我们所强调的是，对与错的唯一、终极标准是效用的原则。在我们所做的每一件事上，我们都要寻求世界上最大的善与恶的平衡。从这个角度来看，在判断生活中做什么是对的或是错的的时候，唯一要考虑的标准就是这个选择将会给世界带来的好的或者坏的（后果）。做出道德选择的最后一个诉求，必须是分析一种行为所产生的善的相对数量，或者，更确切地说，它所产生的善与恶的相对平衡。

约翰·斯图尔特·米尔是一个享乐主义者（寻欢作乐者），他追寻那些所谓好的东西。他声称行为的道德目的是快乐与痛苦之间的最大平衡。但是功利主义是一种不包含任何特定道德理论的善。功利主义者假定世界上存在善的概念，但是对善的构成没有一个具体的定义，这是功利主义的一个缺点。

JOHN STUART MILL

约翰·斯图尔特·米尔，英国著名的哲学家。

在某种意义上，功利主义是民主的。功利主义者认为，在决定伦理问题时，要对达到预期目的的最佳方式，以及哪一种选择能最大限度地造福于大多数人作出计算。如果我们这样理解功利主义，这个原则告诉我们，当我们有选择的时候，我们应该把好的结果分配给更多的人而不是更少的人。效益原则因此变成了双重原则，因为它告诉我们：①最大化善与恶的平衡；②尽可能广泛地分配它。

与普通公民相比，警察面临的责任更大，因为他们在别人的生活中做出了如此多重要的决定，而且他们在日常生活中也会对他人进行道德说教。由于职务赋予他们的常规职责，警察们一直在与道德问题做斗争，比如"我是履行自己的职责，还是走捷径？"当然，我们会接受（康德的观点）：与伦理道德有关的警察，就像与伦理道德有关的公民一样，应该永远尽职尽责。事实上，责任是绝对的，我们的品格是由我们坚持做正确的事情的频率决定的，不管我们个人的代价是什么。

然而，如果义务（对法律或你的同事）要求你做一些错事呢？如果履行个人职责的后果是别人的生活被毁了，或者至少受到了伤害，那么接下来又该怎么办呢？

专栏 8.2　绝对责任的极限

1917 年秋天，在俄国圣彼得堡，俄国人在战争中（第一次世界大战）输给了德国人。对俄罗斯人民来说，那段时间是非常艰难的。没有面包引发的暴动频发。几乎要饿死的人们走上街头，抗议战争让他们做出的牺牲，并为自己和孩子索要食物。

街上有太多愤怒的人，警察无法平息事态。政府号召军队协助维持治安。而俄罗斯海军，反过来，也召集当地海军基地的水兵。这些人被命令拿起武器走上街头——像警察一样——上街与饥饿的穷人作战。

水手们拒绝了。他们拒绝了对沙皇、对国家、对俄罗斯海军和法律的责任。他们是在可能被射杀的威胁下这么做的。有些东西驱使所有的水手都拒绝履行这些职责。有些东西告诉他们，与自己的同胞作战是不对的，是不道德的。有些东西向他们暗示，在那一天，他们的责任更重大。

历史指出，这是俄国革命诞生的原因之一，就在那一刻，就在那一天，就在那一点。

A. 多数人的幸福

对康德而言，幸福与伦理无关。在他的道德哲学中，他认为幸福是不相干的或无关紧要的。幸福是行动的副产品，而不是行动的理性辩护原则。伦理义务应当是由逻辑决定的。他们创造了一个绝对的行为系统，对个人或群体中的个人来说，这个系统的后果与行为是否道德无关。如果一个人履行义务困难，或者履行义务不能使一个人快乐，那么做与不做与道德上保护完整性的整体就没有关系。

功利主义学派一开始就有一个原则，即一个人应当以一种能为大多数人创造最大幸福的方式行事。当面临道德两难时——在两种行为方式之间做出选择，而这两种行为似乎都合乎道德的时候——有道德的人会比较并计算出为大多数人累积幸福感的差异，并决定哪种行为是最好的。如上所述，这是一个涉及后果计算的伦理观点。

例如，如果面临作出逮捕或者不逮捕决定，遵循功利主义原则的警察将考虑每一种选择所造成的长期影响。如果可以给初犯以警告而不是作出逮捕决定，警察就必须这样做，因为他相信这正是追求社会利益（"最多的人"）的善的集中体现。这样做的逻辑可能是，逮捕初犯会让这个人身陷囹圄，他或她会向更顽固的罪犯学习，并学会以更恶劣的方式进行不当行为。从长远来看，这可能会造成更多的犯罪。或者，这种逻辑可能认为，为一个小过失，花太多纳税人的钱不好。

显然，以这种功利主义的方式行事会产生一些重要的、有吸引力的结果。正如我们在这一章前面所指出的，有时履行自己的职责会造成艰难、痛苦，甚至悲剧。有时警察不让饥饿的人吃东西，因为食物不属于他们。有时警察会忽视企业和公司的不诚实行为、伤害大量公民的行为，因为它涉及的是侵权而非犯罪。有时，警察无视上层社会的药物使用、高级妓女和白领犯罪，只追捕下层犯罪分子，因为他们的罪行更容易被发现，因为他们更容易被定罪，也因为政客和行政官员告诉他们要这么做。

在这些和其他许多方面，警察都是（以遵守成文法并绝对遵守他们的命令方式）在履行他们的职责。在这样做的过程中，警察（间接地）参与，让社会中最沮丧的成员永远处于痛苦之中。功利主义者会说，在所有这些例子中警察应该自己计算什么是最好的。因为绝大多数人会从警察的行为中获益，而这种行为与他们的职责背道而驰，功利主义者会鼓励警察继续前行，无视康德主义，无视对"尽职尽责"的绝对忠诚。

对于功利主义者来说，何谓"正确"是由不同的方式决定的。而作为信奉民主的美国人，我们倾向于认为功利主义者确实说得有道理。

B. 个体幸福

如果大多数人的幸福，从某种意义上讲，是功利主义的主要焦点，那么关于幸福的计算可能会转向另一个更个性化的焦点。也就是说，个体的幸福是什么？如果我们为每个公民、为培育关系或者为防止特定个人受到伤害，在决定处理伦理问题采取什么行动时，来考虑什么是"最好的"的呢？

专栏8.3　持功利主义观念的警察

在对犯罪控制的关注成为首要任务之前，美国警察，尤其是大城市的警察，是一般问题的解决者和服务提供者。他们承担了各种不适合在现有城市管理部门中承担的其他工作，比如保持天气记录和负责公共卫生。正如一位作者所指出的，"到 19 世纪 50 年代末，无家可归的流浪汉被安排在车站的房子里过夜，到了 19 世纪 70 年代，在大城市里，每年都有成千上万的无家可归者被收容。在困难时期，警察有时会为饥民提供救济"。［罗杰·莱恩（Roger Lane），《城市治安：波士顿 1822—1885》（纽约：艺术学院，1967 年）］

因此，警察在转变为与犯罪做斗争之前，在很长一段时间内被认为是社会工作者、公共服务提供者和社区组织者的组合。那么今天关于社区警务的呼吁，只是要回归服务导向吗？

功利主义者可能也会把注意力集中在为涉及紧急情况的人制定行动的最佳方案上，而不是过多关注对大多数人的影响。以这种方式操作的警察可能会问，"为了能更好地为那些参与我现在的具体工作的人服务，我应该如何操作呢？"特别是，当没有明显的执法相关的选择时（例如，没有做出逮捕/不逮捕的决定），警察可能会关注他或她所打交道的人的需求、感受和利益。

举个例子，如果一个无家可归的人已经成为辖区的一个常规问题，该怎么办？与其关注如何与所有无家可归的人打交道，或者用什么法律来监禁这个人（伦理形式主义），警察可能会决定采取行动，关注这个人的需求。警察能帮这个人找到工作吗？警察能以食物、住所、咨询或工作培训的形式，帮助这个人立即获得救济吗？这样做可能会被视为一种超出警察的标准职能之外的事情。但鉴于警察的服务性角色定位，采取这种个性化的行动很容易被作为一种合适的选择，被认为很合理。

以这种方式运作并不意味着其他利益被忽略了。当然，解决一个无家可归者眼前迫在眉睫的问题，对整个社区来说是最有利的。这也符合司法和犯罪控制（伦理形式主义）的最佳利益。因此，在处理公民个人直接的、具体的、个人化的问题时，可以同时覆盖几个方面的基本要求。

无家可归的人只是一个常见的例子，可以用来说明警察，特别是在社区警务时代，如何能够以对社区和打击犯罪有很多积极影响的方式去帮助个人。指导青少年远离犯罪团伙或者远离毒品和犯罪是另一个例子，帮助老年人也是一样。警察可以通过帮助老年人解决冬季取暖问题，通过向老年人提供食物，获得社会福利机构的帮助等来帮助老年人。如果时间许可——也就是说，如果有时间远离打击犯罪和维持秩序的细节时——警察可以为不计其数的无法完全照顾自己的市民提供服务。

当代警察拥有各种技能，有机会接触各种资源，而这些是社会上那些真正一无所有的人没有机会接触的。在使用这些工具解决个别问题时，警察正在同时执行他们的职能。特别是，作为以社区为导向的问题解决者，作为变革的推动者，他们以造福个人和普通民众的名义使用自己的重要权力。

C. 功利主义的优点

所以，功利主义给了我们另一套思考的方法。功利主义认为道德是情境性的，而不是构建一套绝对的原则，在任何时候都必须承认和遵循。无论是关注社区的普遍利益还是个人利益，这个流派都直接认可了警察的自由裁量权。它表明，大多数时候，警察应该计算出他们认为最好的行动方案。警察在作出这些个性化的、具体的、因势利导的决定时，运用自己的逻辑，追求自己对善的理解，展示自己的品格。因此，一个贯穿我们整个讨论的想法又一次得到了支持：警察即法，他们的个人道德对正义的产生至关重要。

这可能表明，警察每次解决一个问题，并行使如此巨大的自由裁量权，对现代专业人士来说，并不是一个令人沮丧的现实。相反，它使警察成为一个令人兴奋和充满活力的职业。它指出，工作上的每一天都充满挑战，每一个细节最终都可能走上不同的道路，每个警察都有大量的自主权——也就是权力——为社区和公民做好事。从这个意义上说，功利主义学派展示了关于警察角色重要性的陈述，这是最令人兴奋但又最具挑战性的。它最雄辩地证明了为什么警察是一个有益和重要的工作。

专栏8.4　功利主义的种类

> 在哲学的世界里，理论家们区分了两种与我们讨论相关的功利主义。"规则功利主义"和"行为功利主义"，它们使用两种不同的方式来进行米尔的计算。
>
> - 规则功利主义　关注整个社区/社会的利益。它对与"规则"有关的善与恶之间的关系进行计算。当遇到伦理问题时，规则功利主义者会问："为了大多数人的利益，在我所面临的情况下，应该做什么？"
> - 行为功利主义　关注个人幸福。它对某一特定问题下直接涉及的个人的利益的善与恶进行了计算。行为功利主义者会问："我应该做些什么来促进最大的善，并为那些立即被我所做决定牵涉的人消除最大的恶？"
>
> 注意：这些观点的优势与不足是相同的——它们构成本章分析功利主义观点的积极的一面和麻烦的一面。

8-2　功利主义的局限性

评估完功利主义的优势之后，我们应该讨论其反面。如果我们将好与坏作为伦理的唯一标准，这实际上也是支持康德的人的关注点，现在我们开始转向功利主义的几个问题。

A. 计算善与恶

首先是比较不同数量的善与恶的问题。以著名的"救生艇问题"为例。一艘在暴风雨中颠簸的海中的救生艇已经超载，而且正在沉没。为了至少给一些人留下生存的机会，大副决定必须把一小部分人扔到海里去使船适航，否则所有人都会死。如果大副使用的是严格的功利主义推理，那么大副就必须把对大部分人的相对善与对较少人的相对恶进行比较。

但一个人怎么可能做到这一点呢？我们真的想说两个人的生命比一个人的生命"更有价值"吗，仅仅是因为 2 比 1 大？我们真能忍受，为了多数人的利益，少数人应当被牺牲吗？那么，对人类生命有无限价值的观点来说，又意味着什么呢？因此，试图计算相对的善与恶，是功利主义学派的核心问题。

1943 年的电影《泰坦尼克》中的这一幕，形象地说明了"救生艇问题"。

B. 少数人的权利

第二个问题同样重要。一个特定的行为在道德上可能是对的，也可能是错的，原因不仅仅在于善多于恶。即便对更多的人产生更有益的行为，它仍然可能被认为是不道德的。回到康德的绝对主义思想，很容易去批判米尔逻辑中的实际和民主性质。一个典型的例子，涉及奴隶制度，米尔是如何被批评的。

假设奴役 10% 的人口，使其夜以继日地工作，同时不支付其劳动报酬，可以为其他 90% 的人创造更好的生活。那么，功利主义者会认为奴隶制在道德上是正确的吗？当然，有 10% 的人被奴役，恶也被带进他们的生活。但是，绝大多数人都能过上更好的生活——善也被带进他们的生活。我们是否应该接受没有绝对的原则（比如，在这种情况下，"奴隶制是不道德的"）？我们是否应当相信，产生更多的善而不是恶可以将任何行为定义为"正确"。

作为美国人，我们的出生和成长伴随着对民主统治的感激。我们最珍视的原则之一是多数决定原则。作为对数千年来个别暴君或少数贵族精英统治的回应，美国是第一个将民主统治作为其最基本指导原则之一的国家。正因为如此，可能功利主义把重点放在为最多的人创造最大的利益上，这是一种决定正确行为的特殊的美国哲学方法。

但是功利主义给我们美国人带来了一个特别棘手的问题。那少数人的权利呢？历史上充满了少数民族在自私自利的多数派手中受到压迫的例子。甚至美国历史中也有这样的例子。从欧洲白人到来后让居住在这片大陆上的土著所受到的折磨，到强加于黑人身上的奴隶制度的罪恶，到第二次世界大战期间把日裔美国人安置到集中营，美国并不是没有对她自己的人民进行残暴镇压的历史。毫无疑问，大多数美国人支持这些例子中相关的抑制政策，在大多数情况下，这些政策都是起了作用的。功利主义认为这种压迫合理，对此指责，它无法作出回应。

专栏8.5　少数人的权利

世界历史中最系统的种族灭绝发生在第二次世界大战前和第二次世界大战期间的纳粹德国。让我们许多人难以相信的是，这场闹剧的主要组织者阿道夫·希特勒是由德国人民选举上台的。甚至在他取缔政党竞争并剥夺了包括犹太人、吉普赛人、天主教牧师、共产党人、社会主义者、工会组织者、许多学者和残疾人在内的多个少数派的公民权利之后，他在德国大多数自由人士中也大受欢迎。

不幸的是，功利主义伦理学派拒不回应这样的批评：功利主义是一个将过度的民主统治合理化的例子。

C. 平等的"道德得分"

涉及伦理困境的第三个问题：在同样实用的行动方案之间作出选择。我们可以很容易地想象，A 和 B 这两种可能的行动方案，都会产生同样的善恶平衡。那么功利主义者必须说行为的"道德评分"都是一样的。他们之间没有选择的基础。然而，它们仍可能以不同的方式分配善的平衡。行动 A 可以把大部分的好东西给相对较小的一群人，而行动 B 可以把好东西更平均地传播给更大的一部分人。在这种情况下，似乎功利主义者会告诉我们 A 是不公正的、错误的，B 是道德上更可取的。

例如，纯粹功利主义的计算会认为，对富人征税达到其收入的90%合理，然而对穷人征税则根本不是为了最大化整体利益。有些人可能（而且确实）支持这样的税收政策。但是，那些由于努力工作和聪明才智而积累了大量财富的人肯定会提出这样的论点，剥夺劳动果实是不道德的。功利主义并不能帮助我们解决这个难题。

D. 威慑："惩罚任何人"

第四个批评——对警察来说可能是最麻烦的——涉及警察在社会中扮演的核心角色之一，那就是阻止犯罪活动。功利主义的逻辑总是被用来使威慑合理化。犯罪在大多数人中被阻止，因为少数罪犯被抓住、监禁并因其罪行而受到惩罚。此外，阻止犯罪的部分原因是警察在场以威胁要逮捕、威胁要使用武力、要继续进行抓捕和通过使用武力来完成。警察越多，越激进，犯罪就越少。这是假定的公式。以这种方式参与威慑，是警察在任何社会中扮演的角色之一。

然后是整个刑事司法系统的威慑作用。理论上，惩罚越特定、越严厉，法律的威慑作用就越有效。惩罚人们的道德依据，在某些情况下是严厉惩罚他们，是功利主义关于公共惩罚对大多数人的影响的观点。例如，这是许多人将死刑合理化的方式——其应用能阻止他人犯死罪。（见专栏 8.6 和专栏 8.7）。

专栏 8.6　功利主义所呈现的问题

- 很难"计算"善恶的量。
- 仅仅对大多数人好并不一定就意味着道德行为——它忽视了少数人和个体公民的权利。
- 在等量的善与恶之间进行选择是没有根据的。
- 在遏制犯罪中，谁受到惩罚并不重要——有罪的或者无辜的。

专栏 8.7　死刑

死刑肯定会产生刑事司法学者所谓的特殊威慑。也就是说，当一个人被处死时，他或她就不再参与犯罪活动了。但目前尚不清楚，死刑是否会通过使全体人民免于犯罪而产生普遍的威慑。学者们没完没了地争论这个问题，研究表明，认为它有威慑力和没有威慑力的双方都在争论中互相调侃。

即使死刑确实能阻止犯罪，也无法回避其功利主义逻辑所提出的问题。被处死的人是否犯有任何罪行都无关紧要。如果一些人被偶然地、公开地，同时以尽可能多附带宣传的方式处死，那么犯罪可能会被制止……但如果那些死者是有罪的，这一点也不重要。然而如果完全无辜的人被处决，威慑作用也将是一样的。在这里，康德对功利主义学派的局限性有一个很好的观点。

然而，这个公式存在一个重大问题。威慑效应的产生是因为一些人受到了惩罚。对我们来说，一个关键的伦理问题是，那些受到惩罚的人有罪或者无罪又有什么关系呢？例如，对一个无辜的人的定罪和监禁，会不会让那些观看的人产生同样多的对法律的恐惧（甚至更多）呢？为了在一般人群中实现制止犯罪行为的结果，那些惩罚罪犯的人不必特别注意他们惩罚的对象。只要一些人经常受到足够严厉的惩罚，其他许多人甚至会被阻止，甚至想都不敢想要偏离正道。

虽然警察既不是法官，也不是陪审团，也不是刽子手，但关于威慑的这一点仍然与警察工作有关。如果那些被警察逮捕的人和那些因反抗而受到武力处罚的人实际上不是罪犯，有什么关系呢？如果问题的关键是要"让大家都知道"，那就不能容忍人们在街头的不当行为，那么警方也可以逮捕并对任何人使用武力。只要它以一种公开的方式进行，它就会起到它想要的效果，这样它就能阻止别人。

关于功利主义的这个动态反应让我们思考一个更大的法治问题，因为法治包含的中心思想是那些被惩罚的人应该受到惩罚。他们只有在行为不当时才会受到惩罚。无论这条规则有多大的附加价值，在我们的讨论中，警察可能不喜欢某些人或群体（对他们有个人偏见），法律规定，如果这些人没有不当行为，他们就必须被放走。

为了惩罚人们，除了因为他们的犯罪行为之外，就要去创造一种"警察是法律"的局面。可以肯定的是，这种惩罚是不道德的。功利主义对威慑的关注表明，这种不道德行为可以被忽视，因为它打着为大多数人做好事（威慑犯罪）的名义。这对受到不公正惩罚的人来说是极不公平的——这是不道德的。它与我们社会价值观核心的个人宪法保护背道而驰。

专栏 8.8　康德与米尔

康德的伦理形式主义强调：

- 绝对规则应用：具体情形被忽略。
- 绝对忠于职守：同样，具体情形被忽略。

> ● 关注行为背后的意志/意图：后果是无关紧要的。
>
> 米尔的功利主义强调：
>
> ● 在决定什么是正确的时候要考虑情况。
>
> ● 计算什么能给最多的人带来最大的好处。
>
> ● 关注结果：正确的行为是那些可以促善抑恶的行为。

8-3　小　结

这一点似乎很明显：一个行动可以将善的总和最大化，然而在分配这些善的方式上是不公平的。一种行为，它能产生较小的善的平衡，但能更公正或更公平地产生，那么这种行为可能会更好。如果是这样，那么判断正误的标准不仅仅是效用或利益最大化，还有正义。如果正义有时可以否决效用，那么什么是权利的问题就不能简单地用效用原则来回答。

所以多数人的幸福，无论我们有多么喜欢，可能都不是创建一个伦理视角的最佳焦点。正如康德的绝对主义规则和义务一样，功利主义焦点也有其优缺点。而且，正如我们所希望的那样，这一点正变得越来越明显，这两种方法——伦理形式主义或功利主义——都不能永远满足所有警察的所有需求。

因此，我们在第9章中要讨论这两种观点的混合或结合，这两种观点都需要警务人员装入头脑中。由于这两种思想流派的缺陷，以及警察必须扮演多重、冲突和模糊角色的现实，我们为在职的警察创造了一种"赖以生存的伦理道德"。

8-4　话题讨论

1. 在专栏8.1和本章末尾，作者讨论了康德和米尔的学派如何相互冲突的例子。举出警察工作的例子，举例说明使用这两种观点的警察可能会有不同的反应，并采取不同的行动，以努力在履行职责时表现出合乎道德的行为。

2. 以第 2 节"功利主义的局限性"中讨论的救生艇为例。假设你是大副，你决定 20 个人中有 5 个人必须被扔到海里才能保证剩下 15 个人的生存，你会选择牺牲谁呢？你会考虑哪些因素，为什么？年龄、性别、智力、教育、健康、财富，等等，是否会在你决定谁该活、谁该死的问题上起一定的作用？

3. 思考一下功利主义逻辑所提出关于"背后的威慑"这个伦理道德问题的含义——你惩罚谁并不重要，即使你在谈论死刑，不管他们是否有罪，你"只需要惩罚一个人"。

4. 为什么作者认为功利主义是一种非常民主的，因此是美国的观点？你同意吗？为什么或者为什么不呢？即使它是非常民主的，为什么在涉及少数群体权利方面会有麻烦呢？

8-5 伦理情境

在这一章中，我们举了几个例子来说明为什么警察会拒绝使用"法律条文"，取而代之的是采取功利的方法来解决街上的一些问题。假设你遇到一个商店老板，他抓住一个在商店行窃的 13 岁女孩。她没有少年犯罪的记录。她看上去似乎害怕被抓住，并用她"再也不会这么做了"来说服你。你想非正式地处理这种情况，避免带她去少管所。你要对店主说什么？为了使他相信这一行动不仅符合孩子的最佳利益，而且符合正义的最佳利益，而且从长远来看，也符合店主的最佳利益，你要用什么类型的逻辑？

8-6 写作练习

也许最普遍接受的、反对功利主义思想的观点与威慑有关。正如我们的文章所指出的，反对死刑的论点有一个核心原则，谁因犯罪而受到惩罚并不重要，重要的是惩罚必须迅速、严厉和公开。写一篇关于威慑的论文，这个论点是如何运作的，以及警察在这方面应该如何处理，他们必须避免"惩罚任何人"的倾向，以维持其辖区的秩序。

8－7　关键术语

act utilitarianism：行为功利主义，该观点认为计算某一特定行为选择的
　　效用，有时是相对于特定的情况而做出的，因此是特定的。

capital punishment：死刑，涉及处决罪犯的刑罚，包括杀人、叛国罪，
　　在某些地方，还有强奸。

general deterrence：一般威慑，通过惩罚一些罪犯，普通民众中的其他人
　　将被震慑。

hedonist：享乐主义者，把享乐作为生活的主要目标，不顾其他责任和义
　　务的人。

Jeremy Bentham：杰里米·边沁，功利主义之父，将约翰·斯图尔特·
　　米尔作为儿子养育。

lifeboat problem：救生艇问题，伦理学领域的经典讨论——尤其是功利主
　　义伦理学——如果要拯救沉船上的大多数人，有几个人必须为了其他
　　人的利益而牺牲的话，应该做些什么呢？

Mill, John Stuart：约翰·斯图尔特·米尔，也被认为是功利主义之父；
　　《论自由》一书的作者，他的妻子是支持妇女权利和社会福利立法的
　　早期先锋作家。

第 9 章　赖以生存的伦理道德

> "没有别的故事了。一个人，在拂去生活的尘埃和碎片之后，只留下这个艰难的问题：这是善还是恶？我做得好还是坏？"
>
> 约翰·斯坦贝克，《伊甸园以东》

我们已经介绍了好几种关于伦理的思想流派，并讨论了过上美好生活的几种方法。康德给了我们一个绝对主义的观点。他认为义务是固定的、普遍的，再多的合理化也不能阻止好人追求正义的道路。此外，康德还说，因为机会留给我们的东西太多了，太多的事情是我们在这个世界上无法控制的，我们的伦理道德应该通过分析我们的意图来判断。在分析个人道德时，现实世界中行动的影响不能被公正地考虑进去。行为的实际后果不能合理地被视为道德因素。

功利主义者给我们展示了另一个视角。他们并没有提出"规则注定要被打破"的观点，而是强调生活太复杂，建议我们注重长远的影响，因此可以忽视坚持绝对义务。当我们做出伦理道德决策时，他们希望我们考虑社区的更大利益和/或立即参与决策的个人利益。他们建议，如果坚持绝对义务时可能会危害社会或个人，那么这种义务可能就需要规避。

专栏 9.1　警方对一项更高的职责作出了回应

2000 年 10 月 4 日，在南斯拉夫的科路巴拉，成千上万的人聚集在一起抗议。他们担心最近举行的民主选举结果被政府忽视。在任总统拒绝对在选举中击败他的候选人宣誓。

> 　　警方被招来驱散抗议，必要时将动用武力。在紧张的对峙之后，警察，他们自己是南斯拉夫人，拒绝服从命令，拒绝对自己的人民使用武力。他们脱下了警察制服回家去了。一位警察对美国记者说："我受够了。我把我的［警察］帽子扔了。这里的警察比你想象的要民主。"
>
> 　　一位严格的康德主义者分析了数百名警察的行为后，可能会得出结论，认为这些警察做错了事情。他们没有坚守对政府的绝对义务，也没有服从命令。但是我们赖以生存的伦理道德显示这些警察做了正确的事。他们拒绝伤害自己的人民，从而帮助确保了新当选总统的接管。然而我们要说，因为警察拥有更高的责任，因此他们脱下帽子，站在人民一边。

　　在这一章中，我们将为当代的警察专业人士，把"赖以生存的伦理道德"整合在一起。在简要回顾了为什么康德和米尔的观点都太过局限之后，我们将为警察构建一个实用的伦理道德规范。这将是一种在日常生活中可以经常应用的伦理。它不是一个"如何去做"的指南，而是一组通用的原则，专业人士可以运用它去查看所有的伦理道德问题和困境。

　　我们在这里提出的伦理理论是一种混合的，由伊曼努尔·康德的义务论和约翰·斯图尔特·米尔的功利主义思想的某些方面结合而成的。我们的叙述与这些哲学家的不同主要在于我们重视品格这一概念。他们的伦理学是基于原则的，而我们的伦理学是基于品格的，在这一点上，我们更接近亚里士多德。对康德和米尔来说，与伦理道德最相关的问题是"什么伦理原则适用于这种情况？"对我们来说，第一个问题则是"我想成为什么样的人？"

　　也就是说，我们非常重视人们拥有的历史，以及在任何情况下，一个人发现自己只能从那段历史的角度来看待这件事，这也使得她的处境对她来说是独一无二的。个人历史的视角构成了一个人的"内在"生活与情感生活。当康德竭尽全力将注意力从经验、本我、情感和自我中引开时，他就害怕这一点。由于这个原因，他把对善的考虑限制在"善良意愿"上，不相信人们生活的实际情况容易影响善与恶。

对于康德和米尔来说，伦理讨论始于做出特定具体选择的问题；对我们来说，从决策规则开始未免考虑太多。对他们来说，伦理道德在很大程度上是遵循单一规则的行为，而对我们来说，这是一个如何生存的问题。但是在我们开始讨论之前，我们必须考虑到这个问题与已经提出的每个主要思想流派是相联系的。

道德植根于品格中，并超越品格成长。对我们来说，
第一个问题是"我想成为什么样的人？"

9-1 康德和米尔的局限

我们认为，对相关道德问题具有敏感性是性格的一个特征。我们建议可以培养它。此外，我们提出了，这种敏感性是道德判断不可分割的一面。知道如何去看和知道该做什么，一样是道德行为的一部分。我们所认识到的与道德相关的情形，是一个表明我们是哪种人的直接指标，因为吸引我们注意力的事物决定了我们如何去对事物进行衡量以及我们决定做什么。我们所做的决定是我们个人背景的产物，是康德和米尔都认为与道德选择的完整性无关的东西。因此，我们可以这样说，知道该做什么是知道如何去看的自然结果。这一事实的重要性提醒我们，道德是建立在品格基础上的。当以道德和职业能力为目的时，品格即为目标。

但还有一个道德问题，那就是知道该做什么。如果说没有良好品格的道德原则是无力的，那么没有道德原则的良好品格则是盲目的。换句话说，仅仅成为一名有道德感的人是不够的。善心永远不够。我们还必须知道如何思考。性格决定了我们在任何情况下所关注的和我们认为自己的义务是什么。良好的品格表现在一个人以什么样的习惯性倾向理解体面的事情、表现在不做以自我为中心的事情，而是考虑对参与其中的每个人都有好处的事情。这就是良好品格的目的。

A. 康德：义务高于善行

康德不认为人们在决定其伦理观点时应该考虑效用（后果）。他说，因为没有人能够控制别人的行为，也因为没有人能够确切地知道自己的行为会带来什么影响，人们应该在不考虑后果的情况下履行自己的义务。康德相信，如果人们尝试去履行他们的职责——这是通过使其意图普遍化来决定——那么他们的行为就是符合伦理道德的。人们经常听到的理由是某人"是好意"的，这正是康德哲学的精华。

从街道治安管理的角度来看，有几个实际的原因去质疑康德的观点。这与数字和金钱有关。如果警察按照每一部法律所规定的那样去操作，有绝对的义务去逮捕犯人，那么美国的监狱、法庭将人满为患。整个刑事司法系统将被迫停滞。这种情况会在很短的时间发生。这一制度在支出方面的后果将意味着任何合理的正义外表都将被任何人和所有人拒绝。

但还不止。因为伦理形式主义的局限性不仅是实用主义。从康德的观点来看，行为本身决定了其是对的还是错的；因此，行为的道德品质只取决于行为的道德品质本身。对于康德来说，"警察应该执行法律"这句格言意味着任何执行法律的警察的行为都是合乎道德的——不管后果如何。因此，传唤一个超速的司机，即使他身上带着流血的枪伤且正在去往医院路上，也是道德行为。

这种主张背后的循环逻辑已经被指出。行为本身不能使它成为道德上的好事或坏事，因为我们发现，仅仅因行为人的"善良意愿"就认为行为是道德的，而不考虑其是否促进人们生活中的善恶，这样是很荒谬的。我们觉得难以置信的是，对另一个人的道德关怀只通过我们对他的理性本性的尊重来衡量，而不涉及对他的实际福利的关心。

只关心他人的人格尊严（康德的立场），只涉及我们如何对待他们（我们的行为）的是非对错，而不涉及怎样帮助或伤害他们，这怎么能是道德关注呢？前面有一个例子，让一个饥饿的孩子受到痛苦，就其本身而言，怎能不成为这个世界的恶魔呢？

在上面的例子中，传讯所有超速者，仅为了执行法律而不考虑其他，在道德上是站不住脚的。因此，行为的道德价值一定程度上取决于行为本身之外的东西，取决于行为对人们生活的真正影响。我们的意思是，行为的道德必须直接与它对某人产生的善恶后果联系在一起，包括对行为人自己产生的善恶后果。

所以，在我们（功利主义）的"好"概念中，当我们说"一个人做的像说的一样好"——这是一种听起来很康德式的说法——我们实际上是在谈论对他人的承诺，而不仅仅讨论行为者的正直。如果人们"信守诺言"，但他们对帮派成员做出的承诺是一起去抢劫银行，这能算是康德的伦理结论吗？

B. 米尔：什么算善行？

考虑到康德的这些问题，再加上我们之前讨论过的其他问题，看来米尔的功利主义，以及它对后果的关注，将是警察寻找道德视角的答案。康德（的伦理观点）将使监狱和监狱人满为患。他的道德规范会阻塞法庭、缓刑和假释办公室。而米尔，从另一方面，将把对警察行动费用的实际关注和警察所做的一切对正义的影响，一并注入法律（理念）中。

但米尔（的伦理观点）也有其问题。假设一个行为产生的善多于恶。从功利主义的角度来看，米尔会说这样的行为是道德的。但是，我们只需要花一点时间就能想到基于这一原则的许多棘手案例。假设警察决定射杀当地的一个帮派头目或者一个毒贩，那么与它给整个社区带来的好处相比，这类谋杀的罪恶不会被抵消吗？假设警察痛打每一个超速的司机，一阵子以后，不是每个人都慢下来了吗？而且开车也更安全。我们很容易列出一长串警察可能会做出的类似"实际"罪恶，总的来说，这些罪恶对大多数社区成员都是有益的。（这种情况确实存在，在极权主义国家，警察有权力做这些事，因此那里几乎没有街头犯罪——拥有邪恶、残忍和不道德的警察，其威慑作用是巨大的。）

专栏9.2　"燃烧殆尽"

在密苏里州堪萨斯城做研究时，我们的一位作者遇到了一位住在市中心的妇女，她就住在帮派的中心地带。她误把作者当成了警察局的一名成员，因为作者问的问题是人们对警察的态度以及他们如何对待帮派。

这名妇女一旦确信作者是一名有兴趣对抗帮派问题的警察后，她就说，街对面的一所废弃的房子是一个通常由附近的黑帮使用的为海洛因吸食者提供的"射击场"。她指出："你们这些家伙为什么不晚上来把它烧了呢？我会去搞个烧烤派对，邀请整个街区的人来，这样就没人会注意了。没有人会知道！"

功利主义的逻辑认为，警察纵火焚烧这样的建筑物将是一种道德行为，因为它给社区带来的好处将超过警察犯重罪的坏处。

米尔允许个人对后果进行计算的观念会使美国的警察放松警惕，从而参与到卡迪正义中来。它可能会加速法治的终结，并迎来警察的统治。这很可能导致人民在自己的社区中对适用的法律规定如此不尊重，以至于街头执法可能像上文提到的那些警察铁腕统治的国家的生活一样。它可以无限制地创造警察权力，允许他们按照自己的个人观点，以及自己的职责行事。

我们试图表明，我们不能满足于以"将以最大化善来压倒恶"的原则作为我们判断对错的唯一标准。特别是，我们认为，我们必须承认，要以正义或公平的原则来引导我们对于善的分配，这种正义的原则与最大限度地平衡善与恶是无关的。

9–2　赖以生存的伦理道德：采取公正的方法使善行最大化

因此，我们意识到，一个特定的行为在道德上可能是对的，也可能是错的，因为除了它所产生的善恶的数量之外，还有其他的一些事实。我们刚才所说的意味着我们应该认识到义务的两个基本原则：最大化善原则和正义原则。由此产生的伦理道德应该是这样的：我们应该总是以一种公正的方式最大化善。

我们的立场是义务论的或者类似于康德的，因为对我们来说：①正确的行为是由符合道德的原则所决定的；②符合原则是绝对的要求。但是我们的伦理会比康德所允许的更接近功利主义，因为它要求，作为道德判断的基础，我们积极关注世界上的善恶。

但是，按照实际情况来说，这种观点仍然面临着衡量和平衡善恶量的问题，而且，由于它承认两个基本原则，还必须面对它们之间可能发生冲突的问题。这就意味着，我们的理论必须把它的两个原则视为表面原则（一种长期义务，除非被否定），而不是实际的义务。也就是说，这种普遍义务总是有例外的。此外，它还必须允许正义的原则优先于最大化善的原则。

在我们的头脑中，这种义务理论很接近正确，但并不完全正确。我们是否有一个表面上的义务使善大于恶，这取决于在某种程度上，用数量来讨论善与恶是否有意义——也就是说，谈论善与恶的"数量"，就像可以加减的单位，进行数值比较。假设它至少有粗略的意义，我们很难否认我们做某一件事，而不是做条件相同的其他事，是因为我们已经尽可能多地在善与恶之间取得平衡。

我们很难相信任何行为或规则在道德上是正确的，错误的，或者是强制性的，如果不将它与善恶联系起来的话。这并不意味着没有其他因素影响正误，也不意味着我们唯一的责任就是像功利主义者认为的那样，把最大的善储存起来。但这确实意味着我们有义务为世界上的善恶做点什么。

事实上，我们认为，人们没有任何道德义务去做任何与其生活好与坏、更好或更坏不相关的事。即使是正义也关心善恶的分配。换句话说，我们所有的职责，即使是正义，都以善和恶的存在为先决条件，以及对其存在的某种关切。说这一点，就是说除非涉及某人的生活改善或者损害的时候我们才有义务，而且涉及善恶的时候，这样的义务责无旁贷。

以上所讨论的内容为我们现在要阐明的理论提供了基础。

A. 行善原则

使人们的生活更美好（包括我们自己的生活）以及防止伤害降临到他们身上的义务表明了这一基本原则：人应该做好事，防止坏事发生。如果没有这一最基本的义务，我们就没有动力试图实现尽可能大的善的平衡。特别是警察，必须应付这项义务的挑战。因为警察在街头执法的时候，每时每刻他们都在为他人做出影响其人生的决定，警察是我们社会中应该最直接受到这种义务驱使的个体。

换句话说，在执行法律、维持秩序和为人服务方面，警察负有积极的责任去做好事。他们通过利用一切供其使用的工具来保护弱者不受残忍者的伤害，无辜者不受邪恶势力的伤害，年幼者不受将其当作猎物的成年人的伤害，等等。另一方面，他们对防止罪恶负有同样的责任。只做好事是不够的，那只是警察总职责的一半。他们还必须尽其所能地去阻止邪恶的发生和存在。综上所述，这两项职责构成了仁慈。这一行善原则简明扼要地描述了警察的工作是什么。把所有的公理、格言和老生常谈加在一起，都不如"我们应该做好事，防止伤害"这一句能更好地概括警察的工作。

之所以我们称其为行善原则而不是仁慈原则，原因在于它提醒我们自己，它要求我们做善事而不是做恶，而不仅仅是赞成或想要这么做。仁慈的意思是"善意、慈善、慈爱"。施行仁德就是尽量为他人着想，并试图善待他人。从康德的角度来看，这是有意为之的——这一切都是关于对他人怀有善意的普遍态度。

但是行善意味着更多。行善包括做善事、善行，以及以一种温和的方式行事。换句话说，行善是主动的，而不是故意的（仅仅与一个人的意图有关）。在我们讨论伦理道德时，仅仅让警察去思考好的思想，并祝福人们是不够的。正如我们之前在批评康德的观点中所说的那样，纯粹的意图并不能在街头执法时"造就善"。这还不够。如果说有什么不同的话，那就是警察的工作是以行动为导向的。警察必须从事行善和预防罪恶的工作。他们在生活中不能袖手旁观，以及不能仅仅怀有善良意愿。警察是仲裁员或裁判员，而不仅仅是人们生活中的旁观者。

专栏 9.3　原则 1：行善

> 做善事，防止伤害，这是一个义务。

B. 启示

我们的行善原则包含四件事（见专栏 9.4）。首先，警察不应该伤害他人或做坏事。医生的职业道德规范《希波克拉底誓言》中有一条公理，说医生应该"首先，不伤害他人"。这是所有专业人士都应该遵循的一个好原则。我们不难推断出它对警察的明显影响。在履行其职责时，警察必须时时刻刻小心行事，这样他们才不会首先把更多的恶（或伤害）带进一个充满邪恶的世界。当市民向警察求助时，第一，也是最重要的，应该是安全，假定警察到达时，困难的情况和复杂的问题不会变得更糟。警察应谨慎行使逮捕权。他们在使用武力时也应当谨慎。他们应该专注于自己的专业性，在任何情况下，他们的到来都不会带来"麻烦"。

第二，警察应该认真对待其防止罪恶和伤害的义务。对于警察来说，这意味着他们必须积极主动地揭露罪恶，减轻疼痛和痛苦。在社区警务时代，警察被要求积极参与预防犯罪活动，这一告诫作为中心思想引人注目。预防邪恶和伤害发生包含许多策略。但或许最重要的是，在犯罪恶化和发展之前，要积极地探究犯罪的原因。社区警务的主动性要求警察要表现得像犯罪学家或社会学家，甚至是社会福利工作者。警察应该与社区领导人一起对邪恶的产物在战略上重视，然后努力阻止它。

第三，警察应该驱除邪恶。警察不能也不应该是穿制服的匿名公民。他们不能袖手旁观，无视任何人的恶行，尤其是社会上最有权势的人的恶行。要做到这一点，首先就是要彻底废除让警察存在的核心理由。社会赋予警察很大的权力，甚至允许他们偶尔使用致命武力。美国的警察应该关注并受这种力量所驱使，使用他们所拥有的力量来防止邪恶的发生。当警察使用武力或实施逮捕时，其名义应该是铲除正直公民生活中的邪恶和伤害。

专栏 9.4　行善原则的含义

1. 一个人不应该造成邪恶或伤害。
2. 一个人应该防止邪恶或伤害。
3. 一个人应该消除邪恶。
4. 一个人应该行善或扬善。

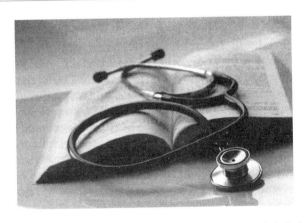

医生的《希波克拉底誓言》一开始就说："首先，不伤害他人。"

米尔建议用一种特殊的方法来概念化这一点。回想一下，他的职业警察观点对强制的道德有一个完整的理解。如果强制权力成为他们唯一的选择时（劝诫和互惠都失败了），警察必须毫不犹豫地采取强有力的措施来铲除邪恶。他们可能不会像逃避者那样，站在一旁观望。他们在这方面负有积极和明确的责任。

第四，警察应该扬善。这似乎是显而易见的，但需要进行片刻的反思。如今的警察不再仅仅受服务需求的驱动，而是作为社区变革的积极推动者，他们必须认真履责，做好工作。这可以包括许多努力，从担任问题青年的导师，到照顾无家可归者，再到帮助年老居民解决年龄给他们带来的问题等。

在社区警务制度下，今天的警察应该做的不仅仅是关注世界上发生的犯罪，而是关注他们所在社区的生活质量问题。社区警务包含了我们这里所述原则的两个方面：警察必须积极参与并积极为其社区工作，既要直接防止邪恶，又要做好事。在缪尔悲剧性的人生观的驱使下，警察必须着手解决邪恶问题并克服它，绝不以安全和/或对自己的处境谨慎的名义逃避自己的责任。换句话说，他们在街头执法时必须要有勇气和毅力。

9-3 分配公正的原则

行善非常重要，但并不是我们所有的义务（和决定）都能从行善原则中推导出来。这个原则并没有告诉我们什么是每个人"应得的"，只是告诉我们应该行善而不作恶。所以问题仍然存在，"什么是每个人应得的？"或者"对人们的比较对待有什么规则？"换句话说，我们如何分配公正？

专栏9.5 原则2：分配公正原则

> 为他人的美好生活，我们应该做出同样的相对贡献。

多年来，人们一直在讨论如何在道德社会中分配资源、地位和正义的问题，一些标准也逐渐被提出。西方自由主义的一个核心原则认为，公正需要根据每个人的价值来分别对待。也就是说，那些更有价值的人会得到更多。例如，在经济学世界中，这一原则是资本主义制度的保障。如果人们努力工作，开发更好的产品，提供更好的服务，等等，人们就会获得更多的财富（经济财富）。资本主义认为，在商业世界里，这些人比那些懒惰、无生产力、缺乏想象力等的人更有价值。

相比之下，现代民主理论的基础是，每个人都应该获得完全相同的政治权力。我们的做法是在选举中，允许每个人投一票，但是只能投一票。这被称为分配公正的平等原则（见专栏9.6）。

它只是意味着，最公平和公正的分配政治权力的方法，是在每个人之间平等地分配。这似乎是进行选举的合理方式，但事实并非如此。举个例子，如果选举是遵循价值原则进行的，那么人们的选票可能会被加权，这样，一些人的选票价值就会更高，而另一些人的选票价值就会低一些；聪明的、受过教育的或富有的人的选票可能比其他人的更重要，因为他们"值得"。在政治上，美国早已明确地决定，平等主义原则应该盛行。

专栏9.6　分配公正理论

> （或者，商品、服务、地位和正义应当如何分配）
>
> 价值＝人们应该根据自己的相对价值来接受或获得。
>
> 平等＝人们应该得到完全相等的数目。
>
> 社会主义＝人们应该根据自己的需要来接受。
>
> 美德＝人们应该根据自己的善良来接受。

卡尔·马克思提出支持社会主义和共产主义的基本逻辑时，引发了一场思想革命。

第三种分配正义的方式与卡尔·马克思的原则有关。马克思是共产主义和社会主义之父，他的《共产党宣言》（1932 年，与弗里德里希·恩格斯合著）建议每个人都应该根据自己的需要得到社会的福利。虽然许多美国人对共产主义持有一些独特的偏见，但这种分配资源、地位和正义的方式既不邪恶，也不是非理性的。事实上，我们所有人都是小群体的成员，以这种方式分配资源和权力。这些群体被称为家庭。家庭成员们接受的医疗、教育和金钱并不平等，但是会根据他们的需要进行分配。家庭中有特殊需要的人——比如有人需要配眼镜——即使其他人没有同样需要，也能得到。这种分配资源的方式与价值无关，在影响上也不平等。

为了我们的目的，我们将集中讨论柏拉图关于道德美德的观点。在《理想国》第一卷中，柏拉图建议我们用美德作为判断"每个人应得什么"的标准。一个人越有道德，他或她得到的资源就越多。这也是一种合乎道德的分配方式。这种标准是说，那些守规矩的人会得到奖赏而那些不守规矩的人则不会。它说，努力工作的人会得到更多。它说，那些聪明的人会因为他们的聪明而受到尊重，等等。

我们可以很容易地看到，柏拉图的思想包含了价值原则。但是，从历史上其他哲学家的观点来看，价值可以包括社会地位或阶级。一个人之所以能获得更多，是因为他或她在社会中的地位，而不仅仅是因为他或她的行为更高尚。因此，美德原则比美德更重要。它表明，那些通过勤奋、聪明和受教育（美德原则对此表示赞同）而行为高尚的人，应该同那些表现"怜悯"、善良和同情的人一起。所有这些都被认为是重要的美德，就公平分配而言，任何一个有道德的人都必须因为这些表现而得到"赞扬"。

现在，我们只能用美德作为原则来决定正义的分配，只要每个人都有平等的机会去发展他或她力所能及的美德。生活对待我们每个人都不一样。那个被殴打和遗弃的孩子怎么办？那些严重受伤的老兵呢？在我们把美德作为资源分配的标准之前，我们都必须有同样的机会去实现它。

因此，我们建议，我们应该修改柏拉图的立场，说明我们道德的第二个标准应该是"我们应该尽我们所能，给每个人同样的条件去实现美德"。因此，正义意味着对人们的美好生活做出同样的相对贡献——也就是说，他们在"充分利用自己"中得到支持。

　　这与警察工作有什么关系？当然，即便是在社区警务时代，也不能指望警察去纠正其对人们犯下的所有错误。警察不能重建社会的主要机构，因此它们是公平和公正的。我们不建议也不能建议这样做。但我们可以建议的是，警察们关注的是这里的理论讨论，并将其原则应用到他们能够控制的街头执法上去。这意味着开明的、有能力的、有道德的警察需要同时考虑几件事。

　　首先，理解这一点很重要，公平对待别人并不意味着一视同仁。由于环境、优势、劣势、能力等，人们可能会被警察以不同的方式区别对待，但仍然是被公平对待的。换句话说，把生活的变量考虑进去，可能意味着对待不同的人有不同的处理方式，但也意味着，如果公民在生活中处于同等地位（拥有相同的机会、教育、能力等），那么他们可能会被以完全相同的方式平等对待。

　　这可能听起来有点混乱，那么请看下面的这个例子。出于公正的考虑，警察可能会传讯一名非法停车的司机，而允许另一名司机离去，因为后者急着带孩子去医院急诊室。两名司机都可能因造成交通问题而负有同样的责任，平等正义的原则可能要求在这两种情况下采取完全相同的行动。但在与医院有关的例子中，驾车者不受处罚并可以在稍后移动汽车，是由于所涉及的环境。在这样的例子中，两名司机都得到了公平的对待（考虑到他们不同的环境）和平等的对待（如果他们都有医疗紧急事件，他们都会得到宽大处理），但他们并没有得到相同的对待。

　　其次，我们的正义观并不意味着警察的行为将使人们的生活同样美好。逮捕或不逮捕一个人的决定可能只会对警察的生活产生微小的影响。同样的决定可能会给他人产生巨大的影响。举个例子，150 美元的超速罚款可能对富人的生活影响不大，但对穷人的生活影响很大。警察无法控制这一现实。这只是一个生活不公的例子。

　　因此，警察必须利用他们的自由裁量权，尝试以一种公平对待每个人的方式来促进正义。但我们不能认为这样的处理方式永远都是一样的，也不能认为它会以类似的方式影响人们的生活（见专栏9.7）。

专栏9.7　分配公平公正

我们注意到，处罚，比如超速罚款，对人的影响是不平等的。一些欧洲国家正在通过实施所谓的"日额罚金制"来改变这一现实。当人们因轻微违规而被罚款时，他们会被处以相当于一到两（或更多）天工资的罚款。因此，因酒后驾车而被处以"五天"的日额罚金，医生可能要花5000美元，教师可能要花1000美元，生活在贫困线以下的人可能要花250美元。可以说，这种做法以同样有力的方式打击了所有人。这是一些国家绞尽脑汁在分配问题上努力实现公平正义的一个例子。

我们认为正义不是由利益最大化原则（功利主义原则）驱动的，但它也不是独立的。推动正义的是这样一个原则：我们应该永远倡导善，因为我们理解正义的原则是，我们应该对人们生活的美好做出同样的贡献。正义是实现善的原则；没有正义，促进善的原则就不能存在。正义的存在对于促进和维护人们生活中的善的现实可能性是必不可少的。

9-4　小　结

我们的论点的基本思想是：①我们唯一的、最主要的道德义务是尽我们所能去关注和促进善；②这一义务需要进一步的正义原则，也就是现在被确定的平等待遇。第一个原则要求我们积极关注人们生活中的善恶，而第二个原则要求我们在对待人们时要公平以待。

我们应该提倡善的原则是一种绝对的、普遍的要求，没有比这个更基本的原则了。它是绝对的，因为不可能有例外；它是普遍的，因为适用于所有人。这一原则产生了我们所有的道德责任。正义原则是对促进善的原则的回应，并被理解为执行善的原则。因此，没有我们的首要原则，正义就没有意义；但是，没有正义，就不可能促进善，防止恶。

我们是否还需要认同其他是非原则？在我们看来，不需要。就我们所知，所有我们想认识到作为道德义务的事物（善良、诚实、勇气等），以及我们在特定情况下该做什么的判断，都直接或间接地源自这两条原则。从第一个原则出发，遵循显见义务（乍看起来的）的各种具体规则，例如不伤害任何人和不干涉他人自由的规则。从第二条原则开始，遵循其他原则，如法律面前人人平等。一些人——比如讲真话，不残忍，或不折磨动物——可以分别遵循这两个原则。而另一些人，如信守诺言，照顾好自己的孩子，可能基于共同遵循两个原则。

我们开始讨论道德判断时，认为"善"和"正义"的概念可以理解为人类生活的主要组织原则，它们直接而必然地来自最基本的人类经验。我们"赖以生存的伦理道德"是这两个原则的融合。我们通过遵循我们熟悉的道德准则（忠诚、不八卦、友善等）来决定在这种或那种情况下该做些什么。但是我们的讨论已经表明，要想知道在特定的情况下应该遵循什么样的道德准则，最好的办法就是看哪一种准则最符合促进善与正义的共同要求。

我们经常被生活、被这个世界"质疑"，即我们是否过着美好的、有道德的生活。但是以这种方式生活有一种必要的力量，因为我们真的别无选择，只能听从这个要求。也就是说，如果我们想被认为是有价值的，如果我们想过体面的生活，如果我们想做有能力的工作，我们就别无选择。在警察的职业保障上，没有人比警察更容易受到质疑。警察的反应完全取决于他们如何看待自己，这完全是一个关涉品格的问题。

9-5　话题讨论

1. 为了更好地理解行善原则，考虑一下扬善除恶的想法。讨论一下，为了遵循这个规则，日常生活中人们可以如何行事。然后讨论一下与警察相关的例子，说明如何在工作中行善。

2. 参考专栏9.6。讨论一下日常生活中的例子，在这些例子中，每一种不同的分配正义的方法可能都会被认为在道德上是站得住脚的。

3. 警察试图促进正义却无法消除世界上所有的不公平和不平等。但是他们能做什么呢？在社区警务时代，警察可以采取什么样的行动，能对我们社会中最需要帮助的公民的生活产生积极的影响？换句话说，在当今世界，作为"变革的推动者"，警务人员应当如何表现？

4. 回想一下缪尔对人生悲剧视角的定义。那种观念会如何影响我们这里的讨论？换句话说，缪尔观点下的专业警察会如何行事，以尊重我们赖以生存的伦理道德？

9 – 6 伦理情境

一对夫妇吵得很厉害，以至于邻居不得不打电话报警。两名儿童和一名青少年参与其中。为了处理案件，你要查清每一个人的犯罪记录和处罚情况。这一家的父亲是身家清白的，青少年是清白无辜的，但母亲牵涉一项处罚。涉及的交通违规已经变成了 180 美元。这位父亲傲慢无礼，经常骂人。母亲很冷静，很合作。青少年头脑清醒，但显然被父亲吓到了。母亲的处罚令已足够让你采取行动。毕竟，这已经不仅是一张 30 美元的停车罚单。

但是你停下来想一想："履行你的职责"、逮捕这个女人并把她送进监狱会有什么影响？两个年幼的孩子会和一个愤怒的、有暴虐倾向的父亲（你的警察的第六感告诉你）待在一起。你没有权利带孩子去避难所，因为那个父亲还在家里，清醒，但无保证。他们是他的孩子。你不能把他们从他身边夺走。

赖以生存的伦理道德表明，不伤害他人是你的首要任务。用手铐把母亲带走——虽然完全合法和适当——但将会对这个家庭造成各种各样的伤害。它可能会以一种特别消极的方式影响孩子们。这可能会让青少年与父亲作对。你该怎么办？你是否应坚持我们的原则"不制造邪恶或伤害"？如果你放任那个女人不管（采取逮捕的行动是有处罚令的），你就会忽略你的一个基本职责，没有严格执行法律，但是你将会遵守我们的道德准则。

9 – 7 写作练习

复习专栏9.7，写一篇关于"日额罚金制"的文章。这是什么？对犯罪行为处以罚款的另一种方式是什么？"日额罚金制"概念背后的道德参照框架是什么？作为我们在美国做事的另一种选择，你认为这个想法有趣吗？有启发性吗？你能把我们的罚款结构改变成这样的机制吗？为什么能或者为什么不能呢？

9–8　关键术语

beneficence：行善，积极做好事。

benevolence：仁慈，善良或慈善的性格。

capitalism：资本主义，以开放市场为中心的竞争经济学；部分思想是西方自由主义发展的核心，它废除了贵族政治传统。

circumspect：审慎，注意一切后果或情况；谨慎行事，关注个人行为。

communism：共产主义，卡尔·马克思在其众多著作，尤其是《共产党宣言》中所设想的经济体制。

ethic to live by：赖以生存的伦理道德，我们应该始终为了人们的生活美好做出同样的相对贡献；这是我们提出的一个适合警察街头执法的观点。

higher duty：更高的义务，根据当时的情况和需要履行义务，意味着要注意那些更具有概括性或者更深奥的原则，而不是那些直接和明显的原则。

Hippocratic Oath：希波克拉底誓言，当医生们致力于从事自己工作时所做的承诺。

Western liberalism：西方自由主义，一场始于 17 世纪（英国内战）的运动，改变了西方世界的经济、社会和政治制度，使西方社会远离贵族政治传统，朝着建设精英制度的方向前进；包括资本主义、民主、法律面前人人平等、宗教自由以及无阶级社会的理想。

第 10 章　主观判断

关于警察工作，最令人信服的真理也许是，警察工作无非都是些常识。警察随时都在作出判断。在这样做的过程中，他们将他们的常识或街头执法经验应用到人类互动所带来的复杂性上。当今追求专业化的进程中有一个悖论，即尽管现代警察接受了所有的专业知识学习，但在街头执法时仍然会出现很多很多与学校教育无关的情况。这些情况经常出现。当他们这样做时，常识因素是最重要的。总而言之，在工作中需要作出的判断是由专业知识学习、警察训练和真实生活经验所决定的，这一切都启发了警察个人的内在伦理。

著名的犯罪组织头目艾尔·卡彭（Al Capone）曾经说过："当我在市中心卖酒时，他们称它为非法贩卖。当他们在湖滨大道上提供酒时，他们称之为热情好客。"（湖滨大道是当时他说这段话时，芝加哥许多最富有和最重要的人居住的地方）。他是正确的吗？美国法律在适用上是否存在不一致之处？是否有些法律只适用于某些人而不适用于其他人？除了如何适用外，当然这是一个实际的考虑，是否有些法律旨在只影响一些人而不是其他人？是否有法律如此模糊以至于难以理解，更不用说以公平的方式去应用它们？不同的法律规定是否存在相互冲突的情况？是否因为美国社会的本质使某些法律看上去对某些特定的群体有不公平的情况？当然，所有这些问题的答案都是肯定的。因为这是真实的，因此从事实的角度来看，警察这份工作是非常困难的。

在这一章中，我们将把警察作出判断和我们赖以生存的伦理道德联系起来。我们在这里的讨论将要采取程序性和实体性的方法，因为我们将处理上面提到的每一个冲突、问题和那些棘手的动态反应。

警察工作需要经常性地作出判断，评估处于竞争关系中的公民利益，权衡不同的选择，一个又一个。

10－1　程序问题

运用规则是一件复杂而令人头痛的事，因此会出现一些令人烦恼的问题。将规则或法律适用于他人行为的所有人都必须从字里行间进行解读，以确定这些规则的意图。他们必须辨别规则真正要控制的行为是什么。有时候，这么做是因为规则本身可能是模糊的，很难理解。而且，实际上规则之间还可能相互矛盾。在其创设的情境里，警察被要求作出判断。

A. 当行善与正义相冲突

在第 7 章和第 8 章中，我们讨论了现实中一个有道德的人运用伦理形式主义和功利主义而采取最佳行动时，经常会得出不同的结论。我们赖以生存的伦理道德在第 9 章中有详细的解释，目的是要理解康德和米尔的伦理观点给警察造成的冲突。当警察作出或不作出逮捕的决定时，这些决定必须以可靠的、无可辩驳的标准为基础。必须要有具体的证据表明犯罪的要素已经存在。只有在有充分理由相信一个人犯下这一罪行的情况下，犯罪者才会被逮捕。还必须要有具体的证据来证明这一点。在一个尊重法治的国家，这些都是绝对要求。人身保护权是写入宪法中的一项基本的法律原则，它将这些关于法律特殊性的要求纳入我们最基本的法律原则：一个人必须因某一罪行被起诉，否则他就应该被释放。

这似乎意味着扮演执法人员角色的警察是康德主义者。他们必须是绝对主义者，因为他们处理的是人们的自由。当警察决定剥夺人们的自由或放弃剥夺人们的自由时，他们必须运用绝对的法律原则、程序规则和实体法。正如我们在引言中所指出的，法治要求警察的任何个人偏见不能取代法律，不能违反具体法律规定。如果没有违反法律，一个人就应该获得自由。

同样地，当警察在维持秩序的模式下工作时，他们经常将功利主义作为一种规则，一种参照。在不涉及执法的决策时，警察会花时间计算怎么做是最符合国家和人民利益的。在处理醉汉、无家可归者、派对的喧闹音乐、未成年人群体闹事、家庭纠纷等问题以及一系列其他维护秩序的工作时，警察总是在考虑，如何做才能在当地社区实现他们所理解的公平公正。通过这种方式，警察在利益冲突之间进行权衡，并在行动上采取一种非常民主的方式，试图做出有利于大多数人的决定。

然后是警察的服务角色。在这种情况下，警察也倾向于做出功利主义类型的决定。但它们（功利主义）是不同类型的。既不考虑国家司法的长期利益（执法/康德的决定），也不考虑当地社区的公平和公正（维护秩序/规则功利主义的决定），这种服务导向需要另一种伦理。它要求警察考虑那些具体参与其中的人的最大利益。这是行为功利主义。

因为这些伦理观点之间的混淆，我们创造了我们赖以生存的伦理道德。但是，即使运用这些伦理观点，警察有时也会面临作出主观判断。当行善与正义发生冲突时，一种主观判断就会出现。

当正义（同样可定义为公平）与行善发生冲突时，后者就变得至关重要。有时这就会使警察陷入困境。但是，处理这样的束缚（通过作出自由裁量的决定）是警察工作的核心现实。道德不能为警察的实际义务提供固定原则，而只能提供表面义务的原则。警察的道德感使其有时不会对法律条文感到满意，当他或她必须决定做什么时，一定要形成自己的立场。很多情况下这是情有可原的，而警察的道德所能坚持的一切就是，他表现出一个固定的立场去思考什么是正确的事情，并尽可能地去做。从这个意义上说，警察必须"是这样"而不仅仅是"这么做"。但也必须记住，"存在"至少需要尝试"去做"。不行动的存在，就像信仰而无行动一样，是死的。在这种情况下，做正确的事是一个有良好品格的警察乐于接受和心甘情愿的。

行善和正义之间的冲突所造成的束缚，包含了我们之前所讨论的有关正义的内容。我们不能把平等对待的原则和对人一视同仁的立场混为一谈。假设两名司机在医院门前非法停车。其中一个司机是和流血的受害者一起，另一个只是为了方便。我们在这一节中说，为这些人做好事很可能包括对他们采取不同的处理方式——也就是说，对他们的生活做出同样比例的贡献。这就是我们所认为的康德所坚持的、所有人都有平等的内在尊严或价值的意义所在。只要有能力、有道德的警察明白，在类似的情况下，他们会以同样的方式对待其他公民，那么，我们的伦理道德确实在"做出同样比例的贡献"的意义上提供了平等的待遇，对他们有利，或要求同样比例的牺牲。

专栏 10.1　行善与正义冲突

当警察在做好事和消除伤害的过程中，面对不能促进正义和公平的现实时，会发生什么？例如，正义观念要求逮捕一名 12 岁的窃贼，这样才对所有窃贼公平，对所有入室盗窃的受害者公平。然而问题可能会变成，这种正义的义务是否可以被功利主义观点所取代，即儿童的年龄和之前无犯罪记录决定了另一种行为方式？

> 以行善的方式行事，这样的观点会起主导作用吗？我们认为它会。行善是至关重要的，这是一项原则，必须包含在对我们赖以生存的道德的理解之中。

换句话说，有道德的警察必须有这样一种观点：所有因真正的紧急情况而在医院门口非法停车的人都应该得到警告后被放走。同样地，有道德的警察必须知道，所有出于懒惰而非法停车的人都应该受到传讯。只要这些决定不考虑种族、肤色、信仰、阶级等因素（与当前问题在道德上无关的特征），能干、专业、有道德的警察就能接受这种不公平的对待方式。虽然在纯粹的意义上，这样的行为（传讯一个而不传讯另一个）可能不是"公正的"，但它们是有益的。善意在这里就成为主导的原则。

B. 模糊和宽泛

除了法律冲突外，法律规定有时也很模糊，因此很难理解。模糊也考验着警察决策的道德标准。学者们给法律道德贴上标签的一个基本原则是，一个具有道德权威的刑事法令必须是具体的。必须是一般人都能理解的。如果有人对它进行了阅读，并且他们想成为一个好公民，那么他们将能够以（避免触犯刑法）这样的方式行事，从而避免成为法律针对的对象。例如，当一个人根据盗窃相关法令，知道重罪是指"有盗窃、小偷小摸或者其他重罪的意图，进入一幢建筑物、一艘船或一辆锁着的汽车"时，这是相对容易理解和直接的。细微差别可能在于确定"意图"是什么意思。但一般来说，一个智力正常、受过教育的人都能阅读并理解刑法的章节条款。它足够具体，足够集中，以至于可以避免因其太过模糊而难以理解。

但是"扰乱治安"又是怎样呢？"扰乱治安"到底是什么意思？扰乱了谁的秩序？如何界定"扰乱"？"扰乱社会治安的行为"是怎样的？什么构成"妨害治安的"或"恶意伤害"？在法律上，什么构成了"恶意"的行为？这些和其他类似的不明确的刑法条款有时被称为"概括性表述"。也就是说，他们所指犯罪的行为类型是如此模糊，以至于许许多多的市民可能会（因不知已犯法）被警方逮捕。

当法律规定过于宽泛时，也会出现同样困难的问题。如果拟定的方式导致适用范围太过庞大，法律也会因此受到批判。过于宽泛这个概念是指，当法律措辞被宽泛地定义到几乎允许其逮捕任何公民时，警察可能被赋予了过多的权力。同样，过于宽泛的刑法条款也被认为是"撒手铜"。他们给予警察太多的权力。

当然，这样的困惑对警方有利。警察们通常喜欢地方法规中包含这类概括性章节条款。警察在与市民打交道时，喜欢占据优势或具有影响力（用警察的行话说就是"杠杆"）。当公民做了一些足以被逮捕的事情时，总是让警察处理细节变得更容易。在轻罪或违规行为的情况下，警察不需要逮捕。但他们喜欢这种悬挂在空中、高高在上的优势。它使得与公民合作更加容易。

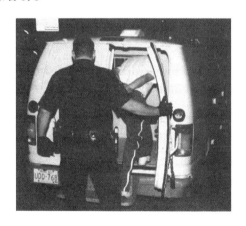

打击集团犯罪条例经常被质疑是否给予警察过多的权力。

但是这里有几个问题。辩护律师经常利用刑法章节"模糊和过分宽泛"来强调这样的法律对公民不公平。一方面，模糊的法律对公民不公平的原因在于，公民无法理解什么行为被认定为非法。另一方面，对公民不公平的原因是，警方被允许撒下比法律允许的范围更广的网。尽管有这些批评，尽管法院有时会宣布这样的"一刀切"章节条款违宪（见专栏10.2），实际上所有州和地方的刑法都有一些类似的规定。

专栏 10.2　芝加哥打击集团犯罪法令

> 20世纪90年代末，芝加哥市议会通过了一项法令，旨在帮助警方打击当地日益壮大的帮派。法律规定，三个或更多的人"目的不明"地站在大街上是犯罪。由于它"含糊其词、过于宽泛"，并给予警察无限的自由裁量权，1999年，美国最高法院在"芝加哥诉莫拉莱斯"一案中宣布该法令违宪。
>
> 这是一个典型的例子，在这个例子中，概括性规定的章节条款被认为对公众不公平。

那么，警察是怎么看的呢？如上所述，这种授权法令的存在往往对警察来说是一种恩惠。但是，当代警察必须明白，这些章节具有合法边界，同样，他们还必须明白为什么它们具有合法性边界。仅仅因为警察被以这样或那样的方式授权，他们就没有理由在任何可能的情况下都利用这种权力。我们的道德观念表明，警察在这方面是自我限制的。缪尔告诉我们，警方应尽可能避免使用强制权力。我们已多次指出，使用武力必须伴随一定程度的谨慎。任何形式的警察权力的行使、武力的使用，或实行"一刀切"的规定，都必须加以限制，必须认识到，采取这种行为只能是为了铲除罪恶和做好事。

C. 伤害原则：什么是法律问题？

在决定国家的代理人应该拥有多少权力时，所有社会都必须达成微妙的平衡。约翰·洛克（John Locke）这样的古典自由主义者（他给我们带来了自然权利和有限政府的观念）说，每个人都应该不受国家或政府的干涉，过自己想过的生活。这个自由主义的原则当然是一个非常美国化的想法。［参见彼得·拉斯利特（Peter Laslett）编辑、洛克（Locke）的《政府论两篇》（纽约：剑桥大学出版社，1960年）。］传统的保守主义者，比如埃德蒙·伯克（Edmund Burke）（300年前在英国曾领导反对洛克思想）则认为，人们不可信任自己作出的决定。伯克呼吁建立强有力的政府、严格的法律，建议增加警察的权力。他认为，由于无知和愚蠢，需要用一切可能的手段对人们的言行加以控制。［参见查尔斯·帕金（Charles Parkin）的《伯克政治思想的道德基础》（英国剑桥：剑桥大学出版社，1956 年）。]

在美国，我们有我们自己关于国家权力和个人自由之间权衡的"经典"陈述，它（同样）来自约翰·斯图尔特·米尔。在著名的文章《论自由》中，米尔提出了一个公式，说明权力掌握在谁手中。米尔说，社会限制的是直接伤害他人的行为。这就是米尔的"伤害原则"，对所有的警察来说，记住这一点是非常重要的。

这条伤害原则非常重要，是因为它为作出判断提供了一个很好的尺度。也就是说，警察通常必须决定是否援引法律、是否进行逮捕和/或参与解决问题，如果只是放任，不去管人们，问题也可能得到解决。当这种情况发生时，警察应该好好记住米尔的观点，问问自己是否有人因他人行为受到了直接伤害。换句话说，如果非正常行为没有对他人造成直接伤害，有必要去担心吗？

例如，如果吵闹的派对中传出了嘈杂的音乐，但是没有人向警方投诉此事，谁会在意呢？或者，如果一对背包客决定在森林里做爱，除了一名警察外没有人看见，谁会在意呢？或者，如果十几岁的孩子们因为学校的活动有点晚，而且他们还在忙自己的事，因此宵禁后才放学回家，谁管呢？或者，如果已婚夫妇在他们自己的家里和卧室里被交换性伙伴的想法所刺激而兴奋，谁管呢？在这些和其他成千上万的例子中，人们可能会违反法律或行为异常，但这并不是人们认为应该由国家或警察来管的那种问题。

专栏 10.3　米尔和国家的力量

> 约翰·斯图尔特·米尔对为什么与个人生活有关的决定（如果结果不会对他人造成直接伤害）应该由个人自行决定，而不是交由国家或政府的权力行使，给出了三个主要理由。
>
> - 通常，人们比官僚、政客或警察更了解如何最好地决定有关自己生活的问题，因为他们对自己的兴趣、目标、欲望等有深入的了解。

> - 在政府官员比人们自己更清楚什么对公民有利的情况下，通常最好还是把决定权留给个人。尽管人们可能会犯错，但我们在生活中智力发展和成熟的一部分是通过不断的尝试和错误来学习改进的。
> - 考虑到政府权力普遍的扩张趋势，我们应该始终坚持不去创建更多的政府组织——它们几乎总是会持续下去，从长远来看，政府组织的扩张会减少个人自由。

美国人长期以来都相信米尔关于个人伤害的观点以及让政府远离我们的生活的哲学。有能力的警察专业人员，了解米尔和美国的有限政府以及个人权利的理想，因此必须避免当这一理想付诸实施时所感到的沮丧。也就是说，美国人与米尔对建立政府权力原则的信仰达成一致，他们倾向于质疑警察和警察的权力。聪明的警察明白这一点，并体谅人们在（通常）不信任警察时非常自然的"美国式"行为。

10－2　实体问题

不止如此。由于法律需要解决一些实际问题，警察们需要做出判断。这与法律的不确定性或适用难度无关。警察需要做出判断的呼声来自这样一个事实，即法律一开始就是为了处理人类的互动关系，而这些可能会被排除在外。另外，一些法律使社会上的不平等现象长期存在，而警察对此完全没有答案。

A. 无受害人犯罪

尽管我们可能都赞同伤害原则，并认为国家和警察应该尽可能远离人们的生活，但当代美国社会的一种互动阻碍了这一理想的实现。可以想象，当人们分析"无受害人犯罪"——没有具体的、个别投诉人的罪行——的概念时，米尔的哲学总是处于讨论的前沿。这是因为无受害人犯罪不直接伤害他人。而且有相当多的美国人同意不要去管无受害人的犯罪。例如，研究表明，许多人认为，如果公民在自己的家中赌博、阅读"淫秽图书"、观看色情作品或享受自愿的成人性行为，他们应该不被干涉。

最典型的无受害人犯罪是吸毒。鉴于美国和全世界以"毒品战争"的名义正在进行巨大的努力，对警察来说，将危害原则应用于吸毒是主要的绊脚石。据估计，美国使用非法毒品的人数在 7000 万人以上。此外，许多研究都表明，大约有 12% 的人口——不论社会经济水平、种族或阶级——都在使用非法毒品。因此，大量的美国人，不仅仅是那些在城市内部使用可卡因和海洛因的人，持续产生着对非法毒品的需求。

专栏 10.4　无被害人犯罪的特点

- 犯罪行为的双方当事人均为自愿同意参与（如妓女和"顾客"、赌博伙伴、非法性伙伴）。
- 由于物品/服务的持续需求。
- 因高额利润，为大量官员提供腐败。当官员们（通常是警察）与罪犯打交道时通常没有证人或投诉方。

这给警方带来了几个问题。首先，黑市利润往往会导致腐败，因为官员（包括警察）可能被拥有巨额资金的毒贩收买。就我们讨论警察伦理学的目的而言，毒品战争创造了一个黑市，几乎总是诱使一些警察走上犯罪的道路。无受害人的犯罪总是产生这种神奇结果。其次，美国的帮派力量与他们在许多地方接管毒品交易而获得的巨大利润联系在一起，使警察承受巨大压力，并在帮派越来越强大的武器下受到伤害。正如在禁酒令期间发生的那样，由于毒品战争的阴谋诡计，今天的警察在许多方面都面临着越来越大的压力。

最后，与我们的讨论更相关的是，由于使用毒品不会直接伤害除用户之外的任何人，警察卷入毒品战争与米尔对个人自由的担忧联系在一起，产生了一个哲学问题。许多美国人不满政府将国家权力注入公民的生活中，除非他人的生命和财产处于危险之中。赌博、卖淫和与酒精有关的犯罪行为都是警察可以在不同尺度上下浮动操作的。显而易见的、恶劣的、公开的违规行为，尤其是当有人抱怨的时候，往往会被起诉。

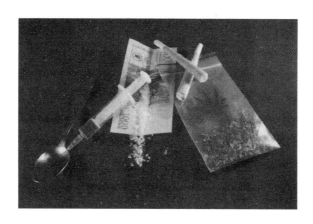

无受害人犯罪的特点是，经营者享有巨大的利润，由于对商品和/或服务的需求而出现的黑市，以及与此相关的官员腐败。

但是，自愿的、成年人的、私人的违规行为通常在大多数司法管辖区就可能被忽略。

出于实际原因，我们必须把对毒品使用的监督放在一边，把它排除在清单之外。警察个人，无论对于谎言多么敏感或者无论其怎样认为毒品战争是一个悖论，也很难指望会阻碍如此大规模的行动。的确，越来越多的公民、分析师、政客，甚至警察都开始反对这场战争。但是大多数美国人，大部分警察，当然还有绝大多数的警务行政人员仍然赞成这场战争。鉴于警察应该对公众舆论、法律和部门的命令负责，我们必须将吸毒与对危害原则和无受害人犯罪的讨论中分离出来。

因此，我们对伤害原则的讨论必须在它旁边给"毒品战争标注一个星号字符"。但总的来说，除了打击毒品战争的现实之外，米尔的危害原则应这样来解释警察的工作：当没有其他人受到直接伤害时，警察应该视而不见，而不是采取官方行动。当没有其他人受到直接伤害时，要尽可能多地这样做。除了重罪与暴力犯罪，警察就应当像"好裁判"一样，尽量不出现。而当暴力犯罪、重罪或对他人的直接伤害发生时，警察才应该成为生活风景的一部分。

B. 美国的不平等

我们从一开始就注意到，社会价值观和法律的一个重要功能是决定谁得到什么、何时以及如何获得。警察处在这些情况的焦点，其中，公民为其公平或应得的份额而相互作用、竞争和战斗。警察作为公民之间斗争的裁判，总是会遭到某种程度的抨击。这是事物的本质。但当这些斗争与社会不平等或持续存在的社会问题有关时，他们也会陷入不幸的境地。而事实上，当警察对人们所面临的问题毫无办法时，他们就成为平民蔑视的主要受害者。

也就是说，美国警察在工业化或"发达"社会中工作，这个社会给美国公民带来了世界上最大的不平等。美国的贫富差距是巨大的——比任何其他发达国家都要大——而且每年都在扩大。在美国公司里，高管们的收入是入门级员工的 200 多倍。这在世界其他地方是闻所未闻的。此外，与美国种族差异有关的动态也很重要。尽管非白种人在过去几十年里似乎取得了进步，但事实是，像学校这样的机构在今天仍然存在一定的种族隔离，尽管 1954 年最高法院（理论上）已经宣布结束这种隔离。美国的犯罪率比任何其他工业化国家都要高。我们的学校远远落后于其他发达国家。这个国家的下层阶级遭受的是生活状况不断恶化而不是工资、工作条件、休假机会、退休和一般的生活条件在改善。

这听起来像是反美谩骂。没有什么比这更真实的了。作者们由衷地相信美国梦的前景以及这个国家传统上向大多数人民呈现的各种可能性。但这些关于当今美国社会和经济结构的事实是不容置疑的。他们向警察展示了一套工作条件，在这些条件下，人们以在其他工业化国家不需要的方式进行斗争。当人们相互斗争，并与体制做斗争时，当他们互相偷窃，遭受那些因对同伴不满而产生的暴力时，警察就需要随之介入。警察面对在经济状况中挣扎的阶级。警察所承受的压力是巨大的，可以说，他们比任何其他发达国家的警察更需要了解这些现实。正因为如此，警察个人的道德标准是至关重要的，它以一种可能（也可能不会）有助于解决美国下层社会成员遇到问题的方式影响着自己的世界观。

在这一章的开头，我们引用了艾尔·卡彭，一个臭名昭著的流氓的话。他认为法律的适用往往是不公平的。与我们在这里的讨论不同，他的观点并不是反思不平等的对待也可能是公正的。他认为，法律不公平有利于政治精英和经济精英。

10－3 解决伦理困境

我们经常听说人们在面对伦理问题时会展现出他们的个性。在生活中，我们有时要在做正确的事和做容易的事，或者安全的事、舒适的事或享乐主义（感觉好）的事之间做出选择。当人们在这种情况下决定自己的行为时，他们表现出自己的真正素质。生活经常向每个人提出这样的问题：我的纳税申报单上是否有虚假扣减，还是据实申报？我应当坚持自己的婚姻誓言还是追求长得好看的同事？我是否应当对我的孩子撒谎？关于我还是个孩子时就吸毒的事情，我该坦白吗？通过这种方式，生活给每个人带来了大大小小的道德选择，包括在正确的事情和容易的事情之间进行权衡。

但事情远比这更复杂。生活也给我们带来伦理困境：在相互冲突的责任义务之间做出选择。一个伦理道德问题可能很难回答。但是，当一个人在面对伦理道德问题时做了正确的事情，即使这可能是困难的，他也会对自己有一种良好的感觉。当一个人说实话，忠于自己的配偶，忠诚地行动，表现得像一个好父母，等等，这个人会因为知道自己的好品格正在被展示而得到满足。

但是，当你必须在两种行动之间做出抉择时，会发生什么呢，假如说这两种行动中的每一个都有其好的、坚实的、合乎伦理道德的义务？当真正的伦理困境出现时，会发生什么？与大多数人相比，警察更需要面对这样的决策，因为他们常常不得不在不同人群的相互矛盾的主张之间做出抉择。在街头执法时，争论的双方通常都是对的，双方都从完全合理的角度进行争论，双方的道德主张都是站得住脚的。当警察遇到这种道德两难处境时，该怎么办？

犯罪伦理学家乔伊斯林·波洛克试图通过以下评估来帮助个人决策者（在我们的讨论中是指警察）。读过这样一份清单后，你可能会感到沮丧，因为它没有给出一个关于如何解决这些难题的具体解释。但是，街头执法生活中的复杂本质就决定了，深思熟虑的分析师和经验丰富的专业人员只能向我们提供这些一般的指导方针。因为世界上有成千上万种事

实、成千上万种环境和成千上万个参与者，所以能干的警察只能得到解决
的途径，而不能得到解决现实生活中困境的所有办法（见专栏 10.5）。

专栏 10.5　波洛克为澄清伦理困境所建议的分析步骤

在做出行为选择时，虽然没有"唯一的方法"在相互冲突的道
德责任之间做出选择，但犯罪伦理学家乔伊斯林·波洛克提出了一
些个人尝试澄清道德困境而采取的措施。她的建议是：

- 回顾所有的事实——不是未来的预测，不是假设，不是可能
  性，而是已知的事实。
- 确定每一方所有可能相关的潜在价值——生命、法律、家庭
  和自我保护。
- 为每一位当事人确定所有可能的道德问题。
- 决定每个人面临的最直接的道德或伦理问题是什么。
- 解决道德困境。基于适当的道德体系（例如，我们赖以生存
  的伦理道德）和道德准则（例如，一个人必须始终遵守法
  律）来做出道德判断。

《犯罪与正义中的伦理学》，乔伊斯林·波洛克，第三版

（贝尔蒙特，加利福尼亚州：沃兹沃思，1998 年）

所以波洛克告诉我们，本质上，考虑到时间的压力，我们应该尽可
能地谨慎、体贴和周密。确保事实是清楚的。一定要把假设、偏见和预
测排除在决策之外。明确相关利益是什么，摆在各方面前的道德责任是
什么，什么是最直接的伦理道德问题。

考虑一下这个例子。假设你了解到一些细节，一个丈夫被指控虐待
他的妻子。这一指控来自女方的母亲，她是孩子们的外祖母，在你调查
她家客厅的情况时，她就站在你身边。妻子看上去既震惊又疲惫——就
好像她被丈夫攻击过似的。另一方面，她没有伤口，没有流血，没有明
显的创伤。她口头说丈夫没有攻击她。她显然害怕这个男人，但坚持认
为应该让丈夫一个人待着。

孩子们的外祖母同样坚定地认为自己目睹了一场袭击，她认为警方

有必要将这名男子送进监狱，她还认为自己有责任保护自己的女儿和外孙。你该怎么做？当然，这个问题没有单一的答案。需要对所涉人员的身体状况进行评估。他们喝酒了吗？嗑药了吗？必须考虑到家族史。以前发生过类似事件吗？丈夫以前因虐待被逮捕过吗？妻子以前也抱怨过吗？外祖母与家庭的关系怎样？她经常在家吗？她抱怨过吗？对在场的警察来说，你相信她是出于好意、真的想保护她的女儿和外孙吗？还是因为自己的原因，想要拆散一段婚姻？

这些问题和其他十几个变量都需要被考虑。当你这样做时，考虑一下波洛克的分析步骤可能会有帮助。胜任的专业人员将试图从逻辑上分析这个问题，在所有这些细节中游荡，而不是做出一个可能无效的直觉决定。必须考虑母亲、父亲和外祖母的道德责任，更不用说警察的责任了。

保护人们不受虐待（除恶）的责任，必须与保持家庭团结（扬善）的责任相权衡。用我们赖以生存的道德准则，警察可能看不到一个明显的解决办法，没有一个以精确的方式来回答"该做什么"。虽然我们相信我们的伦理是其他思想流派之间的重要妥协，但我们不能说它如何以具体的方式解决所有这些难题。

对任何人来说，在一个充满细节的现场，以及在时间和多重压力的作用下，有时间把所有这些写下来并做这样的计算吗？答案当然是没有人会这样做。但是我们（和波洛克）并没有建议警察这么做。我们（和她）建议，在培训课程中，在非正式讨论中，在回顾过去的细节是

警察经常面临两难的境地，其中每一种可选择的行为都代表着一种合乎逻辑和合乎道德的选择，而这些选择又相互冲突。

如何处理等的过程中，有能力的警察可以而且应该在他们有时间的时候检查这些类型的选项。如果他们这样做了，他们的能力，他们处理伦理困境的技能将会增长。

0

专栏 **10.6**　警察的艺术

近半个世纪前，最早研究警察的社会科学家之一布鲁斯·史密斯（Bruce Smith）论述了警察的艺术、警察在司法管理和伦理实践中的关键作用：

"警察的艺术……包括以不同程度或方式，适用和执行大量的法律和条例，并确保提供最大程度的保护。执行的程度和应用的方式随街区和社区的不同而有所不同。要实施的政策没有既定的规则，甚至没有一般原则。每个警察，在某种意义上，都必须决定其负责地区的标准。直接领导也许能给他留下一些经验教训，但绝大部分经验必须是他自己的……因此，他是一名制定政策的警察局长的缩影，他的行动超出了通常的控制范围……"

布鲁斯·史密斯，《美国的警察系统》

（纽约：哈帕兄弟出版公司，1960 年）

这只是呈现给执法警察的一种常见的道德困境的例子。相对于适当的道德观点和构成警察对良好生活和社区重要因素的道德观点，这种两难情况不必使警察感到沮丧。明白了他们的作用是有限的，他们不能解决世界上所有的问题后，警察在处理这些问题并基于这些原则做出判断时，往往会扮演称职的专业人士的角色。

10 - 4　小　结

50 多年前，社会学家杰罗姆·斯科尔尼克提出，警察工作介于蓝领行业和白领行业之间。他认为，学术知识、街头触觉、特殊技能和警察需要具备的直觉思维结合起来，使他们的职业类似于优秀的工匠。

斯科尔尼克是第一个谈论潜在暴力是如何影响警察对街头执法的看法的。他首先讨论了警察如何倾向于反对非法证据排除规则以及由之而来的正当程序系统的运作。早在"肮脏的哈里"作为银幕角色出现之前，斯科尔尼克就已经预料到了他的到来。他将警察作为法律辅助人员、社会工作者、街头心理学家、自由裁量决策者和政策开发者的角色交织在一起，甚至比其他人更早地注意到，在当代美国，街头执法和打击毒品的道路上存在着可怕的缺陷。斯科尔尼克走在时代的前面，他开创了我们今天所知道和谈论的警察社会学的基础。

今天，我们建议扩大这一定义，向前推进一步。因为，当越来越复杂的知识和技能（工艺）通过一个屏幕被修改和应用时，整个工作就变成了一个伦理的参照框架，警察工作就变成了一个真正的职业。我们在这里讨论警察需要做出各种类型的判断，是这个现代社会中其专业人士的角色本质所决定的。我们已经说过很多次了，它是由警察的品格驱动的。

10-5　话题讨论

1. 讨论我们赖以生存的道德的两个部分——行善和正义——何以会产生冲突。首先考虑平民生活中发生冲突的例子。然后讨论警察的例子。在每一种情况下，讨论为什么行善必须是原则。

2. 讨论无受害人的犯罪行为。有些什么例子，它们的共同点是什么？可参考本书第三部分对特定类型的警察不当行为的讨论，请考虑为什么无受害人犯罪几乎总是产生警察腐败。

3. 讨论伦理问题和伦理困境之间的区别。首先，考虑一般生活中的例子。然后讨论一下警察工作中的例子。

4. 警察的"艺术"是什么？你会如何描述一个优秀的、称职的警察需具备的实践技能？

10-6　伦理情境

你拦下一辆汽车，因为它没有悬挂号牌。经过一些初步调查，司机允许你搜索后备厢。他这么做是因为他说那不是他的车，而是从他的室友那里借来的（室友没有在场）。事实上，你可以证实，这辆车不属于该司机。后备厢装有毒品。这个年轻人——没有任何犯罪记录和伪造证件——是当地一所医学院的学生。你确信他对车里载有毒品一无所知。你该做什么？

你不仅可以逮捕他（以一项很可能结束他医疗生涯的指控），而且你还可以根据法律没收和扣押汽车（这是你所在部门强调过的一个重要的政策目标）。在你的掌握中，可以完成一项完美的合法扣押。你该做什么，为什么？

10 – 7　写作练习

1969 年以来，人们花了太多的时间和精力去从事禁毒战争，以至于在警察世界里，这是一个非常敏感的话题。绝大多数警察和行政人员都是"毒品战士"。他们接受美国的毒品法律，自愿参加战争。另外，不仅有相当多的公民赞成毒品合法化，而且有越来越多的警察，"相当多的少数人"也赞成毒品合法化。在这场争论中，美国警察必须坚持到底。

写一篇关于无受害人犯罪的文章，特别关注毒品。讨论无受害人犯罪的典型要素，当然包括巨额利润、持续的需求和官员腐败。讨论这种腐败是如何产生的：①涉及大量的钱；②在可能被逮捕的时候，通常没有特定的受害公民在场。（事实上，毒贩和警察通常是唯一在场的人，而毒贩希望警察拿一些钱就走人。）在你的文章中讨论这些现实，包括关于毒品合法化可能如何减少警察腐败的争论。最后，在所涉及的问题上表明你自己的立场。你对毒品合法化，特别是大麻合法化，有什么看法？

10 – 8　关键术语

classical conservatism：古典保守主义，这一学派被认为是对自由主义的一种反对；暗示人们是贪婪的，以自我为中心的，被邪恶的冲动所驱使，因此他们需要被强大的政府机构所控制。

classical liberalism：古典自由主义，启蒙时代的思想流派；认为社会的政治、经济、社会和法律制度沿着精英统治的路线来进行组织，与之前的贵族政治传统相反。

ethical dilemma：道德困境，必须在相互竞争的行动方案之间做出选择的情况，每一种行动方案在道德上都是站得住脚的。

habeas corpus：人身保护令，拉丁文，证据现身的意思；英美法系的一项法律原则，即公民必须被指控犯有特定罪行，否则将被释放。

harm principle：伤害原则，由约翰·斯图尔特·米尔提出，这一观点认为，公民个人只会因为这种直接伤害他人利益或他人的行为而受到社会管束。

John Locke：约翰·洛克，西方或英国自由主义之父；就精英管理、个人权利、平等机会和政治组织等思想有许多著作。

morality of law：法律道德，与任何道德上可辩护的法律制度特有的具体要求有关的原则，例如必须公布法律，使法律的书写方式和管理方式之间具有一致性。

overbreadth：过于宽泛，法律概念，涉及的法律不够狭义，因而造成警察权力过大。

Prohibition：禁酒令，在 1920 年至 1933 年，美国试图禁止蒸馏、配送和占有酒精；由于非法销售酒精（毒品）带来的金钱利益，导致了有组织犯罪的产生。

vagueness：模糊性，法律概念，法律不够具体，以至于街头执法时不够公平。

victimless crimes：无被害人犯罪，指无特定的公民个人受害的犯罪，如毒品的使用和销售、贩卖、卖淫、赌博、拥有色情物品等。

第三部分

街头执法

现在是我们考虑更多实际问题的时候了。首先，我们必须对警察的各种不当行为进行分析。不只是一种不当行为。相反，有很多。其中一些特别麻烦，而另一些则是无关紧要的。在反思了这些问题之后，我们将继续研究不当行为的偶然根源以及有哪些不当行为。同样，原因有时是疏忽大意而不重要的，在其他时候，这些原因对街头执法伸张正义则又至关重要。最后，我们将讨论我们赖以生存的伦理道德的一些实际应用。

第 11 章　警察不当行为的类型

> "权力导致腐败，绝对权力绝对导致腐败。"
>
> ——艾克顿公爵，1834—1902

警察及其领导在面对警察不当行为的话题时，总是会感到不舒服。这些人都了解一名当值巡逻的警察有多么艰辛。他们理解其中涉及的压力和暴力。他们相信，绝大多数警察都能克服困难，尽其所能地做好工作。因此，那些从事警察工作的人往往想避开这个消极的话题。

但无论如何回避，都无法改变这样一个事实：警察，就像从事其他行业的人一样，有时也会有不当行为。警察的权力很大。社会允许他们剥夺人们的自由，使用武力，甚至使用致命的武力。与其他任何政治、社会角色、经济角色或法律角色相比，"守规矩"对美国的警察来说可能更重要。在这一章中，我们将讨论警察的各种不当行为。我们将花时间去理解这些不当行为之间的差异，并勾勒出界定警察越轨行为的特征，使我们对警察伦理的讨论更加清晰和集中。

具有讽刺意味的是，我们现在终于谈到了这个话题，而这个话题通常是讨论警察伦理学的唯一话题。正如我们在本书开头几页中指出的那样，标准的警察学院对警察伦理学的考虑，过去（现在仍在许多地方）不过是对警察有时会出现的几种不当行为的一系列警告。在这一章中，我们将讨论那些与"如何避免搞砸"类似的问题，并将其归并为五种不当行为。

特别重要的是，有多少类型的不当行为就有多少种不同的原因。正因为如此，就需要有多方面的警察审查制度、警察监督模型和警察纪律机制。

11-1 行为准则

首先，我们需要简要地探讨一下"警察越轨"是什么意思。当人们偏离轨道时，他们就会违反行为准则的规定。规范（准则）可以定义为文化价值、道德原则、社会习俗或法典。当然，人们（和警察）可以打破任何数量的规范（准则），以不正当的方式行事，而不会成为反对的对象。如果人们在公共场合抠鼻子，在剧院里大声说话，或者说一个死人的坏话，可能会让别人觉得他们不好。因为做这些事情，会让人们认为他们是无知、愚蠢、粗鲁或麻木不仁的。这种不赞成是一种强有力的东西，它控制着我们大多数时候的穿着、言行和举止。但这种越轨行为只会受到非正式的惩戒。

然而，有时人们会违反独特的、成文的行为准则。当这样做时，他们就会受到制度化系统的惩治，这是一个社会官方的行为控制机制。当人们违法时，他们可能会被逮捕、监禁、审判、定罪和惩罚。同样，当一个警察违反了为警察制定的行为规则时，他或她可能会被指控、被调查，发现有罪，并受到惩罚。就公民而言，刑事司法系统负责追究公民的责任。就警察而言，警察审查系统、内部管理机构或民事审查委员会负责这项工作。

警察审查制度可被视为小型刑事司法制度，接受不当行为的指控，并对被指控官员的罪行作出调查。这些系统有各种形式和规模。有一项吃力不讨好的工作要做，那就是设法让警察对其行为负责。警方的审查系统在事后运行。也就是说，其处理不当行为的指控是在行为发生之后。我们在这本书里的任务是讨论伦理道德行为的内在标准，这样警察就不会违反规则。因此，我们认为内化伦理道德比规定的规则更重要。家庭、学校、教堂、俱乐部等机构将帮助所有人将行为标准内化。本书中的警察亚文化、训练机制和讨论都是为警察进行的。

这让我们不禁想要问，警察必须被追究责任的行为标准是什么？就像我们早先对警察角色的讨论中，我们对警察的标准是多重的、冲突的、模糊的。因此，就像警察角色一样，我们在哪里可以找到评估警察的行为准绳？面对这一问题，人们总是会有一些困惑。

A. 警察的法律角色

一方面，一些人会说，警察必须对法律有所回应。警察的一切都必须是合法的。在适用法典和法规时，警察必须知道成文法，必须处罚恰当、有效调查并写出书面报告，这些报告具有法定的严格模式，并包括适当的内容。

专栏 11.1　行为的多标准

- 警察的法律角色
- 警察的政治角色
- 警察的行政角色

另一方面，在与公民和嫌疑人打交道时，警察也必须了解程序法或判例法。他们必须尊重所有美国人拥有的宪法权利。他们必须知道，在什么情况下，他们可以拦下并实地讯问人民，如何和何时告诫嫌疑人，何时他们可以进行和不能进行无证搜查，等等。在这方面，警察必须在法律上做到准确无误。

B. 警察的政治角色

然而，法律只代表了警察的一套标准。第二套标准来自他们所服务的社区的选民。警察必须是回应其社区愿望的政治人物。他们是"街角政治家"，正如威廉·K. 缪尔所说的那样。在今天的社区警务时代，警察被要求与社区建立联系，鼓励社区团体声明其愿望是什么，并在行动时有所响应，当警察在街上巡逻时，要将这些反馈因素考虑进去。因此，警察必须对社区人民规定的行为标准负责。

这可能听起来很容易。但当这两套标准发生冲突时，问题就会出现。当人们要求警察做一些不合法的事情时，他们做的事情往往比人们想象的要更多，这两套标准之间存在明显的冲突（见专栏 11.2）。人们会经常要求警察"不惜一切代价"清除街上的毒品、解散当地帮派、遏制家庭虐待、保护儿童不受枪支伤害等。公民不是警察,他们不关心法律条文的具体规定,他们只希望警察不找借口,采取有效的行动来打击这些罪恶。

专栏 11.2　要求警察做不可能的事

> 警察与公民打交道时,公民往往想要警察做一些法律上不可能做到的事情:让警察以任何可能的方式把黑帮、毒品和枪支从美国的街道上清除掉。这对人们来说并不罕见,去建议警察"围捕"帮派成员是很常见的。同样,人们常常对一些事实感到困惑,即警察不会无缘无故搜查知名的毒品交易场所或拦截毒贩的车辆。对于那些只关注社区和平与安宁以及孩子们安全的人来说,法律的错综复杂之处已不复存在了。
>
> 在电视和电影中那些不现实的画面驱动下,在街上的美国公民经常相信并支持类似"肮脏的哈里"的行为。刑事司法系统之外的任何人都不太关心宪法限制或错综复杂的法律程序。他们想要行动和结果。他们想保护他们的孩子。再多的借口都不足以说明这有多困难。正如他们在娱乐媒体上看到的那样,市民们希望警察"清理街道"……他们毫不犹豫地支持警方采取最严厉的策略。

由于不清楚如何解决这些冲突,警察和任何试图让警察为自己行为负责的系统都陷入了困境。警察是否应该骚扰那些他们知道是毒贩或帮派成员的人,不管其是否遵守宪法?即使没有针对他们的法律证据,警察是否应该将已知的毒贩作为特殊目标对待?一个警察是否应该威胁说,再这样做就要"亲自把你踢出去"来阻止打老婆的人?所有这些策略都可以证明这样的做法是有效的,社区里的大多数人都很希望警察这样做,但警察如果真这样做的话,是不合法的。

C. 警察的行政角色

警察是法律、政治和行政方面的行动者,所有这一切都是一体的。在行政领域,警察必须遵守警察局里专业人员制定的常规命令、操作手册或规定的行为准则。这些标准构成了警察工作的"具体细节"，是警察训练的重点。这些标准是警察特有的，无论是法律还是人民对其都没有太多涉及。

在一些部门，常规命令和操作手册一卷又一卷，由数百条规则、规章和程序组成。

法院和人民都不关心如何填写适当的表单，怎样给嫌疑犯戴上手铐，如何搜查囚犯，如何运送被捕者，等等。所有一般命令或者具体的如"如何做一名警察"这样的行为规定都是由警察管理人员制定的。常规命令和操作手册包括数十条，有时是数百条与工作绩效相关的规则。这些规定包括考勤、请病假、形象打扮、适当的制服展示等。警察必须遵守这些规则，如果他们不遵守就会受到惩罚。

因此，警察必须遵守三套不同的标准。他们必须遵守法律、回应社区、遵守职业规则。当然，作为人类，他们日日夜夜都承受着巨大的压力，有时会违反这些标准中所包含的行为准则，并因不当行为而获罪。

11 – 2　不当行为的分类

警察不当行为可分为五类。为了说明这些类型之间的差异，我们首先讨论并定义两组参数。对于警察的不当行为，我们必须提出两个问题，才能把这种不当行为恰当地放在类型学中的适当位置。

第一，不当行为是以个人利益的名义进行的吗？无论是采取金钱、商品、服务的形式，还是其他类型的交易，当警察行为不当时，他们有时是为了寻求提高自己的物质福利，有时他们并不是（为了这些）。

第二，不当行为是否涉及利用警察的职权？警察"出卖警徽"换回了什么吗？是否包括保护罪犯不被逮捕，还是逮捕某些罪犯以促进其他人的生意？警察有时会利用国家授予的权力作为讨价还价的工具，来完成一些不恰当的事情。另外，有时警察的不当行为与国家授予的权力无关。

一旦回答了这两个问题，警察的不当行为就可以归类。表 11.1 有四种类型，另外一种存在于此表之外。这似乎只是一个学术练习，但事实并非如此。与这五种类型的不当行为相关的后果、调查方法、惩罚和政治后果是不同的，有时是非常不同的。此外，对于这些不同类型的行为，我们赖以生存的伦理道德标准可能有不同的说法。

表 11.1 显示了如何运用上述两个问题来确定四种类型的警察不当行为。让我们分别讨论这些类型。

表 11.1　警察不当行为的类型

		以个人利益名义进行的吗？	
		是	不是
警察滥用法律职权吗？	是	权力腐败	基于崇高理由的腐败
	不是	警察犯罪	不称职

A. 权力腐败

当警察使用其法定权力（警徽）来获得个人奖励时，他们就犯了我们所说的"权力腐败"罪。有几种表现形式。警察有时为了保护某些犯罪企业，如赌博、卖淫和毒品交易，而获取贿赂。把钱交给警察，就不会有人被抓（逮捕）。有时是警察主动向人要钱，通常是小型企业经营者，以换取在城市的各项管理条例等方面执法时"放他们一马"。有时警察会以个人身份接受贿赂，比如从一个开车的人那里收受贿赂以换取不开罚单。

B. 警察犯罪

警察在执法时会参与不涉及使用其职权的犯罪活动。警察有时会利用当班的机会，特别是在晚上，去抢劫商店或住宅。有时，当盗窃已经发生时，警察会拿走商品或金钱，并将其作为原始盗窃行为的一部分进行报告。当这种类型的不当行为发生时，警察的不当行为是为了获取个人利益。但他们并没有为了这样做而牺牲自己的权威地位去交易。这是警察犯罪或职业犯罪。

那些研究警察权力腐败（以及警察犯罪）的人已经制定了一个方案来说明不同程度的不当行为。其术语是"吃草"（grass eating）和"吃肉"（meat eating）。我们将讨论两者的区别以及它们如何帮助我们去理解这些类型的不当行为的产生。

吃草。吃草涉及两种类型的警察行为（或不当行为）。首先，它包含了一种非系统的、个性化的与个人利益相关的不当行为，这种不当行为有时是由警察个人与公民之间的互动发展而来的。这种类型的不当行为并不是积极主动的，因为参与其中的警察不会把公民当作受害者，也不会试图搜刮大量财物。因此，吃草包括接受现金来换取不开一张交通违章罚单，因而警察获得消费折扣，吃免费的食物，喝免费的咖啡，等等。虽然上述活动都是不能接受的，因为它们损害了警察和法律的形象，但人们认为这些警察不当行为不太重要。

其次，吃草涉及一些警察接受他人大规模、有组织的（吃肉）不当行为。换句话说，吃草也包括从另一个方向看，对他人与利益相关的不当行为不予举报或不采取行动。因此，如果一些警察从来没有接受过任何形式的贿赂，仍然可以被认为是"食草动物"，如果他们意识到吃肉而不采取任何行动来制止。这种行为涉及另一种违背我们伦理的行为。它忽视了除恶的义务。

吃肉。吃肉包括主动的、系统的、有组织的回报。例如，缉毒警察定期接受金钱，以换取不逮捕某些毒贩；警察接受皮条客的金钱，以换取不逮捕妓女；以及辖区定期勒索企业并向他们索要保护费。当警察们积极寻找机会以获取个人利益并组织接受和掩盖这种行为时，他们就是在吃肉。［此外，当警界的其他人看到这种情况却看向另一个方向（忽视）时，从另一个角度看，他们在吃草。］

滑坡。许多学者在几个不同的越轨研究领域讨论了"滑坡"的概念

（见专栏11.3）。这一观点表明，当人们开始偏离轨道时，他们会以小的、递增的方式偏离轨道。一旦一个人偏离了行为规范和规则，他或她就会开始滑向更大、更明显的异常形式。因此，孩子们从入店行窃开始，然后演变成入室盗窃，甚至是持械抢劫。商业人士从虚幻的税收减免开始，最终在精心设计的逃税计划中隐藏了大量的收入。

关于警察的不当行为，"滑坡效应"的观点认为，吃草从两个方面支持吃肉。首先，一些警察最初只是接受一些免费咖啡或免费餐食等小礼物，最终发展为接受更贵重的礼物，如毒贩或者皮条客的钱，以换取允许这些人违法。特别是在那些有组织腐败历史的部门——这些部门仍然存在——不当行为猖獗的地方，"滑坡效应"的观点表明，吃草是有组织、有系统腐败的前兆。因此，吃草会发展成吃肉。

正如上面所讨论的，吃草和吃肉的第二种联系方式是，吃草也可能涉及在吃肉的时候看向另一个方向（忽视）。当警察被发现牵涉进有组织、系统化的报酬时，食草警察就会忽视它。要让大规模、有组织的报酬无限期地持续下去，通常必须得到那些没有直接参与的警察的默认。因此，即使吃草不会导致吃肉，它也会使吃肉延续；多数人吃草是少数人吃肉的必要条件。

因此，"滑坡效应"认为小规模的渎职是不可接受的，因为它不能与大规模渎职完全区分开来。虽然免费喝一杯咖啡和从毒贩那里拿大笔钱之间肯定存在数量上的差异，但"滑坡效应"的观点认为，两者没有质的区别。

专栏11.3 "一点点贪污"会是好事吗？

在一个以社区为基础的时代，警务工作需要警察与其社区建立永久的联系，大量的策略正在被使用来完成这项任务。罗伯特·卡尼亚（Robert Kania）等作者就提出了这样一种策略，即让警察个人通过接受小范围的贿赂，比如免费咖啡杯、免费肉类或警察折扣，来接近他们所在圈子里的人。通过这种个性化的互动，人们和警察之间的联系会更加紧密。

那些相信警察不当行为"滑坡效应"的人强烈反对这种观点。他们认为，人们接受吃草这种相对较小的好处，几乎必然导致吃肉。因此，对于今天的警察来说，卡尼亚的一些想法是非常危险的。对他们来说，根本就没有所谓的"微小"数量的不道德行为。作为伦理形式主义的信仰者，他们反对功利主义的观点，认为有些贪污可以是好的。

在这场争论中，还有另一种思想流派贯穿其中。亚里士多德会说，如果有关人员有良好的品格而不把这些礼物当作贿赂，则在这样的社区建设中，轻微酬金是可以接受的。换句话说，那些给警察免费咖啡的人，在其卷入法律纠纷时，警察给予他们适当、公平、没有偏好的对待，那么，警察接受这样的礼物是合乎道德的，也是恰当的。

注：有关"可接受的贪污水平"的讨论，请参阅本书其他地方引用的乔伊斯林·波洛克（Joycelyn Pollock）的《犯罪与正义伦理学》。

C. 基于崇高理由的腐败

回顾一下，基于崇高理由的腐败涉及警察滥用职权，但不是为了个人利益。"基于崇高理由的腐败"对研究警察伦理学的学生来说是一个悖论，因为它涉及的行为，在置身事外的人看来是不道德的，但参与者通常认为这是合乎道德的。这种悖论在我们之前的两种不当行为中并不存在。虽然有些警察会屈服于诱惑而卷入权力腐败或警察犯罪，但很明显，这种类型的行为是不道德的。

但由于其本身的性质，基于崇高理由的腐败也伴随着自身内在的合理化。牵涉进基于崇高理由腐败的警察不愿意承认这是不道德的行为，因为他们认为必须完成警务工作。正如标签所述，他们之所以参与，是基于一项崇高的事业，即把罪犯关进监狱或阻止犯罪活动。例如，与那些参与警察犯罪的人不同，参与基于崇高理由腐败的警察相信他们做的是正确的事情。这使得阻止这种不当行为非常困难。

另外一个关于基于崇高理由腐败的问题是，当警察参与其中时，他们可以从社区居民那里得到积极的反馈。也就是说，公民往往希望警察不惜任何代价完成这项工作。每天，警察见到的人都会要求他们"把黑帮赶出我们的社区""把枪支从街上赶走""让毒品和毒贩远离我们的孩子""降低犯罪率"——"我们不在乎你怎么做"。因此，与任何其他形式的不当行为不同，基于崇高理由的腐败往往伴随大量的社会支持。

D. 不称职

有各种各样违反部门规定的违法行为，它们被认为是警察的不当行为，但它们既不涉及个人利益，也不涉及犯下过失的警察滥用职权。这类常见的违规行为包括：上班睡觉、习惯性迟到、写糟糕的报告、不接电话、无视命令等。虽然这些行为有时是严重的违规行为，但就其性质而言，它们既不是犯罪，也不是腐败。因此，它们仅仅被认为是无能的产物。

当警察犯了不称职的罪时，他们自己会表现不好，但他们这样做并没有获得个人利益，也没有滥用职权。不称职行为并不包括警察去有意识或无意识地参与一些不道德的或看上去不道德的行为。那些因为不聪明、没受过教育、没受过良好训练、懒惰或无技能而未能履行职责的警察，在某种程度上，并没有做出那些让旁观者给其贴上不道德标签的不当行为。

但是，我们不能过分地认为不称职不涉及伦理决策。我们不能为无能的警察找借口。不称职行为的责任仍然存在于那些效率低下的警察身上。成为一名称职的警察需要有智慧、受过教育、积极并具备技能来完成工作，从而避免不称职。如果一名警察缺乏这些特质中的任何一项或全部，他或她可以（而且应该）接受再培训、再教育或被解雇。一个不称职的警察应该要有个人的动力去改进，也应该受到有经验的领导者的激励和鼓励去改变。解决不称职问题的技巧涉及积极主动、"无过失"的一些策略，这些策略可以带来改变，而不会对一个警察的职业生涯造成负面影响。

当警察因为无能而不胜任工作时，他们的行为往往没有任何不当行为的意图。因此，对不称职的原因和可能的解决办法予以讨论，并没有让我们去责备那些可能与行为不端或有意识决定不当行为有关的罪责。

不称职常常几乎是不经意间发生的，通常没有恶意。那么，试图限制不称职的做法是有用的，不必要像我们之前所讨论的那样进行道德说教。

E. 个人不当行为

这类行为属于个人的不当行为（有时甚至是犯罪），这些行为反映了警察作为警察的形象，但这与警察在实际工作中的表现无关。这里我们谈论的是酗酒、非法同居、休班酒驾等。这一类别不属于我们以上提到的不当行为类型，因为它与个人作为警察没有直接关系。

即使克林顿总统被弹劾，他的支持率仍然很高，因为人们认为他的不当行为是"私人的"，而不是他作为总统所做工作的反映。

然而，我们不应该错误地认为警察休班期间的行为不重要。它在两方面具有重大意义。首先，它可能与警察局的形象有一定联系。例如，当一名警察在税收上作弊时，会让公众对警察产生巨大的不信任。因此，裁定"行为不当"的警察可以受到纪律处分，即使这种行为与他或她在工作中所做的任何事情无关。这是因为，对维护任何警察组织的合法性来说，公众的看法至关重要。

专栏 11.4　怀疑论者和一般秩序

> "每次出了问题，他们都会制定一个规则。所有的用力都朝着某些错误。你不可能在工作的八小时内没有违反纪律准则……没有人关心，直到出现问题。这份工作在琐事上就让人疯掉了。"
>
> ——纽约市一名警察［摘自卡普勒（Kappeler）等人的话］

其次，警察休班期间的行为直接受到了警察本人的控制。也就是说，这与他或她的品格有关。因此，休班行为与值班行为一样，是警察伦理学的重要标志。当一个人去工作时，他不会变成另一个人。当然，我们都熟悉这样一种观点，即当人们进入工作环境时，他们就会变换角色。但他们并没有改变的是，他们是谁，他们如何思考，他们如何道德教化。这个品格的要素是不变的。因此，这一类别对我们的讨论至关重要。

专栏 11.5　总统的不当行为

> 近来涉及多个美国总统的各种政治丑闻有助于说明我们正在讨论的不同类型的不当行为。记住这些事件并进行反思非常有趣：我们如何看待他们中的一些人是"十恶不赦的"，而另一些人是"可以原谅的"，这取决于我们个人的政治观点。
>
> **权力腐败**
>
> 在作为总统的最后一周，乔治·W. 布什（George H. W. Bush）签署了一项特赦令，对牵涉伊朗门事件的人予以特赦。在做此事的过程中，他免除了对几个人的起诉，其中一个人正准备在法庭上辩论，准备声称自己犯罪是里根和布什总统所命令的。因此，布什的赦免保全了自己。这是权力腐败，因为布什总统利用他的权力谋取自己的个人利益。

基于崇高理由的腐败

当罗纳德·里根（Ronald Reagan）总统允许奥利弗·诺斯（Oliver North）组织向尼加拉瓜的反政府武装运送武器，利用毒贩来完成这项犯罪的任务时，里根犯下了基于崇高理由的腐败罪行。里根的所作所为是非法的，但他个人并没有从中获利。相反，里根坚信这些罪行是为了美国的"最大利益"而犯下的。

犯罪行为

水门事件曝光后，揭露出理查德·尼克松（Richard Nixon）总统卷入了数十起罪行和几乎所有类型的不当行为。总统做过的其中一件事是偷了竞选经费中剩下的钱去给他的妻子买昂贵的礼物。这是与他作为总统的官方身份无关的犯罪行为。他的办公室只是给他提供了犯罪的机会。

不称职

1980 年，当吉米·卡特（Jimmy Carter）总统竞选连任时，数百万人认为他是无能之辈，他没有能力解决伊朗人质危机，也没有能力让 100 多名被伊朗扣为人质的美国人回国。这是一个典型的例子，由选民决定，一旦不称职，必须通过投票箱纠正。

个人不当行为

当比尔·克林顿（Bill Clinton）总统被弹劾并在参议院受审时，他被控有个人不当行为。他被免罪的原因，以及他在这段时间内人气飙升的原因，是大多数美国人虽认为他的行为是不恰当的，但并没有反映出他作为总统所做的工作。他的婚外情被许多人认为是个人不当行为。

没有办法将功利主义伦理学应用到涉及个人利益的不当行为中，以使其合理化。因此，当我们看待权力腐败或警察犯罪时，我们倾向于采取某种康德式的绝对主义观点。再多的特殊情况或合理化都不能使这种行为看起来合乎道德。康德可能会说，使用信任来获取个人利益是错误的，不仅仅是在某些时候，而是在任何时候、任何情况下。

应用赖以生存的伦理道德，我们可以得出结论，权力腐败和警察犯罪涉及警察违反其首要任务，他们必须遵守的第一条规则为行善原则——也就是说，没有伤害。当警察逃避这种责任，为了个人利益行动，那么社区就会受到损害，对法律的尊重也会受到损害。

但采取这种绝对立场有一个问题。首先，它忽略了这种不当行为是如何以及为什么有时会在警察中产生——它会让我们不去研究其原因。其次，它忽略了这些类型的行为在事后是如何被合理化的。尽管在许多人看来，再多的借口也不应该使任何人认为这种行为是合法的，但事实并非如此。事实上，一些警察确实认为权力腐败和/或警察犯罪是可以理解的行为。

而且，由于他们有时被合理化，权力腐败至少在一定程度上会和警察犯罪一样，成为一个一直存在的问题。虽然这两种不当行为近年来在很大程度上有所减少，但它们仍然存在。它们成为警察行政人员、诚实的警察和一般公众面临的重大问题。

个人不当行为是另一个问题。在考虑个人不当行为时，我们必须分析警察私人生活的哪一部分（如果有的话）是警察局、社区和国家的事情。这是一个棘手的问题，因为我们生活在一个高度重视个人自由的社会。作为美国公民，警察和其他人一样有隐私权。然而，由于警察的角色代表国家，他们的活动自由受到了一些限制，即使是在不当班的时候。准确地说，这些限制是什么，应该是什么，在这一章中是有争议的。

所有美国人都拥有宪法保护的隐私权。如果有的话，警察的这些个人权利何时会被剥夺？警察休班期间，个人行为在什么情况下会成为警察局或公众的事？更具体地说，休班期间的个人不当行为什么时候会成为与执法有关的事情？

专栏 11.6 中提出的问题没有简单的答案。个人休班期间的不当行为可能不再是自己的事情，并可能在几个方面被警察问责制度甚至公众所关注。问题是，个人不当行为处于一种灵活掌握的尺度。有时它会被公众所知，并变得重要；其他时候，它仍然是私人的和不重要的。在我们考虑个人不当行为时，可以关注几个层次的问题。

专栏11.6 什么是"个人"行为，什么是"职业"行为？

> 1998 年和 1999 年，比尔·克林顿总统卷入丑闻，最终导致他被弹劾。尽管他被判无罪，但他的政敌和主流媒体对其不当行为非常重视。这个耸人听闻的故事涉及总统与白宫的一名年轻实习生发生性关系。
>
> 在丑闻持续发酵的两年时间中，民意调查一次又一次地显示，绝大多数美国人对此并不关心。几位民意调查专家就这一动态采访了一些人，这些公民所说的对我们这里的讨论很重要。事实证明，尽管大多数人认为总统的行为令人厌恶或无法接受，但他们认为这种行为是"个人行为"，并不会使克林顿失去总统资格。虽然人们不喜欢他的行为，但他们说这不是国家事务，而是总统和他的家人之间的个人问题。
>
> 你怎么看？如果这个犯错的人不是美国总统而是一名警察，你会怎么想？对婚姻不忠会使一个人失去成为警察的资格吗？或者这只是一个个人的或私人的事吗？

休班犯罪。我们关注的个人不当行为的第一个最明显的例子是警察休班犯罪。例如，一名警察在休班期间因入店行窃而被逮捕，这必然会成为头条新闻，成为警察问责制度的工作。因为警察有权以犯罪行为逮捕其他人，所以这种休班行为显然不是个人问题，其他专业人员做同样的事情也许没有这么严重。例如，如果一名医生犯有逃税罪，这种不当行为不会影响他（她）救助人们疾病的能力。但由于警察所扮演的角色，他们的休班犯罪不能被忽视，也不能被视为无关紧要的个人事务。

当警察被逮捕的事件为公众所知时，警察休班犯罪立即成为每个关心警察伦理学的人所关注的问题。但有时这样的罪行不会被公开。这是可能发生的，因为当地媒体会帮忙保持沉默。或者警察可能被抓但不会被逮捕或者被起诉。虽然对个别警察来说，可能不公平，但存在一种灵活掌握的尺度，在这种情况下，那些被公开的事情必须严阵以待，而那些没有被公开的事情通常是可以避免的。这是一个"现实的世界"，这可能是也可能不是我们所希望的。

就我们讨论警察伦理学的目的而言，我们必须关注所有警察休班时的犯罪。但由于上述原因，我们不得不权衡警察休班犯罪的相对严重程度。收到休班期间超速驾驶罚单的警察是否会被纪律处分？停车罚单呢？我们在多大程度上应该关注警察们的道德困境：如果所犯的是轻微和较小的罪行，他们自己也犯过，还会逮捕其他人吗？如果我们认为每一次轻微的过错都是他们品格的某种暗示，难道我们不希望警察成为圣人吗？

有人可能倾向于这样回答这个问题：我们在这里不应关注那些只处以罚款而非监禁的罪行。但是，如果一名警察养成了一种明显的违章驾驶的习惯，表明他对法律缺乏尊重，那该怎么办呢？如果一名警察违反了 20 条交通规则，或者拿到了 100 张违规停车罚单怎么办？我们是否应该关注这些罪行，即使它们在法律意义上是轻微的？

答案是没有答案。没有一种方法可以分析什么样的个人不当行为应该引起学习警察伦理学的学生的关注。这个问题给我们呈现了一种滑动的比例尺。警务人员休班犯罪，如本质上系重罪及/或暴力犯罪，我们会一直关注；如属轻罪，我们有时会关注；如属违规，则很少关注。再次申明，任何形式的犯罪行为都可能引发麻烦——无论涉及的违法行为多么轻微。

休班酒驾是与工作有关的个人不当行为的一个例子。

与职务相关的不当行为。使个人不当行为成为部门或公众事务的第二种方式是，无论这种行为可能有多私密，从逻辑上讲，这种行为可以直接影响警察执行职务的能力。例如，当一名警察被发现有酗酒问题时，他们去上班时不可能将该问题留在家里。酗酒带来一系列问题，无法远离警察的日常生活。酗酒者在拒绝服药时会出现戒断症状；他们可能有与决策和运动技能有关的功能问题；而且他们在工作的时候很容易想喝酒（"只喝一杯"通常是一个合理的借口）。

因此，我们认为酗酒是一个影响深远的个人问题，任何试图评价警察品格的人都不能忽视这一点。对于那些涉及家庭虐待、婚姻不忠、毒品问题和下班后发生任何形式暴力的警察，也可以提出类似的论点。尽管所有这些类型的问题都可能成为法律问题，也就是说，本质上它们是犯罪，但通常不会被追究。通常吸毒者不会被抓，家庭暴力者不会被逮捕，酒吧斗士不会被起诉。

当这些动态反应在普通人的生活中呈现时，刑事司法系统通常不会管这些公民。在这里，我们认为，当这些问题在警察的生活中暴露出来时，他们是否在本质上成为罪犯是无关紧要的。这种行为不能保持私人性质，因为它直接关系到警察履责的能力。因此，我们建议有这些问题的警察接受必要的咨询和康复训练，如果不能解决这些困难，就必须不再这样做。我们仍要指出，再多的合理化也无法将这些个人问题从对警察的工作能力和伦理视角的评估中分离出来。

11-3 小 结

我们在这里讨论的是我们如何设计一本书，从根本上探讨警察伦理问题。我们注意到，传统的警察伦理培训不仅缺乏时间，而且在某种意义上也是消极的。我们的想法是先谈谈做一个好人和好警察。直到现在，我们才开始接触那些我们计划要避免的消极方面。我们似乎已经违背了诺言，改变了我们的做法，但事实并非如此。

在这一章中，我们讨论了一个非常重要的主题，尽管它可能是负面的。我们概述了警察不当行为的类型。我们已经注意到，警察不当行为有各种各样的、不同严重程度的形式。此外，警察不当行为有多种多样的原因。在随后关于如何处理这些问题的讨论中，这些不同类型的玩忽职守的行为将是至关重要的。

11－4　话题讨论

1. 正如警察的各种角色一样，他们必须符合的标准是多种多样、相互冲突、模糊的。讨论一下合法性和民主是如何发生冲突的。警察的一切行为应当合法，这与社区警务驱动理念中警察必须积极响应其社区需求的观点有什么冲突呢？

2. 当人们讨论警察的不当行为时，他们一直以来混淆了几种类型。特别是，人们将权力腐败和警察（或职业）犯罪混为一谈。它们之间的区别是什么？有什么样的例子？

3. 讨论一下基于崇高理由的腐败与"吃草"之间的关系。为什么基于崇高理由的腐败在今天如此难以制止和调查？作者们说在大多数地方"吃肉"已经不存在了，而"吃草"仍然存在并发展得很好，这是什么意思？

4. 讨论一下个人不当行为可能是也可能不是"警察局的事"这一事实。是什么让一个原本属于私人的行为模式变成了与警察局长和警察局有关的事？

11－5　伦理情境

我们的讨论表明，警察既是政治行动者，又是法律行动者。包含在这个现实下的一个问题是，人们有时会要求警察做违法的事情，因此，他们会要求警察优先考虑政治上的反应而不是法律上的责任。如果社区里善良、诚实、勤奋的成员要求你"做任何必要的事情"，让当地的黑帮离开街道，你会怎么做？你真的会转而使用"半合法"或"准合法"的方式吗？你真的会转而使用非法方式吗？如果是这样，你会如何合理解释自己的非法行为？如果没有，你会如何对待那些以实现道德上站得住脚的、清理其街道为名义，要求你做非法事情的好人？

11 – 6　写作练习

　　构思一篇论述五种类型警察不当行为的论文。解释类型学是如何区分它们的。然后讨论下为什么在所有关于内部事务系统和民事审查委员会的讨论中，绝大多数关于警察不当行为的指控都是在内部产生的，并在内部非正式地处理。（提示：这里关注的是一般性的命令和不称职。）

11 – 7　关键术语

corruption of authority：权力腐败，警察的不当行为，涉及不法警察获取个人利益和滥用警察职权。

general order manuals：常规命令与操作手册，由警察和治安部门编制的关于内部规定的书籍。

graft：贪污，通过不诚实和利用职务之便获取金钱、商品或服务。

grass eating：吃草，警察的不当行为，包括接受非系统性的贪污或者掩盖更严重的贪污。

ineptitude：不称职，与无能、懒惰和/或缺乏训练有关的警察不当行为。

meat eating：吃肉，警察腐败的严重形式，包括正在进行的贿赂或贪污。

personal misconduct：个人不当行为，警察不当班时的越轨行为，因此，也可能不成为内部或部门调查和制裁的对象。

police crime：警察犯罪，涉及个人利益但与警察的正式职权无关的行为不当。

police deviance：警察越轨行为，违反法律或专业行为标准，或违反社区警务制度下社区意见的警察行为。

shakedowns：勒索，涉及警察主动向公民索取金钱，帮助对方逃避官方指控的腐败。

slippery slope：滑坡效应，不当行为可以始于小范围，然后逐步扩大，最终演变成严重的腐败。

streetcorner politicians：街角政治家，缪尔对警察的标签；指的是他们对公民行使权力。

第 12 章　警察不当行为的原因

正如警察不当行为有几种不同类型，不当行为的原因也有几种。正因为如此，我们必须认识到不同的解决办法，既有主动的，也有被动的。强调警察责任制是指雇用那些具有某种品格的人，他们能够对所有警察曾经都有过的行为不当的机会予以抵制和忽视。这就涉及学院教育和在职培训，灌输一种内化的伦理道德观念，驱使警察做好事、行善。这也与警察领导有关，他们须能有效地激励警察主动行事，激励他们从错误中吸取教训，而不是谴责警察的恶劣行为。

警察的不当行为是贪婪和机会相结合的产物，一般来说，这些因素导致人们偏离了社会规范和法律。有些是由于个别警察经历了多次挫折而产生的，这些挫折有时会接踵而至，最终产生了"肮脏的哈里"。一些是由亚文化压力和不正常的契约造成的，这些契约驱使警察产生不当行为并使之合理化。还有一些，总的来说，是美国社会整体结构动态化的结果。

当然，警察管理人员可以对此做些什么。但是，他们对环境的影响仍然有限。首先，在大多数情况下，警察个人的品格起着决定性作用，这是在其宣誓成为警察之前就形成的。此外，警察亚文化决定了他们是世界上最孤立的专业群体之一。它以团结一致而闻名于整个社会学领域。对来自这种亚文化的原因可施加的影响是有限的。最后，那些各种类型的不当行为，如果是在社会层面产生的，则完全不受警察领导人的影响。

于是，我们只剩下警察个体及其性格，可以此作为驱动的、减轻的力量，创造（或不创造）某种行为模式，减缓越轨的发生。

12－1　常见的越轨行为

犯罪学专业的学生提出了产生越轨行为的许多原因。他们告诉我们犯罪是由理性选择引起的，当然，其中包括人们在计算被抓住的机会、潜在的回报等之后选择越轨。一会儿我们会回到这个理论，因为它有时是适用于警察越轨行为的少数几个犯罪学理论之一。但理性选择理论只是犯罪因果关系中的一个。

犯罪也是由一个人在成长过程中学习到的行为模式产生的。人的成长环境有时会使他们目睹或学习犯罪行为模式。犯罪是由无效的和无组织的社会机构、越轨行为的文化传播或越轨亚文化引发的。有些人不善社交，形成反社会的性格，或者变得真正反社会。有些犯罪是由个人周围的社会结构造成的。贫穷、种族主义和公开的阶级偏见等因素往往会导致经济或其他形式的歧视，从而造成犯罪。犯罪也由生物因素所致，如大脑中的生化失衡、荷尔蒙异常或环境污染。犯罪可由遗传倾向、神经异常、双相障碍或早期酒精摄入而引起。一些理论家认为，犯罪是应变（应变理论）的产物，当人们拒绝其社会文化建构的目标或者拒绝制度化所规定的实现这些目标的方法时，犯罪就会产生。

专栏 12.1　犯罪因果关系的政治

在当今这个由媒体驱动的政治竞选世界里，"9秒钟"几乎是所有候选人讨论问题的时间。因此，随着时间的推移，政治辩论变得越来越简单。在犯罪领域以及如何应对的问题上，政客们倾向于认为犯罪只有一个原因：坏人选择做坏事。因此，更多的监狱和严厉打击犯罪是必要的解决方案。这几乎成为普遍共识。

> 我们讨论警察越轨行为的讽刺之处在于，虽然多种犯罪原因都被如此简单的言论所忽视，都强调个人选择，但正是个人选择几乎成为警察越轨行为的罪魁祸首。

另一些人则认为，经济阶层之间的斗争产生了巨大压力，导致犯罪。穷人想要更富裕、更舒适，为了努力获得这种舒适而进行的斗争产生了一些犯罪。当极其贫穷的人和极其富裕的人之间（社会阶层）的经济差距或缺口巨大时，发生的犯罪数量可能是巨大的。在今天的美国，这个差距比地球上任何其他发达国家都要大。因此，美国警察所经历的犯罪类型是其他警察（同样是发达国家或工业化国家的警察）所没有的。这种对犯罪的解释被称为冲突理论。

不幸的是，美国社会的阶层分化程度比任何其他工业化国家都要严重。

犯罪因果关系理论比比皆是，似乎每十年都会带来另一种理论。就我们讨论的目的而言，重要的是要考虑什么样的原因可能会造成警察越轨。警察几乎从来没有遭受过所提到的任何与生物化学有关的原因，也没有遭受过那些与基因组成等有关的自然导向的原因。这是因为现代的选择过程对于去除那些有局限性的候选人非常有效。由于他们的社会经济地位、教育背景和政治根源，警察避免了大多数与养育有关的异常原因。他们是中等以上智力水平的中产阶级，由于教育背景稳定、经历干净、身体健康而被选中。因此，他们既不受与自然有关的因素的影响，也不受与养育有关的因素的影响。

然而，当贪婪遭遇机遇或机会时，这种犯罪有时还会发生，以上称为理性选择理论，这在警界是一个问题。

A. 贪婪、机遇和机会

犯罪是个人的贪婪与生活环境提供的机遇相结合的产物。虽然我们可以在这里花时间讨论一些关于犯罪原因的理论，但我们将坚持对贪婪和机遇进行思考，因为它们是警察腐败和警察犯罪问题的核心。

人们有一种想要改善个人和家庭财务状况的自然倾向。这种倾向存在于我们所有人身上，且未必是件坏事。这是推动资本主义的动力。资本主义制度期望每个人都以一种（有点）贪婪的方式行事。在这样的经济中，所有公民都试图通过在公开市场上的竞争来改善自己的财务状况。为了做到这一点，他们努力工作，生产更多的产品，提供更好的服务，做出更重要的创新，或发明比竞争对手更好的产品。当成功并"赢"的时候，人们会比那些在这场竞争中被他们"击败"的人赚更多的钱，过上更好的生活。

因此，当以这种积极的方式引导时，贪婪会使个人、家庭和公众的生活更美好。从更大的尺度来看，这种资本主义的贪婪几乎为所有人创造了更好的生活。它提供了驱动美国经济引擎的动力，为全世界几代人所羡慕。

对警察来说，贪婪也是一种好的、积极的力量。为了在生活中进一步提升自己的职位，警察可能会采取行动去寻求完成困难和危险的任务，以获得更高职位，职责增加，得到晋升，同时通常会把工作做好，以获得更高的地位和/或收入。这不仅没有错，而且也向我们展示了资本主义、竞争精神如何应用于警察工作。我们赖以生存的道德准则可能会告诉我们要做好事，以个人贪婪为理由，仍然是在做好事。

当人们的个人贪婪驱使他们打破规则，规避法律，不公平地攫取他人利益时，就变成了一种越轨行为。在警察中，这种越轨行为特别麻烦，因为它涉及滥用职权，而这正是刑事司法系统要对警察进行打击的一个方面。警察的职责，很显然，是为了正义，履行自己的多项任务和多重角色，并为社会全体成员提供服务和保护。当这一义务因个人私利而被扭曲和忽视时，正义的利益就会处于危险中。

因此，贪婪是好是坏，取决于个人的品格。对于那些无论付出什么代价都想得到更多的人，以及那些容易作弊、撒谎和走捷径的人来说，贪婪是不好的。它促使人们为了促进自身的财务、政治或其他状况，而忽视他们作为警察、公民、父亲、母亲等的职责。

当具有这种性格缺陷的人面临以牺牲他人为代价获取私利的机遇时，他们就可能犯下各种各样的犯罪行为。这些人可能在他们的税收上作弊，以为美国国税局不会调查他们虚假的扣款。他们可能会提出盗窃保险索赔，认为任何人都不可能知道具体是什么被盗。或者，他们可能利用工作机会从收银机里偷取一些钱，因为他们知道没人会注意他们。

警察经常会有这样的机会。警察处于被信任的地位。警察往往比大多数人更容易滥用这种信任，如果他们具有一种性格促使他们这么做。关于权力腐败问题，警察经常与犯罪分子打交道——特别是那些从事诸如毒品走私、赌博和卖淫等无受害人犯罪的犯罪分子——如果警察视而不见，他们会向警察提供补偿。这种类型的犯罪中涉及的利益是如此之多，以至于通过不逮捕来换取金钱，这种"出卖警徽"的压力是巨大的。

但警察也有机会做出其他犯罪行为，此类行为不涉及权力腐败。不会涉及为了私利而出卖他们的职权。在夜间，警察基本上是独自行动，他们知道哪些企业容易被盗窃，哪些企业的大门是敞开的，哪些企业手头有大量现金，等等。当盗窃发生时，警察往往有机会在其他人到达犯罪现场之前偷取一些钱或物品。与权力腐败相反，这是警察犯罪。

提供给警察的机会如此之多，以至于几乎可以保证一些警察会利用这些机会。那些对自己的角色、警察职业道德的重要性以及职业性质仅有有限程度了解的人，就会以这种方式暴露出他们的人格缺陷。他们将涉及权力腐败和/或警察犯罪。

因此，贪婪——存在于所有人和所有警察身上——将会遇到机遇，以一种不常呈现给平民的方式呈现给警察，会导致警察产生这种类型的不当行为。鉴于警察的工作有那么多是单独完成、没有人注意到的，个人品格（正如我们一直争论的那样）是唯一能让警察避免陷入这种不当行为的对冲措施。

B. 合理化

警察不当行为的合理化与罪犯用来辩白其越轨行为的合理化技术非常相似。警察个人，或他们的小团体，使用五种独特的方法，来消除越轨行为的罪恶感。1957 年，加里·赛克斯（Gary Sykes）和大卫·玛扎（David Matza）在研究越轨行为时提出，有几种方法可以让人们为自己的不当行为找理由，并避免随之而来的负面自我形象。从那时起，几位作者［包括表 12.1 中的卡普勒（Kappeler）等人］将这种想法应用到行为不端的警察身上。我们将在这里简要回顾这些内容。

表 12.1　警察其越轨的方法

中和方式	言语表达	警察环境
否认责任	"他们让我这么做"	市民行贿，警察认为这是常态
否认伤害	"没有无辜的人受到伤害"	警察是从毒品贩子，而不是诚实的公民那里拿钱
否认受害者	"他们罪有应得"	警察行窃是因为企业主不小心
谴责谴责者	"他们什么都不知道"	警察拒绝法律和部门对越轨行为的控制和处罚
诉诸更高的忠诚度	"保护你自己"	警察作伪证以保护另一名警察

资料来源：Victor E. Kappeler, Richard D. Sluder, and Geoffrey P. Alpert, Force of Deviance, 2nd ed. (Longrove, IL: Waveland Press, 1998), op. cit., p. 114.

首先，警察可以拒不承认他们应对自己的行为负责。他们可以把自己的行为看作是由其无法影响的人、事件和情况预先决定的。因此，善意的公民、自由的法官、轻率的媒体、"被宠坏的孩子"之类的知识分子、正当程序制度，以及其他许多人和机构，都要对警察的不当行为负一定责任吗？这方面的一个例子可能是警察接受折扣，因为"如果我不这样做，店主会生气的"。

使用第二种方法来弱化越轨行为，警察就能够说他们的不当行为没有造成任何伤害。就像那些在所得税上进行合理化作弊的公民或诈骗富有的保险公司的公民一样，警察可以告诉自己，他们的越轨行为并没有真正伤害任何人。一个例子可能是，警察从一个入室盗窃的场所拿走商品，并将其合理化为"没有人会因此受到伤害"。

第三种方法涉及对受害者的否认。由于不当行为的受害者具有一些特殊性，警察就有可能否认自己有任何不当行为。如果被"敲竹杠"的人是毒贩、暴力团伙成员或其他类型的罪犯，警察就会认为他们没有权利成为受害者。

第四，误入歧途的警察可以反谴责那些谴责他们的人。在这里，警察可能会反过来指控那些指控其行为不当的人。来自公民自由组织的律师，内政调查人员，或者小心翼翼指责腐败警察的法官都可能成为受害者。这种方法将责任从行为不端的警察身上转移到其他人身上去。

最后，越轨的警察可能会诉诸更高的忠诚度。通过保护其他离经叛道的警察，通过配合腐败计划，或者通过对警察不当行为调查的干涉，警察可能会觉得他们是在支持他们的同事和亚文化。在这样做的过程中，他们援引了一种忠诚和一种责任，这种责任规避了他们对法律和社会的责任。

通过这种方式，犯了错的警察会为他们的不当行为辩解，避免承担我们所说的行善的义务。他们伤害他人（以"吃肉"或警察犯罪的形式），或未能消除伤害（以"吃草"的形式）。因为许多犯罪学家和心理学家都研究过这个问题，我们承认，这种合理化在某种程度上是可以理解的。但是，正如我们倾向于否认罪犯的合理化一样，我们能够也必须承认，警察犯罪和权力腐败显示出性格缺陷，这是称职和专业的警察所不能容忍的。

12-2 亚文化的原因

那些研究所谓警察亚文化的人经常认为，警察工作似乎只有一种亚文化。然而，这是一个过分简单化的想法。警察亚文化的种类和警察部门的类型一样多。这些亚文化中运作的动态差异在涉及警察不当行为时表现得尤为明显。

在某些司法管辖区，警察亚文化只是一群男人和女人组成的松散群体，他们仅仅碰巧成为同一职业的同事。警察们分享所辖区内他们对生活、他们的角色和职责，以及警察的专业和能力的看法。警察的不当行为对每个警察来说都是一个问题，因为它会影响公民对警察的尊重。此外，当调查个人利益类型的警察不当行为时，绝大多数警察都给予了合作。

在另一些司法管辖区——令人高兴的是，警察组织的数量正在稳步减少——以个人利益为导向的不当行为被规范化，至少在整个亚文化中得到了默认。与这种不当行为做斗争变得极为困难，因为试图追究违规警察的责任遭到了反对，即使是那些不参与不当行为的人也反对。

这就是许多作者所称的"蓝色沉默法则"，即使那些想要诚实的警察，他们知道权力腐败和/或警察犯罪，也经常不配合调查。"吃草者"如此不愿帮助追查不当行为，可以有效地保证"吃肉者"掩盖自己的不当行为，并持续地继续犯错。

同样，这种以个人利益为导向的不当行为可以追溯到更早的时代，如今大多数司法管辖区中的大多数警察组织都已经消失了。即使在存在腐败的地方，权力腐败和警察犯罪也很少得到现代亚文化的支持。但话虽如此，仍有几种类型的不当行为依然存在。在没有特定顺序的情况下，我们将简要讨论几个亚文化动态，它们往往会造成不当行为，或者在其中营造一种可以使其蓬勃发展的氛围。首先，在专栏 12.2 中描述了"过度杀伤"的动态。至少缪尔隐喻有一个隐含的理解，许多警察试图以此解释其过度暴力的合理性。

第二，虽然我们已经详细地讨论过了基于崇高事业理由的腐败，但在这里却恰恰相反。"肮脏的哈里"问题得到了太多警察亚文化成员的支持。"完成工作"这种崇高事业的理由是支持哈里的核心，但在当今这个越来越专业的警务领域，这种不当行为仍然存在，这是很麻烦的。它不仅存在，而且是当前最棘手的不当行为。

专栏12.2　过度的杀伤威力

> 回想一下缪尔的"脸面悖论",该观点认为"一个人的声誉越差,他就越不讨人厌"。无论他们是否读过缪尔,美国警察直观地理解这个概念。因为他们这样做了,在亚文化层面上对所谓的使用武力的"过度杀伤"的观点有了充分的支持。
>
> "过度杀伤"是指,尽管警察很少在街上受到人身攻击,但当他们受到攻击时,他们必须"赢得胜利,赢得更大的胜利"。警察们明白,让公民明白不应该"骚扰"或不应该"尝试骚扰"当地警察,发出这样的信息是很重要的。因此,更衣室的格言是"如果有人打了我们中的一个,他们就要进监狱。如果他们伤害了我们中的一个,他们全部都要去医院"。因此,"过度杀伤"只不过是对缪尔原则的确认。

第三,工作中的所有挫折汇集在一起,创造出一种以团结一致著称的亚文化;警察在自己周围建造一个阿帕奇要塞。如前所述,阿帕奇堡综合征以一种循环的方式工作,激励已经是一个紧密联系群体中的个体,使其更加强化"我们对抗他们"的动力。很明显,这样的动力不仅可能是造成警察不当行为的首要原因,而且还可以使不当行为合理化,防止事后被发现。

第四,还有一种麻烦的动态,可以追溯到警察最初与公民保持距离的时候。当改革时代到来的时候,警察——以前是紧密地投身于社区,作为一个不可或缺的成员——脱离了他们与民众日常的、身体上的亲密关系。走路的节拍和与同社区中人们长期共处关系被轮班的节拍和警车所取代。当这种情况发生时,警察就必然地和自觉地疏远了社区。这种改变是自觉的,因为它是为了消除诱惑和/或消除产生长期腐败的回报体系。

随着警察和社区越来越疏远,一种新的非正式规范开始出现。越来越多被疏远的警察开始相信阿帕奇堡的类型,"我们对抗他们"将警察与民众隔离开了,并在那个时代以前所未有的另一个公理的引导下行动一致。今天,"永远不要解释,永远不要道歉"是亚文化的智慧。它表

明，向公民解释任何事情既没有必要也不明智。此外，它还假定：道
歉，即使是为真正的过错道歉，也是一种示弱。警察不会与公众建立一
种更紧密的联系，而会尽量避免这种行为。这往往会为因远离公众的冷
嘲热讽而产生的不当行为埋下伏笔。它还以一种合理性的方式来支持
"蓝色沉默法则"，并阻止审查制度（无论是非正式的还是制度化的），
而这些制度意在试图让警察对其行为负责。

12 - 3　美国社会的动态

当代美国社会有一些特有的动力，它们有助于创造一种氛围，在这
种氛围中，不当行为可以泛滥成灾，或者至少可以隐瞒或使之合理化。
第一个问题与美国街头存在的犯罪和暴力程度有关。美国是所有工业化
国家中最暴力、最危险的社会。

这里的犯罪数据超过了任何其他发达国家，而且差距相当大。暴力
和枪支尤其明显，数量之多将（有时确实）震惊世界。因为这是事实，
美国警察是发达国家中最暴力的警察。这是不言自明的。因为他们必须
使用足够的武力来压制非法武力的使用，而且因为非法武力的使用在美
国比在其他地方都要多，美国警察不得不使用在其他地方被认为是过度
使用的武力。

第二个动力与美国的阶层分化程度有关。我们在第 10 章中提到，
在美国，巨富和赤贫之间的差距比任何其他工业化国家都要大。我们之
所以注意到这一点，是为了指出，当这些迥然不同的阶级的利益发生冲
突时，警察必须做出判断，从而使其职能变得复杂。在此，我们认为，
由于警察有必要调解美国阶级之间的冲突，因此，一些警察的不当行为
才会产生。这是因为警察必须定期与处于敌对关系的下层阶级成员打交
道。这种情况比任何其他发达国家都要严重。

美国的犯罪数据，尤其是暴力和涉枪犯罪的数据，超过了任何其他发达国家。

专栏 12.3 警察工作的民主性

> 　　对美国公民来说，要从政府的行动中获益，有时需要一定的地位、专业技能、影响力或金钱。无论花多少时间讨论政府服务的"免费"性质，这总是正确的。并不是每个人都能让政府或其代理人为其行动。
>
> 　　除了警察。一个公民不需要钱（他们可以拨打 911 公共电话），甚至不需要留下姓名（他们可以匿名举报犯罪），警察就会飞奔向夜空。在所有这些情况下，国家的武装人员将立即采取行动。因此，以一种不同的方式来看，警察是美国所有机构中最民主的。

　　最后，由于一些当代政治学家所称的美国社会的"半民主"性质，一些警察的不当行为将会产生。毫无疑问，在今天的美国，"人民"控制公共政策的观点已经被更现实的观点所取代，即公司或金钱，大多数时候都是数以十亿计的美元在控制着政策。具体可参照规范产业的公共法律，从中可看到公司直接控制着美国的公共政策。然而，这并不意味着人民对政府的现状无话可说。就警察而言，公司通常不会试图直接控制他们。从长远来看，美国人民"得到了他们想要的警务服务"。正如我们已经注意到的，很多人支持"肮脏的哈里"行为。当他们看到罗德尼·金（Rodney King）被毒打时，数百万的美国人说："那又怎么样？"

因为这是事实，美国警察的一些暴行可以直接与美国公众希望有更多的警务出现在我们的大街上联系起来。

12 – 4　因果特异性

除了我们到目前为止在这里所考虑的一般原因之外，警察不当行为的原因与所涉及的不当行为类型对应。接下来的一段时间，我们将讨论不当行为的几种类型，并反思它们的特殊原因。

A. 又见"肮脏的哈里"

自卡尔·克劳加斯（Carl Klockars）讨论"肮脏的哈里"，并让美国警察部门的每个人都参与到这个问题中以来，已近 20 年了。卡尔·克劳加斯认为，基于崇高理由的腐败猖獗，给法治带来了巨大的问题。基于崇高理由的腐败以一种麻烦的方式向我们展现了这样一种困境：看起来，警察的行为像哈里一样，实际上似乎坚守着行善的义务。也就是说，在刑事司法与程序规则的过程中，警察做得很好。他们正在把街上的坏人赶出去。他们阻止了罪犯。正因为这样的观点，基于崇高理由的腐败是迄今为止最难阻止的警察不当行为。

专栏 12. 4　基于崇高理由的腐败在产生着"实效"

几年前，在西海岸的一个警察管辖区，负责一个高犯罪率地区的警察在巡逻过程中发现，存在白日入室盗窃的严重问题。通过线人的调查，他们发现，大量的入室盗窃是由一个在州立监狱服过刑的人实施的。这个人是个非常优秀的窃贼，因为他很聪明，不会被当场抓获。因此，尽管警察知道他是一名职业窃贼，是他们辖区的几十个人的施害者，但还是抓不到他。

在警察越来越沮丧的时候，这个人在一次行动中被捕，但由于法律上一个技术性问题而被释放。逮捕人员对这个人的汽车进行了非法搜查，获得的证据在法庭上被排除。

> 警察开始无视这个人的宪法权利，每次看到他，无论他在走路还是开车，都会拦住他。警察对他的车进行了非法搜查，每天都要对他的运行记录和证件进行检查，甚至有时检查会超过一个小时。他们通常会骚扰这个人，占用他好几个小时的时间，并为最可疑的违规行为撰写传讯记录。那个人最终由于使用过期驾驶执照被判入狱6个月。6个月过去后，他被放了出去，并离开了那个地方，再也没有音讯。
>
> 这些警察，遵循他们的崇高事业，或更严格地履行他们认为宪法所规定的职责，成功地消除了这个人对其社区人民的威胁。入室行窃案件大幅减少，居住在这一带的人都很高兴。因此基于崇高理由的腐败以骚扰形式出现，完成了在刑事司法系统合法规定下无法完成的工作。

对警察来说，遵守正当程序，制度规定就需要坚定的法治承诺和个人决心，那样才能避免类似的行为，以合法的、合乎道德的方式去做事。换句话说，避免"肮脏的哈里"需要品格。此外，还必须坚守我们赖以生存的伦理道德准则的第二条原则：承认正义必须得到伸张，那些我们认为越轨者也须得到平等服务。

如果他们使用骚扰、人身威胁、过度暴力或"作假证"（基于崇高理由腐败的一个例子）完成了工作，有什么错？如果它能遏制犯罪并将罪犯缉拿归案——如果司法系统的威慑不起作用——那么为什么不像"肮脏的哈里"那样把街道清理干净呢？答案是，违反程序规定并伤害他人（促进邪恶），警察就成为一名违法者。在法律、公正、平等的程序规则的名义下，基于崇高理由的腐败取代了警察的直觉（直觉可能是正确的，也可能是错误的）。当这种情况发生时，警察可能会有效地制止犯罪，但他们也可能参与到犯罪制造中。这样一来，警察既造成了伤害，又未能伸张正义。

当警察以此方式行为不当时，就剥夺了刑事司法系统赖以存在的整个理性基础。在一个自由的社会里，我们应该特别关注，无辜的人不应受到惩罚。我们竭尽全力来确保这一点。只有有罪的人才会受到惩罚，而且只有当他们越轨时才会受到惩罚。当体系内的代理人行为不当而没有受到惩罚时——事实上，基于崇高理由的腐败案件中，他们坚称自己的越轨行为是合乎道德的——那么刑事司法系统惩罚任何人的理由就丧失了。

专栏 12.5　鲁宾·"飓风"·卡特的悲剧

鲁宾·"飓风"·卡特是 20 世纪 60 年代一个黑人拳击世界冠军，他曾是一个问题青少年，曾数次被捕。尽管他有过清白而光荣的服兵役记录，但他一生都被新泽西州的一位检察官跟踪，这位检察官"知道"他是个坏人。

某天晚上，一名不知姓名的嫌疑人在卡特所在的镇上杀了人，检察官开始操纵证人和证据，以某种方式把卡特关进了监狱。卡特用了 20 年的时间才被无罪释放，最终获得自由。

这是一个例子，说明"肮脏的哈里"式思维在多大程度上能造成不公正。当地检察官认为卡特是个坏人，应该被关进监狱，他以造福社区的名义毁了卡特的生活。

鲁宾·"飓风"·卡特在 1964 年，他被那些"肮脏的哈里"式的检察官和警察诬陷，成年后的大部分时间都在监狱里度过，但他根本没有犯过罪行。

B. 不称职

不称职常常是能力不足造成的。在这种情况下，警察领导人能够而且应该以一种积极的、咨询和培训的方式来对待不称职。因此，如果警察写了糟糕的报告，可以要求他们接受这方面的培训。警察当值时睡觉，可以加强有效的领导来制止这种行为。在知识渊博的警察领导的激励下，许多（如果不是大多数的话）不称职的警察是可以改变其不称职行为的，在某种程度上，这在未来不再是一个问题。

另外，不称职、无能的行为有时是无法克服的问题。在某种意义上，缺乏技能、知识和洞察力会导致某些人不称职。例如，当警察因其个人对种族优越感的信念而犯有种族主义罪时，他们就不得不被终止职务。当警察仅仅是不够聪明、无法理解法律的细微差别时，他们可能无法再培训。最重要的是，当警察不能或不愿改变自己时，当他们对上述形式的帮助没有反应时，系统可能最终不得不"放弃"并开除那些犯错的警察。这些问题包括有时根本无法纠正的品格缺陷。因此，并不是所有的不称职都是可以解决的，也不是所有积极的、激励的方法都能以一种不具威胁性的方式来处理不称职。警察的不称职是几个因素的产物，这些因素可以单独发生，也可以同时发生。

专栏 12.6　培训和再培训的积极力量

在道德事务上警长成功的秘诀是利用警察的求知欲。他为新兵延长了学院授课的时间。……他为警察、中尉、狱卒、通信调度员、副班长、面试官、高级督察和外勤训练军官开设了一系列课程。训练以二十人为一批，循环进行介绍性课程和为期两周的进修课程。讨论、问题集、模拟和讲座：技术总是在变化，但教育从未停止。

这个过程很重要，而且已经建立了——争论、经验交流、开放性、渴求各种理念的激励、对问题的认识以及独立思考的时间。培训是管理机构对这些男人心中的道德问题做出反应的成功尝试。培训既涉及警察智力方面的困惑，也涉及道德方面的问题。警察没有感觉到世界的重要性，他们常常屈服于权力悖论的最坏影响。然而，培训部门提供了激励、工具、刺激，以及忙碌的人们需要对自己的生活有清醒认识的避难所，去重新定义意志，去挑战老式的设想，从而成为合乎道德的创新人才。这种影响是深远的。

　　——威廉·K. 缪尔（William K. Muir, Jr）：《警察：街头政客》

　　一些不称职是由于糟糕的选拔过程造成的。有些被雇来当警察的人根本无法胜任这项工作。他们缺乏成为一名好警察所必需的技能，缺乏对艰苦工作的个人承诺和正直。简言之，他们缺乏完成工作所必需的品质。如果是这样的话，那么我们很难期待积极的变化，我们也很难要求这样的人成为我们想要的、有工作能力的专业人士。在这种情况下，无能的人能做的唯一一件事——这对任何人来说都很难——就是接受自己的局限，远离警察的工作。

　　有些不称职是缺乏训练的结果。在这种情况下，警察需要有在现场完成多重任务所需的技能，而他们根本没有受到必要的教育。期望任何人都能有这种水平的自我分析是很难的，但这些警察必须能够看到自己的缺点，并具备寻求培训和帮助改进的品格。正如我们深入讨论性格时所说的那样，以自我批判的眼光看待一个人作为专业人士的个人能力可能是极其困难的。但这种自省是个人品格的重要组成部分。聪明人认识到自己的缺点，并诚实地对待。至关重要的是，那些被赋予警察权力和责任的人拥有这种自我批判的能力，并承认没有人"知道一切"。只有当一个人理解，成为一名称职警察需要不断地致力于成为一个好人，才有可能寻求额外的培训来消除个人的缺陷。

　　有些不称职是懒惰的结果。就像从事任何其他职业的人一样，警察有时会变得无聊和缺乏动力。警察工作是一种特别容易造成身心疲惫的职业，总是很难避免生理上自然放松的倾向。在强调教育和激励的领导的指导下，由于懒惰而未能完成工作的个人，必须重新承诺为他们的社区尽最大努力。这似乎是又一次在要求不可能的事情。但是，变得自鸣得意，然后重新承诺，然后再次变得镇定，这是一个循环，在大多数职业中，很多人都会在某个时候陷入这种循环。好消息是，在一个好人的身上，不断地使自己重新振作起来，是人性的一部分。同样，一个人看到这种倾向并采取相应的行动，这是一个有关好品格的问题。

C. 过度使用武力的特殊情况

过度使用武力问题的棘手本质在于它有多种原因。首先，为了获取信息，"肮脏的哈里"可能以非法的方式使用武力。就像哈里一贯的情况一样，这当然是为了完成任务。因此，以某种奇怪的方式，使用武力的罪魁祸首就在于人们相信这是出于"善意"。

其次，过度使用武力是不称职的产物。这可以表现为美国一直存在且一直令人烦恼的种族主义问题。世界上有些多文化和多种族的社会很好地维持了不同种族和民族之间稳定的、可行的、文明的，甚至是积极的关系。但不幸的是，美国不是其中之一。或者，公平地说，美国并不是这方面最成功的国家之一。当代的种族问题是由奴隶制残余所驱动的，后来化身为民权运动。当然，这种不当行为是不能容忍的。考虑到人们在生命的最初几年是"紧密相连、密切相关"的，很难想象在工作中被判犯有种族主义罪的警察会得到恢复或改变。

另一种由不称职驱动的过度使用武力与糟糕的训练有关。今天的警察接受了多种形式的身体约束和自卫训练。这种类型的问题在某种程度上很容易克服。缺乏适当的技术而过多使用武力的警察，可以获得额外的训练，他们的街头执法行为就可以朝积极的方向改变。

专栏 12.7　没有所谓的"过度"使用武力

1982 年，著名的犯罪学家卡尔·克洛卡斯（Carl Klockars）写了一篇有史以来关于警察使用武力的最重要的文章。他指出，对于使用多少"必要"（以及适当的/合法的）武力，确实没有定义，因此，没有"过度"的定义。因为这是真的，他认为警察训练和讨论武力是浪费时间。在讨论武力的应用时，我们只讨论了如何谨慎使用武力。在某种意义上的定义被创造出来之前，所谓的"过度"使用武力都是无稽之谈。

最后，不适当使用武力的另一个原因可能与权力腐败和/或警察犯罪有关。在使用武力的过程中，有时警察实质上是在保护企业。使用武力可以保护那些与警察有关联的、从事不法活动的人。这种行为会威胁到腐败警察伙伴的潜在竞争对手。当然，当这种情况发生时，我们谈论的是权力腐败。但是，警察有时是为他们自己做事，利用职务提供给他们的机会，而不是滥用他们的法定职权。在这种情况下使用武力，与警察犯罪有关。

综上所述，过度使用武力的多重原因给所有学习警察伦理学的学生们和警察领导带来了一个复杂而棘手的问题。

12 – 5   小   结

我们从一个简单的事实开始考虑，一些警察的不当行为是由同样的贪婪和机遇引起的，这导致了一些公民的越轨行为。个人选择理论认为，有时人们只是在考虑了涉及的潜在奖励和惩罚后，选择不当行为。我们分析了多种原因，其中一些与警察亚文化有关，另一些与美国的主导文化有关。最后，我们对警察过度使用武力这一特别棘手的问题进行了思考。在这里，我们的讨论暗示，多种原因的存在使那些任何想让警察更值得信任的人感到困惑。

现在我们回来讨论如何处理警察的不当行为。无论是通过行政手段，即雇用谁和如何培训他们，还是通过非正式的行为控制，或者通过聪明的领导，或通过严格的审查系统，警察的不当行为可以通过多种有效的方式得到处理。

12 – 6   话题讨论

1. 考虑一下呈现在警察面前的、可能产生不当行为的各种类型的机遇。给出具体的例子，说明每种类型的不当行为是如何从这些机遇中产生的。

2. 为什么警察亚文化，即使在职业主义和警察的现代世界里，仍然能够支持甚至产生警察的不当行为？哪些类型的不当行为最容易受到亚文化的支持？

3. 警察的不当行为绝大多数都是由不称职构成的，这是为什么呢？由于大多数不当行为都违反了一般执法命令，你认为由警察非正式地处理这类行为合适吗？

4. 讨论一下克洛卡斯的观点，即没有所谓的"过度使用武力"的定义。你同意吗？这个事实的后果是什么？

12-7 伦理情境

午夜时分，商店的防盗警报器响起，一名警察积极回应，赶到了一家五金店。她发现商店的前窗被打碎，收银机被撬开了。店主到达后，告诉警察所有的钱都在收银台里。然后店主对这名警察说："你知道，我得做一份保险报告。（保险规定）有一个免赔额。你为什么不拿点现金呢？这对我来说不是损失。"警察和店主单独在一起，当时是午夜，没有目击者在场，店主想让她收下钱，作为店主对当地警察信任和支持的一种表示。

警察该怎么做？我们当然同意她不应该接受贿赂。任何读过这本书的人，并因此对警察伦理学感兴趣的人都不会细想这个问题。但是贿赂警察是一项重罪。警察是否应以企图行贿的罪名逮捕这名店主？对于贿赂公职人员的潜在后果，这位警察是否给了他一个严厉的训诫和警告？关于那些日子是怎么过去的，这位警察是否做了一个积极的、支持性的讲述？所有这些都是合乎道德的防御行为。你赞成哪一种？

12-8 写作练习

也许，过度使用武力最令人烦恼的现实是它有多种原因。在警察的五种不当行为中，至少有三种会导致这种越轨行为。真的，没有一种"治愈方式"或方法可以消除它。写一篇论文，把你能想到的各种过度使用武力的原因都写出来。然后花些时间，在你的论文中反思所有这些原因是如何为警察、警察领导、警察审查系统和学生创造出一个相当令人沮丧的现实的。

12 –9 关键术语

antisocial personalities：反社会人格，反社会的，类似危险、好斗，既不从错误中吸取教训，也不被惩罚吓倒的人的人格结构。

burn – out：精力耗尽，在高压力的职业中，人们倾向于失去他们的活力和精神优势。

conflict theory：冲突理论，建立在卡尔·马克思分析的基础上，这种社会分析学派认为，社会规范和制度是由经济精英控制的，他们把自己的欲望传递给大众。

deviant subcultures：越轨亚文化，拥有自己的规范和价值观的文化，偏离主流社会的规范和价值观的文化。

greed and opportunity：贪婪与机遇，既能解释犯罪的因果关系，又能解释警察越轨因果关系的公式。

never explain，never apologize：永远不要解释，永远不要道歉，后政治时代的警察格言，认为解释或道歉是软弱的表现，因此不惜任何代价都要避免。

rational choice theory：理性选择理论，犯罪因果关系理论，认为犯罪是由人们权衡潜在回报与潜在制裁，并决定以理性的方式进行不当行为而导致的。

rationalization techniques：合理化技术，越轨者用来向自己解释，他们如何不是坏人的思维模式，即使他们行为不端。

sociopathic：反社会的，危险、好斗和反社会的行为类型，他们既不从错误中吸取教训，也不被惩罚吓退。

strain theory：应变理论，罗伯特·默顿的社会学理论，认为在社会规定的目标、制度规定的实现方法与某些公民所接受的目标和方法之间存在张力。

stratification：阶层分化，任何特定社会的经济分化程度，或富人、穷人、中产阶级等之间的经济差距。

第13章 实际应用

> "在这一生中，你不需要向任何人证明什么，除了你自己。"
>
> ——摘自电影《追梦赤子心》

那么，在培养有伦理道德的警察方面，我们能做些什么呢？为了在第一时间给警察灌输道德操守，并在警察犯错时建立问责制，应该采取哪些策略？谁会影响年轻的警察建立个人的职业道德并予以应用？什么样的非正式行为控制机制可能有效地在街头执法中产生道德行为？最后，当警察被指控行为不当时，什么样的警察审查机制在建立问责制方面最有效？

在这一章中，我们将首先讨论针对这些问题最重要的策略，那些非正式的策略以及与领导有关的策略。警察个人很大程度上受其警长的影响，其次是中层管理人员的影响，并不怎么直接受局长的影响；若有人激励他们建立个人道德规范，他们总是会对此做出非常积极的反应。警长是年轻警察的导师、教练和老师。在这方面，他们可以影响警察工作几十年，以积极或消极的方式。

其次重要的是非正式的行政制度。从警察学院到现场培训官（FTO，field training officer），再到内部的警察审查委员会，警察的职业道德受到半正式程序的重要影响。最后，在本章，我们将讨论和比较几种类型的警察审查制度。我们将对内部事务处理、民事审查委员会和试图利用这两种类型优势的混合系统进行说明和比较。由于其操作运转的不稳定性和政治化性质，这些审查机制常常引起争议，特别是在警察使用武力方面。

13 – 1　领导阶层

首先也是最重要的是，在我们讨论非正式问责制或正式的警察审查制度时，我们必须考虑领导的重要性。从警察的正当程序权到亚文化的权力，在正式审查制度中存在几种严重限制。由于这些和改革的其他实际限制，领导人很可能就会对警察道德产生最重要的影响。

A. 警长

就像老师和教练一样，警察个人生活中最重要的领导是直接督导，即警长（sergent）。在对警察经历进行研究时，缪尔向警官询问部门层级中各类人物对他的影响。缪尔发现，"相对而言，负责巡逻部门的局长、副局长，和负责监管的指挥官，对警察来说，是遥远和影响渺小的人，离得太远也很少见。巡警认为，无论是好是坏，高级领导对自己的发展都没有他的警长那么重要。"［威廉·K. 缪尔，《警察：街头政治家》（芝加哥：芝加哥大学出版社，1978 年），第 235 页］

警长是如何以及为什么会在每个警察的生活中保持着极其关键的重要性呢？在某些地方，警长参与了警察分配的过程，不仅对其特定的管辖区域进行分配，而且要对特定的轮班和团队进行分配。在这样做时，他们在组织内行使着一种对每个警察的生活至关重要的权力。警长与每个警察之间的距离足够近，以致可以对其积极的行为进行鼓励。众所周知，在这个职业中，大多数人都经常做最坏的打算，而且经常会受到公众的负面评价，而警长可以给警察以受人尊敬的感觉。在一些部门，警长对假期分配和休假有着影响。即使是额外的加班时间也会由警长提出，这意味着额外的工资。

当警长协助解决特别危险或易受伤害的遭遇时，实际上会影响警察的安全。当消极情绪"滑坡"时，警长可以从上面"加热"。在那些对逮捕等有隐性配额（"目标"）的部门，警长可以引导新警察走向"猎鸭池"。总体来说，警长可以给予"技能、知识、安全、自尊、不受指责、友谊、更好的工作、额外的金钱，甚至是一种道德语境感"。（出处

同上，第 240 页）

警长应该允许创新，容忍下属的错误。在这里，警长可以保护更年轻的、有学问的、正在成长的、成熟的警察免受伤害。行政部门与街头警察的距离太远，无法对日常运营产生太大影响。再加上大多数的错误永远不会被曝光，警长就有了很大的自由度，可以通过实验什么是有效的，什么是无效的来帮助警察建立个人道德。

专栏 13.1　警长的策略

- 为好的工作提供具体的、重要的奖励
- 允许创新和犯错
- 教导警察慎重对待使用武力
- 鼓励避免亚文化的消极性
- 激励、训导、教导和说服
- 鼓励发展个人道德

我们的朋友缪尔经常告诉他的学生，在写作时，应该努力去"说服教育"。也就是说，在成文作品中，作者试图引导读者认识所涉及的主题，并从一个或另一个方向去说服他们。对于一个当代的警长来说，在帮助下属和作为道德顾问的关键角色时，还能有什么比"说服教育"这个更好的小短语来帮助他或她集中注意力呢？

警长们提供了将事情团结在一起的黏合剂。他们在训练、指导和教育警察方面所做的努力，给法律和警察政策的枯燥规定带来了意义。对于警长来说，首先也是最重要的教学工作，是培养下属对警察工作所涉道德因素的理解和感觉。他们必须帮助年轻警察们做好准备，特别是为他们将在街上遇到的挫折做好准备。只有当警察从理性的角度理解和认识了大街上工作面临的棘手的、矛盾的压力，他们才能避免不道德行为的一些陷阱。

专栏 13.2　允许犯错

　　一名年轻的"菜鸟"警察出现在一个家庭骚乱的现场。警察向愤怒的丈夫建议，他必须安静下来，否则他将不得不"被带走"。丈夫以愤怒作出回应并声明，"如果你认为自己足够男人的话"。这个年轻的警察立即以其男子气概发起了攻击，抓住了那个丈夫的衬衫。而那名男子则抓住警察的衬衫作为回应。

　　就在那一刻，"菜鸟"警察的警长到达现场。他使这名丈夫平静下来，事实上，这名丈夫对警察并没有任何威胁。他将两人分开，在处理细节时没有发生意外或者拘捕谁。后来，警长让这名年轻的警察坐下来，和他对整个事件进行了回顾，提出了解决这个事件的一些替代策略。警长认为"菜鸟"表现不佳——犯了几个重要的错误——但他理解这个年轻人的阳刚之气。他知道这个新手是多么年轻和没有经验。他以一种"只在你我之间"的方式非正式地处理了整个情况。通过这种方式，警长容忍了"菜鸟"警察的错误，鼓励他学习，同时，也发展了一定程度的信任，可以在将来依靠的信任。警长"允许犯错"，没有太多地管闲事或评头论足。他可能已经给这位年轻警察上了几堂重要的课。

　　警长第二项重要的实质性教学内容涉及权力和武力的使用。正如克洛卡斯告诉我们的那样，对于什么才是适当的武力，人们没有一个明确的认识。所以警长在帮助警察知道必须谨慎使用武力的问题时是一个关键人物。特别地，警长在过度杀伤的亚文化规范上需要有意识地工作。直接督导者必须理解"脸面悖论"，因此，当警察面临公民暴力时，往往会坚持"赢，大赢"的理念。警长必须试图消除警察工作中存在的过度使用武力的想法。

　　第三，结合以上关于武力的观点，警长需要尽一切可能劝说警察去抵制那些对正义有害的亚文化规范。除了过度杀伤，警长还必须努力减少警察和公众之间的距离。"我们反对他们"从来不会带来任何好处。一个好的警长会告诉警察，解释或道歉既不是软弱的表现，也不会对警察的利益产生反作用。当代的警察必须明白，社区警务需要警察和公众之间保持紧密的、持续的关系。

B. 中层管理人员

中层管理人员处于众所周知的岩石和坚硬之地之间，他们面临着严峻的挑战。他们充当着黏合剂的作用，把高层决策者和街头执法的一线干警联系在一起。在我们当前的社区警务时代，他们帮助团队制定旨在实施上述政策的日常战略。然后，作为其工作的一部分，中层管理人员对策略的实施进行评估，此外，他们也对警察进行评估。

社区警务试图在中层管理人员和街头执法干警之间建立一种更加开放和直接的关系。在过去，警督，当然还有警监，是一个与街上的个体警察毫不相干的人物，以至于他们有时甚至不知道他们所管理的人的姓名。如今，这种距离仍然是这种关系很现实的一部分，这是可以理解的。如果我们想让警长扮演导师、教练、老师等角色——我们就是这样做的——那么在部门内部一定存在这样或那样的权威人物，而中层管理人员就是那个人。

然而，同样正确的是，警察、警督和警监之间的关系今天已经改变。如果我们真的希望在社区警务制度下，通过中层管理人员和警督提供资源和帮助来协调解决问题，为今天的街头执法变革提供资源，那么中层管理人员就不能像以前那样无动于衷。中层管理者必须既能支持他人又能理解他人（激励他人），既能迅速又无情（强制他人），无论何时，这两者都是必须的。中层管理者的创造力是必需的，他们必须能支持下属，同时还要影响道德准则的制定。

C. 警监

由于警察机构的行政长官可能与个别警察相距很远，他或她对每个警察的影响可能微乎其微。但是，在向整个机构传达信息时，警监（chief）具有至关重要的影响。警监必须在一个持续的悖论中运作，即同时教导民主和法制。必须定期关注警察雇佣、训练和训导情况，以确保他们对法律的喜爱。他们所做的每一件事都必须是合法的，这是推动本机构发展的原则。但同时，警察也必须热爱民主——支持人民做主。特别是在一个社区警务时代，警察必须明白，他们为社区公民服务，必须尽可能地对公众的关切做出反应。

警监必须同时教导民主和法制。

人们有时会要求警察采取残暴的行动。无视来自公民的呼吁，从而无视民主统治的原则，就是对法律的背离。再多的合理化都无法创造出这样一种情况，即警监可以采取轻松的方式，做出不道德的行为，以取悦公民。

警监可以做两件重要的事情来传递关于伦理道德的重要信息。首先，当一个人达到警督的级别时，内部事务部的机制中就会有一扇窗户打开。在那时，新上任的警督有可能在内部事务部待上一周左右。即使那段经历仅仅是打打酱油，采访一两个投诉者，这个想法是为了确保——从长远来看——整个部门的每一个警督都理解内部事务部工作流程的实质，以及警监认为这有多重要。其次，为了传递一个重要的、"严肃"的信息，关于部门的运作方式和优先事项，警监应该把最优秀、最聪明的调查人员派到内部事务部。在警察工作中，传统的做法是把组织中最聪明、行动最迅速的人放进处理杀人和/或抢劫的案件中，以便他们尽快提升。这就是为什么这些部门的调查人员经常被穿制服的警察称为"校队"。如果警监将这些人定期安排到内部事务部中，随着时间的推移，通过亚文化，警察就将了解，警监对内部事务部发生的事情是很重视的。

13 – 2　非司法化问责制

考虑非司法化的问责机制很重要，原因有二。首先，大多数警察不当行为都是通过此方式处理的。这是非正式的。其次，正是在这一过程中，警察的领导才有了他们最明显和持续的机会，通过发挥他们的想象力和创造力，在警察问责的世界中发挥作用。

A. 学院

我们在前言中曾提出与学院有关的一个极为重要的观点。传统的警察学院花在伦理道德方面的培训时间相当匮乏。在整个 15 周的学习经历中，学员们只听一下来自内部事务部的人所做的几个小时的演讲。同时，大量的时间花费在消极的事情上，讨论如何不把事情搞砸。正如我们在一开始所提到的，这本书试图创造一种工具，可以用来供学院从积极的角度讨论伦理学。当且仅当学院培训开始重视伦理道德时，问责制和专业化能力才能提高。

传统警察学院的伦理培训要么很少，要么根本不存在。

B. 现场培训官

当然，在学院的学习结束后，现场培训官会在新手身边完成实地培训。这一过程通常应当大量考虑伦理问题，并主动创造且帮助警察内化其伦理观念。但是有几个问题困扰着现场培训程序。很少有经济手段来激励经验丰富的警察参与此工作。此外，考虑到涉及的时间和文书工作，今天的现场培训官们所拥有的平均工作年限已经下降到不足两年的资历。这并不是创建一个切实有效培训程序的理想经验水平。

专栏 13.3　富有创造力的领导

几年前，在一个中等规模的治安部门中，发生了一场相当疯狂的"警察派对"，涉及的许多年轻警察都有可疑的行为。这种行为既不暴力，也没有公之于众。但毫无疑问，如果这种不当行为再次发生，可能会令部门难堪。一个深思熟虑的值班指挥官听到有关这种古怪行为的谣言，立即以非正式的方式做出反应。他悄悄地把几个年轻警察叫了进来，一个一个地训斥了他们。

这名指挥官（后来成为警监）告诉每一个年轻人，虽然他理解大家年轻、精力充沛，但他也知道，如果他们坚持这种行为，可能会对他们的职业生涯造成永久性的损害。只是扮演一个年长的、慈父般的角色，这名队长给年轻的警察们留下了独特的印象……这些警察再也没有卷入这种恶作剧。

这种创造性的领导方式与大多数其他领导者的做法形成对比：大多数其他领导者可能会以一种多管闲事的态度和处理内部事务的阴谋诡计来对待这种谣言。假如年轻警察也面临这种多管闲事的态度，他们的反应很可能是痛苦和愤慨，因为他们的不当行为实际上从未使警察局难堪或公开过。

现代领导者需要认真对待现场培训，因为它已经被证明是整个专业化过程中的一个有效工具。激励有经验的官员参与是至关重要的。高层领导可以创造性地（利用可选择任务、有假期等）尝试这样的激励。最优秀与最聪明的资深警察应该参与这一过程。

C. 警察部门审查委员会

一些司法管辖区有自己的内部警务人员审查委员会。大多数这些委员会只用于与射击事故有关的事件。经验丰富的专业人员用其专门知识来分析事件，为培训提出建议，有时还包括制裁闯祸的警察。在大多数地方，这类委员会独立于内部事务部运作，它们的组成也与内部事务部不同。射击审查委员会不采用明显的对抗性方式来提出指控，而是采用了一种更学术化的方式来讨论它们的话题。射击审查委员会由经验丰富的专业人士领导，经常由训练部教师和枪械教官组成，它通常组成一个事实调查和问题解决小组，对分析和改变更感兴趣，而不是为了惩罚和责备。

13 – 3 警察审查系统

当人们想对警察审查制度进行比较时，会发现这是一项非常复杂的工作。没有什么是直截了当的。其中涉及许多问题：程序的司法公正、调查的彻底性、决策制定的客观性、系统的政治"适销性"等。还涉及很多个人利益。有投诉公民的权利和自由，有被告警察的权利和自由，也有担任证人的公民和警察的权利和自由。最后，进行公正客观的分析会被一些因素所困扰，包括知觉——有时是基于事实，有时是基于偏见和神话，也包括方法论——程序内的个人和程序外的集体的感知。在分析现有的几种系统时，我们提出以下一组标准。

A. 评价标准

如何比较和对比警察审查制度？在试图分析已有一个世纪之久的民事审查是否比内部系统更有效时，应该问些什么问题？答案是多方面的，涉及四组不同的问题。

公正。首先，任何审查制度都必须进行评估，就好像它是一个微型刑事司法系统。它有接受投诉的程序，必须就其公开性进行评价。它不能太复杂、太难以接近或太吓人。它不能"冷藏"美国公民向其政府提出的申诉、要求解决其冤屈的权利。它必须进行客观、公正和彻底的调查。任何关于被指控警察的罪行或无罪的先入为主的想法都无法实现这一点。它不会偏袒投诉者或警察。它必须千方百计设法弄清楚所发生事情的真相。综上所述，一个有效的警察审查系统必须公正。无论由内部事务部的警务人员还是民事审查委员会的平民执行，有关决定均须在司法上正确，并须符合诉讼法的规定。综上所述，这些都是系统的公正性问题。

合法性。对于任何想要比较警察审查系统的人来说，一个至关重要的问题是，系统外的人如何看待警察审查系统的工作。也就是说，无论系统公正的实质是什么，人们相信系统的公正性是绝对重要的。如果警方服务的社区里的人和警察总队的警察们都相信这个系统是公正的，这是一个重要的加分点。如果他们认为系统缺乏公正性，那么就存在问题。我们称这个标准为合法性，但实际上，这里涉及的是可感知的合法性。

学习。与前两个标准完全不同的是警察学习的问题。当做出轻微的不当行为时，犯错警察会改过自新吗？当警察被发现有轻微违法行为，并没有被停职时，他们会改变自己的行为吗？鉴于几乎所有已证实的不当行为都属于这类行为，这是整个问责制的另一项至关重要的职能。

专栏 13.4　"蓝色沉默守则"的（缓慢）死亡

几代人以来，当该组织的任何成员被控有不当行为时，美国警察——无论是作为个人还是作为集体，作为亚文化的一部分——都以互相"掩护"而闻名。即使在改革初期，警察问责制的概念出现之后，在相当长的一段时间里，美国的警察都以信守"蓝色沉默守则"而闻名。这一非正式的守则建议，警察部队的任何成员都不应配合调查其他人员的不当行为。

> 这一公认的、被接受的、几代人都遵守的守则，在大多数地方已经慢慢被抛弃了。今天的调查人员，特别是调查警察权力腐败的人员，从警察中得到了大量的支持。在对警察审查进行研究时，本书作者之一发现了许多警察被开除的例子，这些警察是因其不当行为（特别是过度使用武力）而被开除的，而相应调查大多是由其他警察而不是公民发起的。

成本。最后，我们必须考虑审查的成本。我们马上就会看到——当我们直接比较这些系统时——尽管具有其潜在优势，市民审查的运营成本尤其高昂，这比任何其他形式的审查都要昂贵得多。

专栏 13.5　警察审查制度的评价标准

- 公正＝开放、客观和公平的系统流程
- 合法性＝外部感知系统的公正性
- 学习＝误入歧途的警察积极改变其行为
- 成本＝审查对地方预算的财政影响

B. 警察审查制度比较

自 20 世纪 30 年代初维克山姆委员会（Wickersham Commission）成立以来，让警察以外的人来审查对警察不当行为的指控一直是一个有争议的话题。市民审查委员会最初只在少数几个地方进行了尝试，并没有持续多久，而现在市民审查委员会已经在美国许多地方设立。在这一领域的核心辩论存在于市民审查的拥护者和内部事务部系统的捍卫者之间。绝大多数关于警察不当行为的指控都是对其不称职的指控，而这些指控总是由直接领导来处理。但警察行为不当的指控往往来自公民，而警察审查制度主要是分析谁应该处理这些公民的投诉。

审查制度有三种主要类型。有内部警察运作的审查机制、市民审查委员会和包括警察和市民一起的混合系统。在这里，让我们简单地了解一下。

内部事务部。内部事务部是指由宣誓就职的警察人员操作的所有审查系统。大多数州的法律要求警察部门建立一个系统来接收和查处公民的投诉。但大多数警察组织收到的关于警察不当行为的投诉太少，以至于他们接到的总投诉数量非常少。因此，警察部门专门组织人来对不当行为指控予以调查。这样的调查通常由警监指派一个受信任的中层管理者——通常是警督。只有少数几个非常大的部门有足够多的投诉，可以成立一个单独的机构，名为内部事务部。

内部事务部的流程完全是内部操作。警察总部接受指控，向调查人员发表声明，调查由警察进行，结果由内务部监督人员决定，当警察被判有罪时，由警监执行制裁。一切都是由宣誓就职的警察来做的。这些调查是秘密进行的，调查结果不向公众公布，甚至不向投诉的市民公布。

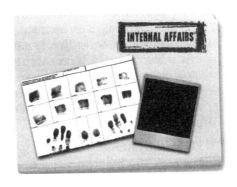

内部事务部对大多数不当行为进行全面而专业的调查，
问题是警察圈以外的大多数人不相信调查结果。

允许警方进行这样的调查是有充分理由的。第一，人们认为，由于警察的专业知识，他们将会做最彻底和最有效的调查工作。第二，可以假定调查人员和领导是为了尽可能保持一个最干净的组织。除了个别案件外，警队的形象亦须保持廉洁和专业，因此警队是进行这类调查的最佳人选。

第三，人们认为警察组织以外的任何人都不会足够熟悉警察必须遵守的多种行为标准。只有警察才能充分了解法律、一般惯例和具体规定所结合在一起形成的标准要求，以便追究其他警察的责任。第四，有人认为，在一个特定部门之外，没有人会充分了解该部门内对于打击行动、高犯罪率和问题人员的具体操作是如何处理的。因此，该部门以外的任何人都不会知道如何和为什么以这种方式来开展工作。

市民审查委员会。最初只是那些不信任警察的人所产生的一个想法，然而在过去的几年里，市民审查的概念明显地发展起来。今天，大约有70个市民审查委员会或混合审查系统调查公民针对警察的投诉。市民审查正在迅速发展。顾名思义，市民审查委员会由非警察人员组成，他们接受、调查和裁决公民的申诉。

市民审查委员会有许多坚实的、合乎逻辑的理由。这为投诉的公民提供了一个替代的、民办的场地，让他们进行最初的投诉。这样做的原因是，有人认为，要求公民到警察总部去提出控诉会使其受到恐吓。其次，调查由警察之外的市场进行。这类审查的支持者认为，市民调查人员将使审查过程更加客观。第三，过程更加开放。大多数地方不仅向公众提供调查文件，而且还经常举行听证会。这些听证会是半司法化的，包括调查双方的参与。因此，市民审查过程是公开进行的、由非警察人员主导。

混合系统。每个系统都有重要的优势，但也都有缺点。因此，在一些司法管辖区，已经开发了混合审查系统。他们试图利用内部事务部和市民审查委员会的长处，而不牺牲审查过程的公正。其中一个系统就是密苏里州堪萨斯市的公民投诉办公室，我们将在这里简要讨论这个系统。

市民既可以在警察局，也可以在公民投诉办公室提出投诉。市民与投诉人进行面谈，概述指控，并发起投诉案件。然后，投诉会交由警署的内部事务部进行调查。公民投诉办公室对这些调查进行监控。公民投诉办公室的公民可以在调查开始时提出调查策略，然后对调查进行审核。最后定稿的调查报告是向公众开放的，不仅限于内务系统。

警务人员有罪或无罪是由公民投诉办公室主任决定的。主任就这一决定向警察局长提出建议。在主任和局长意见不一致的情况下，他们会聚在一起，审查调查结果，达成共同协议。因此，公民投诉办公室系统部分是平民化的，部分是由警察操作的。

C. 分析

在我们直接比较这些系统之前，重要的是要注意与警察审查系统相关的一些非直觉的研究结果。首先，比较并行运行的系统，结果发现内部事务部倾向于认为警察的不当行为较轻。一些司法管辖区已经报告了这种发现。其次，调查发现，在没有民事审查的司法管辖区工作的大多数警察都反对这一想法。然而，当调查那些在有民事审查的司法管辖区工作的官员时，他们认为这是一个好主意——而且在很大程度上是这样。有了这些违反直觉的发现，让我们转而直接比较这些系统。

内部审查系统的主要优势有这几个。首先，专业的、有经验的警察调查员进行调查。他们熟悉法律、警察训练的实质内容，以及当地部门的实际操作——包括分班制、轮班制、犯罪模式等。所以系统具有完整性。其次，今天的内部警察调查人员倾向于认真对待他们的这一责任；他们认为自己是警察形象和警察专业精神的守护者。普通警察也非常重视内部审查，因为这代表着同行的评价。因此，在警方看来，内部系统是合法的。被调查的警察如果被其他警察发现有过错，往往会从错误中吸取教训。内部审查系统的缺点是：①它完全是秘密进行的；②它受外部感知的影响，很明显，它对市民是不公平的；③它可能在进行调查时不适当地尊重亚文化的价值观。

市民审查系统的优势也有几个。第一，对公众来说，它比内部审查系统更为开放；第二，调查结果向公众开放；第三，决策阶段包括公开听证会，这不仅有利于投诉的一方，也有利于一般公众，他们有机会目睹这一进程。这两种动力学都表明，市民审查系统拥有合法性——尤其在市民的心目中。市民审查系统的缺点是：①其调查人员有时对警察的做法和当地警察的操作不熟悉；②警察往往无视其规定，认为这些规定与他们的职业无关；③费用昂贵。

市民审查费用昂贵的原因是，它以真正独立的方式运作，完全脱离警察部门，它通常与内部系统并行运作。因为法律要求警察自己调查，所以有两个系统在运作——内部的和外部的。纳税人必须为两者买单。

哪个系统最好？答案似乎是，由混合系统呈现出的市民审查系统和内部审查系统之间的平衡是最好的。它具有一些内部审查系统的优点：①由警察调查；②被制裁的普通警察必须尊重有经验的警察；③它把训诫留给警监和指挥系统。因此它具有完整性。研究表明，它也被警察所接受和尊重，在警察中具有合法性。

另外，混合审查系统具有一些市民审查系统的优点：①在这一过程的输入阶段，更容易收到投诉；②它比内部审查系统更加开放，允许公众访问其调查结果；③它在很大程度上是由市民与市民行政人员和警监一起作最终决策；④因为没有两个系统的并行操作，混合审查系统并不昂贵，运行混合系统的成本与运行内部审查系统的成本差不多；⑤外部感知到的合法性——公民对此的看法——关于混合审查系统，市民感知到的合法性远远大于内部审查系统。因此，这种混合审查系统似乎充分利用了各种形式的审查系统的优势，并对财政负责。

专栏 13.6　市民审查：一些令人惊讶的发现

这项广泛的研究报告了市民审查委员会审查警察行为的一些违反直觉的发现，发表在佩雷斯 1994 年出版的《警察审查的常识》（*Common Sense about Police Review*）中。也就是说：

● 市民审查委员会实际上比内部事务系统更容易发现警察的不当行为。

● 没有市民审查经验的白人警察几乎普遍反对这种做法——他们认为这种做法会对警察产生偏见和不公平——那些有市民审查经验的警察并不反对。

● 少数族裔警察——不管他们是否有过内部审查经验——倾向于支持民事审查的观点，而且支持范围很广。

道格拉斯·W. 佩雷斯（Douglas W. Perez）：《警察审查的常识》

（费城：坦普尔大学出版社，1994 年）

D. 理想程序

在所有这些比较分析之后，我们有必要花点时间来思考什么样的警察审查程序是最合适的。合适的程序会是什么样的？什么将被优先考虑？

非正式方式。这种系统将认识到，以非正式方式处理尽可能多的轻微不当行为的重要性。绝大多数警察的不当行为，甚至公民的投诉，仅涉及轻微的、无害的不当行为。这些都是小过错，不是警察可能被解雇的那种。应该非正式地处理这些问题，因为这样一个过程不仅最有可能在警察及其社区之间建立积极的关系，而且最有可能使误入歧途的警察作出积极的行为改变。

工会合作。警察工会普遍会为犯错的警察辩护，不管他们做了什么。在未来的某一时刻，警察专业组织是否会将问责制作为他们的一项关注事项予以考虑？警察组织是否会像美国医学会或美国律师协会那样对待不当行为，并建立对等团体来调查不当行为的指控？尽管听起来有些牵强，但这将是非常重要的一步——它将极大地促进职业化进程的加速。

审查委员会。目前在加拿大多伦多运作的最佳听证会委员会包括公民、法律职业人士和警察。当多伦多委员会公开审理一个案件时，有一个由三名成员组成的小组，其中包括一名警察、一名律师和一名公民。因此，在对警察的罪责做出决定时，有三个不同的观点被考虑进来。

无过错原则。最后，在整个美国，一种不断增长的动力——不幸的是，这种动力在警务领域并不常用——就是无过错原则的想法。在30多年前的商界，当员工违反了某些规定，但并没有做任何可能导致解雇的事情的时候，提出了"无过错原则"的概念。这种形式的惩罚特别实用，因为它不会像传统系统那样造成问题。

在以比较的方式分析了警察审查所采取的几种形式之后，我们现在讨论关于问责策略的最后两种观点。

大多数警察倾向于认为市民审查委员会对警察是不公平的；大多数平民都认为他们将比内部审查更客观。

13-4 一个警察能做什么

在警察组织中，个人利益型的不当行为并不常见，因此很容易避免这种行为。在这样的组织中，品德良好的个人对道德行为的承诺是通过跨文化的理解来维持的。然而，在那些有过腐败行为历史的组织中，现在仍然保持着"蓝色沉默守则"，想要避免这种行为的警察，其个人的道路可能要艰难得多。正如弗兰克·塞尔皮科（Frank Serpico）的故事所展示的那样（见专栏13.7），要想避免这样的诱惑并以专业的方式行事，可能是一场漫长、孤独、艰难的斗争。

专栏 13.7　弗兰克·塞尔皮科的故事

弗兰克·塞尔皮科是纽约的一个年轻人，他一直想成为一名警察。他的戏剧性的故事已经被写进了几本书和一部好莱坞大片中。20 世纪 60 年代，塞尔皮科宣誓成为一名纽约警察。在腐败的包围下，无论是穿制服的警察还是侦探，塞尔皮科都发誓绝不贪污，要诚实地工作。最初，他被腐败的警察孤立，在警局里被看作一个小丑。

但当他在分配的任务阶梯上一步步往上爬，成为一名侦探时，情况发生了变化。塞尔皮科开始受到威胁，与他正在避免的腐败有关。他目睹的腐败现象如此猖獗，严重侵犯了他的道德感，他开始参与腐败的内部调查。这种参与放大了他的恐惧。他担心腐败的警察会杀了他来掩盖他们的罪行。

最终，他在执法时被枪杀，在缉毒行动中，他的同事（腐败的警察）没有掩护他。塞尔皮科在很年轻的时候就离开了他热爱的职业，子弹还留在他的脑袋里，而且他和警局都明白，他的安全永远无法得到有效保障。

但这并不能成为你接受不道德行为的借口。没有一个好的父亲或母亲会接受其孩子"每个人都这样做"的借口，专业警察也不会有任何不同。在组织内找到那些致力于真正专业的警察。与他们保持联系——在一个不正常的亚文化之外的专业人士——将会对道德有很大帮助。

从长远来看，只有个人的品格才能支撑其朝着专业能力和克服这些困难的方向发展。我们只剩下一个古老的告诫："与其诅咒黑暗，不如燃起蜡烛。"你是谁，你是由什么制成的，避免这些诱惑的关键是什么？品德高尚的人会从自己身上发现一种精神支柱，那就是诚实、有效、合乎道德地完成工作，而不去为别人的所作所为找借口和理由。

13 - 5　重新审视品格

在结束这个讨论之前，我们必须回顾一下我们关于品格的讨论。从真正意义上说，警察在生活中的任何时刻所做的一切都表明他们是什么样的人，从而描绘出他们的品格。任何事情——无论如何私密或者个人——都不能被排除在我们对一个人（或警察）的品格分析之外。

品格决定一个人的专业能力，品格在我们每天所做的每一件事中都被塑造和展现出来。因此，我们可能会暗示，在一个强大的国家代理人（警察）的生活中，没有什么是私人的。当然，对于习惯了宪法保护隐私的美国人来说，这是一个不可接受的想法。但它确实给了我们思考的理由，关于有能力的专业人员如何处理个人不当行为的问题。职业警察必须时刻警惕自己的个人行为。我们有自己的良心，在我们的灵魂之外，没有什么东西或任何人比我们自己对我们是谁以及我们应该如何行动更重要。

13－6 小 结

本章的讨论范围从领导在制定行为道德标准方面的权力，到考虑非正式问责机制的效用，再到内部和外部审查制度之间的争论。在此过程中，我们已经看到，当任何类型的不当行为发生时，并没有一种特定的终止方式是最合适的。非正式系统是最好的，这是一个普遍的原则。

现在将我们的讨论转向最后一部分，这些章节展示了该领域的未来方向。

13－7 话题讨论

1. 考虑警长作为教师、导师和教练的多重角色。他什么时候担任教练的角色？什么时候教练这个比喻实际上不是一个好比喻？

2. 讨论传统警察学院缺乏伦理学培训的问题。为什么这是不可接受的？你喜欢什么样的改变？你认为这本书中的讨论应该包括在学术课程中吗？

3. 提出一个论点，即调查警方行为失当指控的唯一合理方法是相信警察文化之外的人。然后提出相反的论点，只有警察有足够的知识来有效地完成这项工作。

4. 鉴于你对警察工会政治的了解，你认为他们会改变并把警察得到信任放在心上吗？为什么会或者为什么不会？

13 – 8　伦理情境

内部事务部安排一名警察面谈。在最初的焦虑之后，警察意识到他不是被调查的对象，因而放松了一些。调查的对象是另一个共同工作的警察。随着提问的进行，接受面谈的警察意识到问题的关键是一个"肮脏的哈里"——所谓的不当行为。被调查的警察收到指控，当地黑帮头目和毒贩指控他在法庭上撒谎。被询问的警察应该做什么？如果调查的重点是警察可能从毒贩那里拿钱，以换取不逮捕对方。或者调查的重点只是警察的行为，他只是想把黑帮头目/毒贩赶出街道。这两种情况下的配合调查是完全不同的。再说一遍，该警察应该怎么做？他会怎么做？你会怎么做？

13 – 9　写作练习

回顾一下专栏13.6。构思一篇文章涉及这个专栏中反直觉的发现。这样一篇文章不仅应该关注所提到的具体问题，而且也应该关注当代警察理解这些问题的重要性。市民审查是一场发展迅速的运动。在不久的将来，几乎所有地方的警察都将不得不面对这一问题。为什么他们要理解这个专栏所暗示的警察审查的市民化很重要？

13 – 10　关键术语

civilian review boards：市民审查委员会，完全由非警察的公民操作的警察审查系统。

duck hunting ponds：猎鸭塘，警察可以很容易开出罚单的地方，因为超速的司机人数很多。

facilitators：促进者，中层管理者（通常是警长和警督）在当今社区警务世界中扮演的角色。

field training officer（FTO）：实地训练官（FTO），在街上教导菜鸟警察的、经验丰富的警官，他们在新警察离开警校后、但在被允许独自巡逻之前进行教导。

hybrid review systems：混合审查系统，警察审查系统，由部分平民和部分宣誓警察组成，如密苏里州堪萨斯城的公民投诉办公室。

integrity：完整性，评价警察审查制度时所用到的概念，涉及过程的开放性、调查的彻底性和结果的客观性。

learning：学习，评估警察审查制度的概念，与该制度是否会改变警察的错误行为有关。

legitimacy：合法性，关于警察审查系统的概念，与系统的完整性如何在外部感知有关。

middle manager：中层管理人员，警长与上级管理人员之间的警察主管；通常是警督。

no‐fault discipline：无过错原则，通过积极的咨询和培训来惩罚错误行为的制度。

police officer review boards：警务人员审查委员会，警察部门用来审查枪支和/或武力使用的内部委员会。

teaching democracy and legality：民主和法制，警察局长所面对的矛盾现实，他必须同时兼顾这两方面，尽管它们经常互相冲突。

Wickersham Commssion：威克沙姆委员会，调查美国刑事司法系统，特别是警察系统运作的第一个委员会，1932 年成立。

第四部分

启　示

在第四部分中，我们将用我们讨论过的所有内容来完成两项任务。首先，在第 14 章（"执法的道德准则"）中，我们将把我们的伦理准则与多年来为警察工作实际提供保障的道德规范联系起来。我们会发现，尽管有人批评，但它是一种经过深思熟虑、经过教育培训、专业的行为准则，对那些每天在街头执法的警察来说，非常实用。

其次，在第 15 章（"成为一名优秀的警察"）中，我们将讨论，为了成为今天警察队伍中积极主动的一员，当代的职业警察将如何积极工作，建立一种以伦理道德为基础的能力。对于有思想、有追求的读者来说，这些将是关键的讨论。

第 14 章　执法的道德准则

> "任何认真对待执法道德准则的官员很快就会明白，他无法完全按照准则的规定去做。不然，他将要么退出警队，要么将其使命还给上天。"
>
> ——迈克尔·戴维斯，犯罪学家

　　大多数职业都有其道德准则，警察工作也不例外。本章将分析执法的道德准则（见专栏 14.1），并将我们的伦理道德观点适用其中。我们将看到，各种思想流派中关于做一个好人意味着什么、一个好警察和在生活中做好事的意义是什么定义，都包含在准则所体现的思想和理想中。在此过程中，我们将讨论一些针对准则的批评，这些批评认为准则规定不实用，因此可能弊大于利。最后，我们将阐明，尽管准则有点模糊、有点宽泛、有点理想化，但它是任何一个严肃的警察寻求成为完美专业人员的一个重要焦点。

专栏 14.1　执法的道德准则

　　作为一名执法人员，我的基本职责是为人类服务；保障生命财产安全；保护无辜者不受欺骗、弱者不受压迫或恐吓；保护和平，免受动乱、暴力；尊重宪法赋予人的自由、平等和正义的权利。

　　我将保持我的私生活清白，作为所有人的榜样；面对危险、蔑视或嘲笑，保持勇敢的冷静；谨守自我约束，并时刻注意他人的幸福。在我的个人生活和公务生活中，保持思想和行为诚实可信，模范遵守国家的法律和部门的规章制度。对我所看到或听到的任何机密性质的东西，或因我的职务身份向我吐露的任何东西，都将永远保密，除非在我履行职责时有必要披露。

我绝不随意行事，也绝不允许个人的感情、偏见、仇恨或友谊影响我的决定。在不向罪犯妥协、不事后打击罪犯的前提下，我将有理有节地执行法律，不畏惧、不偏袒、不恶意、不使用不必要的武力或暴力，也不接受小费。

我忠于警察的职业道德，我承认我的徽章是公众信仰的象征，我拥有它是出于公众信任。我将不断努力实现这些目标和理想，在上帝面前献身于我选择的职业——执法。

在传统的警察职业倦怠中，一些警察批评执法道德准则的模糊性。众所周知，警察通常认为他们的世界（社区、部门、工作等）是"在提篮里下地狱"。在某种程度上，对准则的批评可以理解为这种倾向的象征。在此过程中，我们注意到，含糊不清的刑事法规可能被宣布为违宪，其原因非常合乎逻辑，因为它们难以理解。法律如果含糊不清，甚至模糊不清，就被认为是对公民不公平的。同样，一些批评人士认为，出于同样的原因，该准则对警察是不公平的。

然而，在讨论道德准则时，这样的批评是不恰当的。这些准则必须是广泛的、通用的和一致的。在警察完成其任务时，职业道德准则需要模糊和通用，甚至可能是不怎么清楚的。就其本质而言，道德准则只有在避免过于专注或过于具体时才有用。在某种程度上，道德准则最重要的作用是要足够广泛，涵盖专业人员职责的许多方面。因此，一段准则被模糊定义，在某种意义上，可以说它是哲学的一般陈述。

14-1 道德准则

职业道德准则的作用经常被误解。正如上面提到的，这不仅是因为人们有时认为它们过于含糊，还因为人们认为它们不切实际。对道德准则的一个常见批评是，它们都受陈词滥调影响，已过时，不合乎实际需要了。这种批评往往是毫无根据的，表明人们对这种准则的作用有一种深刻的误解。只有当准则毫无意义或真的很愚蠢时，它才应该受到类似陈词滥调的批评。

A. 准则类型

道德准则有几种不同的类型，从具体到一般，为专业人员定义适当的行为。在最具体或最实际的层面上，有些准则类似于警察部门的常规操作手册。也就是说，它们提供了强制性的整套规则，通常很长，也很复杂，当专业人士行为不端时，这些规则会作为纪律的基础。这些准则是实用的，因为它们试图为日常职业生活提供具体的、如何实现的规则。然而，由于其笨重、复杂、庞大的性质，它们是不切实际的。它们"太多了，此至于无法操作"。

第二种准则提供了原则或指导之类的一般声明，这些原则或指导为组织提供了价值。许多警察部门和各种各样的组织，无论是私人的还是公共的，都有这些类似准则。其中一些准则对使命进行详细的、扩展的声明。它们试图为组织提供长期而非短期的目标。它们不像一般的命令那么具体，但更侧重于任务导向。

第三种道德准则是理想准则。这种类型的准则构建了一个理想的模型，描述了职业应该是什么样的，以及专业人士应该如何行事。执法的道德准则就是这样的准则。批评它的人恰恰是因为它不是具体的，而是理想化的，笼统的。然而，它的优势就在于这种理想主义。一个警察，处理的事情各种各样，细节是如此复杂和多变，任何试图将它们分类的尝试都注定要失败。通常情况下，常规命令操作手册上都有这样的规定，警察的任务清单上列出了该做什么，不该做什么，内容非常庞杂，几乎毫无价值。没有人能够阅读、学习、理解和完全记住它们。因此，一般操作手册是庞大的，无法辨别的，并被用作隐藏在那些管理员后面的盾牌，只有当警察违反规则时才会出现。

也许在我们的世界里，终极的"理想准则"就是"十诫"。这一准则构成了犹太教、基督教和伊斯兰教道德准则的一部分。

B. 执法准则的基调

作为一种理想的伦理道德规范，执法道德准则旨在构建一个理想的愿景，即有能力和有道德的专业人员应该如何。它设定了通用准则，并提出了专业人士应该遵循的伦理原则。作为警察，在街头执法的压力下，没有人是圣人，因此它提出了一种设想，任何追求胜任能力的职业警察，应该在其私人生活和职业生活中关注和追求这些准则。

在我们开始对准则进行具体分析之前，还有一点需指出，这个准则是部分而恰当的。准则采用的基调是有目的的。这听起来既理想化又乌托邦。它展示了一个完美的专业方法的愿景。这是哲学。听起来像是誓言。这一切都是有目的的。它既不是通用执法手册，也不是使命宣言。它既不太冗长和包罗万象，也不太简洁和无定形。它的目标是两个极端之间的中间地带。它的语气是理想化的，但是是深思熟虑的、概括的、有用的。它力求完美，但又避免过于浪漫。

让我们考虑准则的细节，并分析它是如何与几个伦理视角相对应的。

14 - 2 准 则

警察工作的复杂性和悖论之一是，没有一套经典的伦理原则可以总是适用于每一种情况和每一时刻的挑战。我们的讨论包括三个伦理观点。我们把康德的伦理形式主义，密尔的功利主义，和我们自己赖以生存的伦理结合起来。我们将在这里讨论这三个问题。

A. 伦理形式主义

伦理执法准则提出了许多符合伦理形式主义观点的原则。从康德的意义上说，准则表明，警察生活的某些原则是绝对的。在事实发生之前或之后，再多的合理化都不能（或不应该）被用来为违反这些原则的行为进行辩解或者找借口。这些绝对原则的例子已在专栏 14.2 中列入。

专栏14.2 伦理形式主义：警察行为的绝对规则

> 该准则包括几个因素或原则，其内容可以认为是绝对的
> - 我将成为遵守国家法律和本部门规章制度的模范。
> - 我绝不随意行事，也绝不允许个人感情、偏见、仇恨或友谊影响我的决定。
> - 我将有理有节地执行法律，不畏惧、不偏袒、不怨恨、不憎恶。
> - 我决不接受小费。

我们有必要从这些原则中找到一个例子，来说明我们所说的绝对行为准则是什么意思。在第 11 章中，我们讨论了卡尼亚的观点，即警察接受数量较少的小小的礼品可能是件好事。警察和赠予者之间熟悉而友好的关系，将有助于发展警察和公民之间的纽带，这种纽带是基于社区所包含的警务工作的全部。无论如何，这是卡尼亚的建议。这样一个理想化的建议有什么问题呢？

在要求警察发誓不接受任何小礼品之类的东西时，准则断言接受任

何礼物都会涉及警察失职。无论礼物有多小，准则都建议——用康德式的绝对论的观点——当一个官员接受任何小的礼品时，他或她会作出道德判断，以偏袒的名义牺牲徽章的权威。虽然很少有人这样说，但在市民和警察之间的这种互动中，的确隐含着一种交换条件。如果接受礼物的警察在街上执法时遇到送礼物的市民，人们总是认为除了匿名互动之外，还会有其他事情发生。喝得醉醺醺的主厨从餐厅出来开车回家，女服务员通过一个停车标志时没有完全停止下来，一个轮胎推销员违反车速限制——所有这些人都向警察提出了伦理道德问题，如果警察以礼物、优惠或折扣的形式接受过厨师、服务员或轮胎销售员的感激。

不接受小礼品的绝对声明是对功利主义的反对。这让我们想起了滑坡效应，数目微小的小礼品会发展成为数目大的，"吃草"会发展为"吃肉"。准则拒绝了卡尼亚的建议——应该忽略一些小的恩惠，并接受这样的观点——任何礼物都带有未来互惠的假设。如果给警察免费的咖啡仅仅是因为送咖啡的人心情很好，有一种同一个社区的感觉，而不是因为送咖啡的人希望未来能得到别人的青睐，那么为什么他不给每个人都送免费的咖啡呢？准则认为，免费的咖啡意味着一些东西。不管送咖啡的人有没有什么想法，警察都不应该接受他们的馈赠。

对某些人来说，准则里的逻辑可能过于死板和武断。事实上，关于这种警察与公民互动的讨论经常在警察学院进行。而且从历史上看，警察，即使他们只是"普通"的学员，也往往倾向于对那种认为只是仅仅喝一杯"免费"的咖啡是不能接受的说法表示不满。但这恰恰是康德方法的优点。准则认为，义务和责任是绝对的，不需要公开辩论。因此，它创造了一种不容置疑的行为准则，不需要解释，不允许根据某人（或任何人）认为的实际情况来操纵。因此，伦理形式主义是法治的朋友。我们从之前的讨论中了解到，越轨者使用各种方式来为不当行为辩解。伦理形式主义提出了一套绝对的原则，从这些原则中，我们无从进入理性化和制造借口的世界。

乔治王子县的一名警察在 **59** 名新警员的毕业典礼上宣誓就职。

警察经常宣誓就职，以至于他们有时会忘记宣誓的重要性……

特别是他们发誓要维护执法准则的誓言。

现在，应用我们赖以生存的伦理道德准则，我们认为这里的准则和康德的伦理形式主义，同样都是正确的。接受任何小小的礼品都是在创造一种未来有可能的偏袒局面。这违背了我们平等适用正义的原则。即使是一杯简单的免费咖啡，也能在警察/公民未来的互动中创造出一种麻烦的局面（见专栏 14.3）。特别是对于免费咖啡或半价食物来说，为什么要这样做？首先，为什么要制造这样的问题呢？

专栏 14.3　小小礼物带来的麻烦

一家餐馆开在犯罪猖獗的地区，当地警察就餐时，餐馆会提供免费咖啡和半价食物。老板和经营者们认为，这样一来，警察就能留在身边，可以防止被抢劫。事实上，坐落在全县犯罪率最高地区的那些公司，从来没有被抢劫或被盗过。

一天晚上，餐馆打烊后，餐馆的厨师在开车回家的路上被几个警察拦住了，这几位警察都曾从前面这种做法中受益。厨师喝醉了，喝得烂醉如泥，开着车满街乱窜，非常危险。警察们该怎么办？从某种意义上来说，这个人是警察们的赞助人，多年来一直给予他们大量的礼物。警察处于一种尴尬的境地。这名厨师并没有被逮捕，但参与其中的两名警察却决定再也不去那家餐馆，也不再享用免费的食物或咖啡，因为他们曾经面对窘境。

在作出这一决定时，这些警察们展现出了良好品格，质疑自己的观点和行为。他们表现得很专业，完全符合我们赖以生存的伦理道德要求。他们也拒绝了卡尼亚的建议，即接受小的礼品会有利于警察和社区的关系。

B. 功利主义

专栏 14.2 中突出显示的其他有关准则，在其内容上同样是绝对的。但准则中还有更多内容。它的声明中也包含了明显功利主义的原则。（行为功利主义和规则功利主义在准则中都有体现）至于我们赖以生存的伦理道德准则，则要求专业警察去考虑行善原则。具体来说，它们是关于行善祛恶之类的事情。

专栏 14.4 展示了与准则中功利主义具体情况相关的例子——要求警察把注意力集中在那些直接卷入街头执法的公民身上。显然，所有警察都必须承担的最重要的指控之一就是"保护和平的人民不受暴力或混乱的侵害"。但这一原则意味着什么，以及一个人如何在街上试图实现这一原则，均给警察带来了一系列复杂多变的关注点和策略。

谁是"和平的人民"？这并不总是很清楚。"和平的人民"是那些周六晚上想在自己的社区里保持安静的公民吗？如果是这样的话，参加聚会的人会不会是一些有犯罪意识的人，或者至少是那些想伤害别人、制造混乱的人？为了庆祝新年的到来，新年前夕狂欢者们难道不是正派、守法的公民吗？在这种场合，难道他们就没有权利吵闹、跳舞、玩耍、喝酒、寻欢作乐吗？庆祝自己学校的球队获得全国比赛胜利的学生们呢？在专栏 14.6 中讨论的 2008 年大选之夜的狂欢者们呢？

在考虑如何应对新年前夕如此喧闹的聚会时，警察们必须取得平衡。功利主义者告诉我们，这些平衡看起来并不总是一样的，警方采取的适当行动也不总是同样的形式。如果被要求限制新年晚会的噪声，警察很可能不予干涉，甚至会向抱怨的市民解释说："这个时间制造噪声也是可以理解的。"同样适用的是，如果在大学城，一场喧闹的派对在足球胜利之夜举办，警察可能不愿意挑战周六晚上喧闹制造者的权利，这是可以理解的。

专栏 14.4　功利主义：对特定情况的反应

> 　　执法道德准则包括一些不固定的原则，因为这些原则要求警察考虑在具体案件中采取行动的各种后果。警务人员在处理日常问题时，应尽量计算不同解决方案所带来的后果，因为他们希望：
>
> - 保障生命和财产安全
> - 保护无辜者不受欺骗
> - 保护弱者不受压迫或恐吓
> - 保护和平的人民不受暴力或混乱的侵害
> - 面对危险、轻蔑或嘲笑，保持勇气

　　但如果一场喧闹的聚会在周二晚上举行——在上学和上班时间的晚上——警察采取的模式难道不会改变吗？同样的人在同样的地方制造同样数量的噪声，在星期二晚上可能会是扰乱治安，而在星期六晚上却不是，这难道不是事实吗？常识和功利主义逻辑认为这是两种完全不同的情况。称职的、专业的警察需要理解这一点，采取相应行动，并接受这样一个事实，即没有一种单一适当的、合法的、合乎伦理的规则在所有条件下、所有场合下都适用。

　　对个别事件的具体情况，像功利主义者一样行事的警察必须承认，在处理此类事情时的公平、公正、（甚至）合法的标准永远不会完全相同。这是事实，即使他们面对"保护和平的人民不受暴力或混乱的侵害"时，也必须根据情况认真对待和采取行动。我们赖以生存的伦理道德，已包括了功利主义的这个观点，表明在这种情况下，真正的"伤害"并不是一个问题，而"行善"才是重要的。警察的多重职责之一是帮助人们在生活中追求美好，并允许他们在任何可能的情况下，承担个人责任，做出选择。

　　在第 8 章中，我们对两种功利主义作了区分。执法道德准则中，这两种都有。回想一下，规则功利主义涉及不同的策略和结果，这些策略和结果并不像行为功利主义那样与警察遇到的具体事件密切相关。也就是说，虽然规则功利主义和行为功利主义一样，都缺乏绝对主义，但它是不同的，因为它关注的是警察决策的长期影响。当警察以规则功利主义者的身份行事时，他们做出的决策——这些决策可能会因时间、地点和环境的不同而有所不同——都在强调，如果所有警察始终以同样的方式行事，对社会会造成什么样的后果。

专栏 14.5 列举了准则中所包含的原则，这些原则鼓励警务人员去思考他们在街头执法中所做决策的更大的和长远的意义。

专栏 14.5　功利主义：个人义务的长期重要性

> 执法道德准则包含几项功利主义原则，要求警察从长远角度广泛考虑社区和司法的最大利益。在做出个人行动时，警察们必须牢记：
>
> - 我的基本职责是为人类服务。
> - 我必须保持我的私人生活不受玷污，作为所有人的榜样。
> - 无论是在个人生活还是在公务生活中，我都必须诚实地思考和行动。
> - 我承认我的徽章是公众信仰的象征，我接受它，只要我忠于警务工作的伦理道德标准，我就会把它作为公众信任。

功利主义虽然没有（像伦理形式主义那样）为正确行为设定绝对原则，但它从更广泛的角度来看待警察的行为。当然，没有人会对警察"为人民服务的基本义务"这一说法提出异议。这一原则是警察服务的基本原则，也是我们赖以生存的伦理道德的核心。任何人在进入警察队伍时，如果没有把这点考虑到，没有将这种原则作为其职业承诺的核心，都是入错了行，应该离开。除非他们承诺为人民服务，帮助人们，否则他们日常工作中所经历的考验和磨难，个人的压力和牺牲，警察工作的考验和挑战，所有这些都是不值得付出的代价。

但是，这样一个基本的职责包括什么呢？为人类服务意味着什么？警察所做的许多决定都直接影响人们的生活，因此他们一直受到挑战，要考虑到人民、社区和正义的更广泛的长期利益。正如我们不厌其烦地指出，必须在公民个人的利益之间取得平衡。究竟什么时候，如果有的话，社会的利益会超越个人的利益？

例如，面试警察候选人时，一个经典的问题（通常由口试者提出）是："如果你拦住了一个酒后驾车司机，发现他是你的朋友，你会怎么做？"这个问题给未来的警察带来了一个最高等位的伦理困境。虽然这种情况在街上执法时并不常见，但确实会遇到处理朋友或熟人违法行为的情况。怎么办呢？

功利主义（就像我们赖以生存的伦理道德）建议，警察们在决定是否逮捕时，必须考虑司法的长远利益。如果朋友被放走了，那么按照功利主义建议，每个人都应该被放走。又鉴于酒后驾车对社会的影响（每年都有成千上万的人死于酒后驾车），一个有职业道德的警察怎么能容忍让朋友离开呢？答案是，有职业道德的警察不能。这样的决定（让醉酒司机继续驾驶）不仅不能消除伤害（行善原则），而且还会干扰"正义应该平等地适用于所有人"这一原则。

因此，在我们赖以生存的伦理道德中包含了功利主义的逻辑，即为所有人制定一项规则时，必须以保护所有人利益的方式对其长期影响加以考虑。在酒后驾车的例子中，有伦理道德的警察要么作出逮捕的决定，要么在时间和情况允许的情况下，将案子交给另一名警察。在这样做时，该警察就确保了法律客观公正地适用于所有人。

执法道德准则的模糊性如此明显，以至于有人批评它是在浪费时间。这就是我们现在所说的是关于准则的批评讨论。

14-3 把准则作为目标

尽管执法道德准则被广泛接受为集中处理警察职业问题的一套有意义的原则，但它也受到了批评。正如犯罪伦理学家乔伊斯林·波洛克所言，"其中一种观点认为，这些准则规定了如此完美的行为，以至于它与大多数警察的实际情况毫不相干。准则与实际行为之间的巨大差异严重影响了准则的有效性和可信度"。

除了这个理由——遵守准则是不可能和不切实际的——另一个理由

是准则太过模糊和令人困惑。评论家说，作为一个指导警察如何去做的指南，它还不够具体，它使多重、相互冲突和模糊的警察角色问题更加混乱，而这正是警察工作中主要的挫折所在。

这种批评有效吗？我们是否对警察要求太多，让他们按照准则那样去做？在现实世界中，让人们去做一些即使不是不可能的事，至少也是极其困难的事，是不是浪费时间？我们如何回应这些批评？

从我们的角度来看，这些批评者忽略了这个或任何其他行为准则的意义。当然，期望警察在日常工作压力下，每天遵守准则的规定是极其困难的。即便如此，怎么能说要求人们尽最大努力实现这些理想是在浪费时间呢？放弃试图以一种理想的方式行事，难道不正是极端的愤世嫉俗吗？还是说，因为人不可能总是完美的，因为他们有性格缺陷，所以我们应该避免要求他们这样做？此外，教警察这样有权有势的人编造借口，难道不是真正的危险吗？如果说警察不可能永远如此理想化行事，因为工作压力，他们可以以任何合理的方式行事，难道这不是在制造借口吗？

专栏 14.6　一个做好事的例子

在奥巴马当选美国总统的那个晚上，美国各地数百所高校的成千上万名学生爆发了自发的游行。他们走到街上，按喇叭，唱歌跳舞，在许多地方游行。这一切都发生在午夜。

这是一个星期二的晚上（事实上，已经到了星期三的凌晨）。因此，这是一个工作日的晚上，也是一个上学期间的晚上。在许多地方，警察没有打扰狂欢者参加派对和制造噪声，本质上是为了"不扰乱治安"。在许多地方，警察封锁了小巷，并小心地引导学生们穿过城市，以确保不发生危险的事情。

那天晚上，警察避免援引法律的绝对命令，因为他们把"做好事"（或者说，在本例中，允许善行）列为社区工作中的优先事项。

放弃这样的准则意味着什么？我们认为，这种思维方式的长期后果，对警察、公民、社会和正义来说，都是毁灭性的。例如，因为许多人发现，不可能避免酒后驾车，那么我们是否应该放弃适用那条法律？因为人们对配偶不忠，那么我们是否应该放弃婚姻制度？因为儿童和成人不能在学校学到他们应该学的东西，我们是否应该放弃教育？在最宏大的计划中，因为人们经常违反生活中的各种规则、法律、道德原则和伦理原则，难道我们可以说，拥有任何一种规范和价值观都是在浪费时间吗？

积极乐观的人们有时会给警察提供一个机会，不是
对法律照本宣科，而是做一些有益的事情。

简单地说，虽然警察和所有人一样，都是有缺陷的人，而且他们不可能永远遵守执法道德准则，但这并不意味着要让我们放弃这样做的企图。之所以有规则、规章、法律、法院和监狱，是因为一开始就让每个人自由行动，大家就会不守规矩。如果我们对警察、对我们自己说，我们是不完美的人，并以此为由为自己辩护，甚至不努力去做一个有道德的人，那么警察的道德就岌岌可危了。这种对道德玩世不恭的态度使得建立行为准则成为一种徒劳无益的做法，因为不可能一直按照这些准则生活。如果真是这样，那么社会和所有的机构都完全是在浪费时间。法律本身就是在浪费时间。

执法道德准则包含一套重要的原则，界定了理想警察应该是什么的概念，并确立了所有诚实、勤奋、敬业的专业人员都可以为之奋斗的目标。因此，它是，也应该是世界各地每个警察生活中至关重要的一部分。

14 – 4　小　结

在这一章中，我们回顾了关于伦理的两大经典学派，并展示了它们是如何被包含在我们赖以生存的伦理学中的。在某种程度上，我们把执法的道德准则拆开，并讨论我们的复合道德——一种赖以生存的生活伦理——如何适用于警务人员经常面对的各种道德问题。我们的例子是普遍的，绝不含糊。在这一过程中，我们试图表明，在警察工作中，赖以生存的伦理是一种适当的、有分寸的、合乎逻辑的道德决策方式。

同样，我们仔细分析了执法的道德准则，并表明它是一套结构良好但含糊不清的原则，它将两项赖以生存的伦理道德原则转化为一套更广泛的一般原则。最后，我们讨论了对准则的批评，并指出批评者忽略了准则的优点。我们承认它是模糊的，并不是充满了具体条文的"交通规则"，但鉴于警察在街上执法必须扮演的多重、冲突和模糊的角色，该准则是一个很好的尝试，以更具体的术语来表达我们赖以生存的伦理。

任何一个需应付工作压力和困境的警察都不可能永远遵守其原则。但是，执法道德准则是一个重要的目标，所有称职的专业人员都应以此为指导，努力实现仁慈和正义的原则。

14 – 5　话题讨论

1. 阅读并讨论执法道德准则，特别要注意其声明的模糊性。它告诉我们作为警察应如何行事，留给我们的想象和伦理视角是什么？

2. 讨论课文中提到的警察遇到一位酒后驾车的朋友的例子。你会怎么做？你该怎么办？将康德、米尔和我们的道德准则应用到你所面临的两难境地中去，这种两难境地是由忠于朋友和公正适用法律这两种相互竞争的责任造成的。

3. 评论家指出，该准则的规定与警察工作的真实世界之间存在巨大差异。讨论一下准则缺乏现实性的优点和缺点。

4. 再考虑一下对准则过于模糊的批评。如果要使准则更具体，那么，在这样的准则中可能包含哪些声明？这会产生一个更好的准则吗？这样的准则会多出哪些现有准则所缺少的实用性？

14－6 伦理情境

有时警察在上班或下班的时候会得到免费的咖啡或食物。卡尼亚称这是"一点小礼品"，并将其视为警察－社区关系良好的象征。你认为呢？这是正确的吗？免费用餐和从嫌疑人身上拿钱有很大区别吗？钱的多少重要吗？食物的价值重要吗？事实上，警方是否应小心避免陷入任何类型、级别或程度的贪污或腐败？或者，卡尼亚"以不同视角来看问题"的想法是正确的吗？你怎么想？为什么？

14－7 写作练习

写一篇与这个主题有关的文章：有人说执法的道德准则是乌托邦式陈词滥调的经典范例。我们经常听到好警察这样说，当今警察的高等教育和这个准则都是在浪费警察时间，是不切实际的。更糟糕的是，其中一些人还会认为，认真对待这种"书本学习"实际上是危险的。他们是什么意思？你同意还是不同意？为什么？如果你能和一个好警察讨论这件事，你会对他说什么？（指导：让你的学生带着他们的论文进行反思和分析，然后引导他们讨论和/或辩论这个论点。）

14－8 关键术语

aspirational code：抱负准则，关于最佳行为和道德规范的职业准则类型，
　　为具有强烈愿望的专业人士设定。

codes of ethics：道德准则，职业原则的集合，包括作为专业标志的内化
　　道德准则的书面说明。

mission statements：任务宣言，组织、机构、企业，甚至个人关于其原则
　　和目标的声明；在过去 30 年里很流行，这些综合声明阐明了不同特

征的方向和焦点。

platitudes：陈词滥调，平淡、陈腐或无力的话语；枯燥或陈腐的老生常谈；一个司空见惯的评论。

quid pro quo：交换条件，用一件东西换另一件东西，或用一件东西代替另一件东西。

utopian：乌托邦的，指的是《乌托邦》，托马斯·莫尔（Thomas More）所做的一本关于理想城市和社会的书；乌托邦也是理想城市的名字。

第 15 章　成为一名优秀的警察

> "警察的工作依靠的只是普通常识。任何一个好人都可以成为一个好警察。"
>
> ——斯基普·史蒂文斯（Skip Stevens），退休警察

正如我们开场白中所引用的一位经验丰富的警察的话，成为一名优秀的警察并没有什么神奇之处。优秀的警察从任何意义上说都不是天生的。任何一个善良、勤奋、诚实的人，只要具备必要的身体素质和智力，只要他或她愿意从事这项工作，就能成为一名合格的专业人士。本书最后一章讨论，一名警察如何在面对压力、失败机会，以及身着制服在街头执法的生活所带来的伦理困境下完成任务并成为一名合格的专业人士。

在本章中，我们将讨论，为达成这一目的需要哪些策略。我们将详细地谈谈教育经历有助于现代警察做好职业准备。在 20 世纪 60 年代的动荡时期，经常听到要求警察接受高等教育的呼声。当时，无数的防暴委员会都在反思警察在市中心骚乱和大学校园反战示威中是如何处理的——或者更准确地说，是如何处理错误的。虽然，一些骚乱的原因因地而异，而且是多重的，但有一个因素是不变的：每一个调查那十年之间混乱状况的委员会都异口同声地谴责警察无法以合理的方式处理这类情况。警察不仅训练不足，而且他们的行为举止和态度都向防暴委员会表明，他们完全无法理解眼前发生了什么。受中低阶层白人暴怒的驱使，60 年代的警察不仅无组织性，而且很不专业。他们被种族仇恨和对中产阶级大学生的单纯愤怒所驱使，他们显然对这些人产生了深

刻的误解。

除了讨论大学可以做些什么，以及正在做什么来培养有道德的职业警察，我们还将回顾劳伦斯·科尔伯格（Lawrence Kohlberg）的作品，他对人们该如何学习道德进行了研究。最后，我们将再次回到威廉·缪尔（William Muir），重点讨论他有关培养有能力、有道德的警察的思考。

在 **20 世纪 60 年代**，发生了许多**"警察骚乱"**，处在其中的警察失去了冷静，忘记了他们（所受）的训练——例如，他们把警棍举过头顶，而不是按照训练的方式使用警棍——然后局面就失控了。

15 - 1　人文科学教育的重要性

人文科学学习指的是大学生在文学、语言、哲学、政治、历史、数学和科学等领域所接受的常识性教育课程体验。除了这一实质性重点外，人文科学教育还注重培养学生的理性思维能力、分析能力以及写作或沟通能力。因此，有两个原因来说明大学经历对有能力的专业人士很重要；它们是以过程为导向和以实践为导向的。

A. 大学教育的实质

现代大学的刑事司法专业研究课程使学生接触到非常重要的实践知

识。有些内容与警察参与刑事司法系统的日常工作直接相关。有关取证、审讯、搜查和扣押的课程以及法律就一些可以在课堂上学习的实际专业领域的例子。不断接触这些与警察相关的重要领域的前沿理论和实践，可以极大地提高警察专业人员的能力。

但是，接触人文科学远不止这些实用课程。为了成为一名合格的警察，这个人均可以从许多乍一看似乎与街道治安工作关系不大的课程学习中受益。对历史、心理学、社会学和政治科学全面、广泛的理解——仅举几个学科领域为例——对于创造一个真正受过教育的、完整的个人至关重要（见专栏 15.1）。

专栏 15.1　各科目的作用

> 人文科学教育旨在为学生提供广泛的经验，包括多个领域的学习。特别重要的一些科目列举如下：
>
> - 哲学：在理解胜任力伦理成分的基础上，丰富其专业经验
> - 政治学：让学生了解美国政府机构和选举程序的基本内容
> - 历史：吸引学生集中讨论奴隶制、民权运动、20 世纪 60 年代反战运动和工业革命，以此让其理解西方自由主义和美国历史的发展
> - 心理学：研究人格形成、犯罪、青少年心理和越轨行为的基础
> - 社会学：以帮会理论、亚文化动态和非正式规范维护为具体参照，理解社会规范、价值观和制度的产生和维护
> - 科学：建立对司法科学的基本理解
> - 作文和逻辑基础：培养沟通技巧方面的专长

美国历史从殖民经历和争取独立的斗争开始，了解这一概况是很有意义的。了解美国独立战争是如何以及为什么发生的，会让警察们感受到美国的核心理想，比如有限政府和个人权利，这些都是由我们的机构和我们宝贵的历史文献所保障的。《独立宣言》《宪法》《权利法案》《葛底斯堡演讲》都谈到了美国的理想，这些理想为怎样成为一名警察

提供了重要见解。

了解奴隶制和内战的历史、两次世界大战、劳工运动、民权运动，甚至更近期的事件，如女权运动和同性恋权利运动，将给予警察们一个重要的观点。这种观点有助于他们理解在街头执法时经常遇到的不同类型公民所关心的问题。在大多数刑事司法培训项目中所包括的警务发展史内容，可以帮助当代警察理解社区警务到底是什么，同样也可以帮助警察应对人们对警察期望值的改变。

心理学课程中关于变态心理学、人格发展与障碍、青少年心理学以及为越轨行为合理化的个人技巧，都有助于对人类经验的广泛理解。在社会学中，学生学习规范和价值的创造、亚文化动态、不同的文化经验和期望，特别是各种偏差。所有这一切都是好事，因为它拓展了一名警察的能力，使其能够胜任与各种各样的人打交道，处理复杂的动态关系，这些动态关系创造了世界上的异常和正常。

在政治学课程中，学生学习美国的制度与法律是如何变化的，以及法院、立法机构和警察在我们复杂的治理体系中的地位。美国警察的多重压力、相互冲突的目标和角色，可能会让那些不了解这些问题的现代警察感到沮丧。对这些话题的无知会使警察产生"肮脏的哈里"式的玩世不恭，这又会使其成为一名合格警察变得不可能。

当然，这只是部分清单。当大学生选修通识教育课程或者完成以前所谓的必修学分（美国大学中要求学生注册的专业课以外的课程）时，他们是在扩充自己对人、世界、他们自己的社会、其他社会，以及既在世界又在社会中的人的地位的认识。既然有许多其他的课程可以增加常识，人文科学教育是一个人获得最广泛学术经验的手段。

B. 大学教育的进程

但是，与研究和讨论这些特定的科目相比，大学教育经历肯定会涉及更多。大学的求学经历就是让自己向各种各样的经验和观点敞开心扉，而这些机会是一个人在生活中不能相比的（参见专栏15.2）。

专栏 15.2　警察上大学的原因

- 去体验与不同类型的人、不同观点的人如何互动，去练习如何质疑自己的个人视角
- 去学习与警察工作直接相关、总体上与美国文化和制度的理解相关的具体学科
- 让警察接触警察亚文化以外的生活视角

有些人拿这个开玩笑，因为他们自己缺乏远见（实话实说），但在大学里，人们听到的却是贫穷、种族主义、无知、疾病、战争和瘟疫。人们听到关于共产主义、社会主义、法西斯主义、极权主义、资本主义等的讨论。人们与不同种族、宗教、种族背景的人互动，以及与个人和国家的历史打交道。

本质上，所有这一切都可概括为质疑，这也就是"自由主义者"这个词的含义。在一个人的大学时代，他从事的是"质疑你自认为知道的事情"。这是因为，由于虚假的媒体形象，不诚实的政客或企业高管，以及不合格的较低层次的教学，大多数人进入大学时，脑子里都储存着大量的错误信息。大学经历就是质疑和寻求答案的——不只是那些显而易见的问题，还涉及一个人知道但不理解的、其他一些神话和谎言的问题，当生活在一个不经常质疑权威人物或官方消息的世界时，人们就会相信这些问题。

所有这些都是大学教育所必需的。大学越好，持续的质疑就越多。接下去的质疑越多，一个大学生的受教育程度就越高（在一般意义上）。

15 – 2　科尔伯格：发展道德

心理学家劳伦斯·科尔伯格研究了道德和伦理思想随着时间推移的发展变化过程。他发现，人们在对道德形成越来越复杂的理解时，会经历某些阶段。经过几十年的道德发展研究，科尔伯格对如何鼓励伦理思维提出了一些具体的建议。

阅读专栏 15.3 的列表时，会发现它似乎是在支持基础的大学教育。

虽然科尔伯格没有特别提到大学或者警察，但就我们讨论的目的而言，人文科学教育对警察专业能力的建设是至关重要的，这个观点是中心思想。

专栏15.3   科尔伯格关于鼓励道德成长的观点

> 科尔伯格将下列标准描述为道德成长所必需的。这些类型的经验可以扩大个人对伦理道德的理解，从而有助于专业精神的培养：
>
> - 处于一个鼓励以不同角度来看问题的环境中
> - 投入逻辑思考中
> - 有责任作出道德决定并影响自己的道德世界
> - 暴露于道德争议和模棱两可之中
> - 直面一个道德思维比自己更复杂的人
> - 参与创建和维护公正的社区

在当代，许多警察表现出有爱心、善解人意，这是一个很好的迹象，尤其是当他们与青少年打交道时，这些青少年正经历着人生中最具挑战性和最尴尬的阶段。

接受大学课程教育的经历，无论是不是为了获得学位而上大学，都对警察有好处，第一个原因可以从科尔伯格的清单中直接找到。获得广泛的人文科学教育有其历史合理性。科尔伯格似乎在告诉我们，将大学经历纳入职业警察生活是基于过程导向，与培养对道德思维的欣赏有关。科尔伯格的清单表明，练习倾听他人的观点、直面伦理困境、质疑自己的思维方式、进行逻辑论证等，都是有益的。从程序的意义上讲，这些经历就是大学生活的全部。去听讲座，记笔记，学习笔记，阅读不同观点的书籍，在课堂上或喝咖啡时进行辩论，撰写论文，表明自己的立场，并合乎逻辑地为之辩护——所有这些都是大学的意义所在。经历大学教育的人不断创造他们自己日益成熟的观点，扩大他们对生活的看法，并加强他们个人的伦理参照框架。这是提高个人品格的一种方法。

警察每天在街头执法时都要和别人的观点角力。面对伦理困境，可以通过实践来提高做出正确选择的技能。街头执法的生活充满了模棱两可的东西，坦然面对同样是以生活过程为导向的技能，这在任何个人身上都可以得以增强。参与民主和半民主的社区发展是现代社区警务人员角色的本质。科尔伯格的全部经验清单包括练习和磨炼这些技能与能力，这些技能和能力与成功地以胜任和专业的方式维持治安直接相关。

培养专业精神的一个关键是要经历大学所涉及的那种智力体验。但是大学的经历不仅仅是和那些持有不同观点和有着不同生活经历的人混在一起。大学可以给任何一个人带来大量的实质性的学习内容，有助于培养警察的专业能力。这是上大学的实践导向的原因。

科尔伯格要求我们关注获得教育的核心原因——有学问的人对生活、人类经历、社会、制度和历史都有一定程度的广泛理解。这种学习使个人具备了从事警务工作的能力，对他人进行道德说教的能力，以及做出改变生活决定的能力，这些决定基于智慧、解决问题、实践学习、对现实世界的了解以及深刻直觉的基础之上。

科尔伯格是著名的心理学家，他研究了我们如何获得对与错的概念，或者我们如何获得道德观。

　　下面列出了一些大学课程值得学习的理由，这些理由本身就足够强大了。但是，还有一个更重要的原因促使警察们在他们的整个职业生涯中不断地参加教育活动。正如我们在几个地方讨论过的，警察亚文化是一个强大的实体，它可以给警察支持和归属感。但加入这种亚文化也有其弊端。

　　如果一个人把（如果不是全部的话，也是大部分）时间都花在一个单一群体里，那么他/她的人生观和解决问题的方法就会变得狭隘、有限和呆板。这样的经历可以让一个人相信，只有一种方式去看世界，去思考生活，去生存和享受生活，去定义生活中的美好。但这些都不是真的，这是我们多元美国文化的一个基本原则，在这样一个排外的俱乐部里消磨时间，会对街头执法的正义产生可怕的后果，假定"警察就是法律"。

　　在思想的世界里，在给予与索取知识的世界里，持续的经验加上与非警察亚文化成员的不断交流，可以对所有警察的观点产生积极影响。这种影响，反过来又会影响警察的能力以及他或她有效完成工作的能力。这将对街头公民的生活产生影响，其形式是公众产生了一种对正义和法治的感觉，这种感觉无法被划分到任何一个关于什么是生活中的善的学派之中。

15 – 3　缪尔和打造专业精神

除了一般意义上的"受教育"，缪尔对警察专业精神也有一些重要的看法。他对一群年轻的警察进行了研究，并特别对年轻警察如何产生或打造专业精神进行了思考。作为成年人，当我们进入警察部门时，我们在某种意义上已经形成并已经拥有我们自己的个人价值观、生活期望、对是非的理解和人格结构。换句话说，我们有自己的性格。然而，改变是可能发生的。缪尔谈到，有意识地扩大一个人的实践知识和知识视野，可以增强一个人处理警察工作中的道德困境的能力。

缪尔谈到了培养专业精神的三种方式：语言、学习和领导力（参见专栏15.4）。在讨论语言的时候，缪尔把重点放在了警察应该是合群的或者健谈的。他建议，享受"闲聊"是与人交往、理解并激励其工作不可或缺的一部分。交谈和倾听是通过语言进行沟通的一部分。这种沟通使聪明的警察了解特定的人，了解人群，了解某一特定执勤区域的社会氛围，了解人们对警察的期望以及人们对生活中美好事物的理解。

专栏15.4　缪尔打造专业精神的方法

> 缪尔强调了三个因素，不是因为它们是专业精神发展的唯一途径，而是因为它们明显是警察自己能够控制的因素。因此，在入职并完成初始学校培训后的工作中，警察个人和警察主管可以一起工作，通过关注以下几个因素培养专业精神：
>
> - **语言**　专业的警察工作需要社交能力、口才，一般来说，还需要谈话的乐趣。
> - **学习**　在专业警察的鼓励下，警察们需要始终如一地注重学习。在工作中和在课堂上，他们必须扩展其对人性、法律以及用不同方法处理社区和个人问题的理解。

> ● **领导力** 在经验丰富的长官和/或高层管理人员的鼓励下，警务人员可以在不受外界政治影响的安全环境中工作，并认识到成为一名称职的专业人士将带来巨大的回报。另外，许多形式的无能是不能容忍的。

定期进行这种形式的互动可以使警察与他们所服务的公民保持联系，从而打造专业精神。但缪尔说的不止这些。缪尔建议，与人们交谈时要教他们和说服他们如何过好生活。年轻人尤其容易对聪明、有爱心、诚实的警察有所回应，这些警察教导他们，在生活中按规则行事可以获得很多好处。作为路边教室的教师，专业的警察在促进和平、尊重法律以及在某些情况下改变个人生活方面所能做的，比社会其他所有机构所能做的总和还要多。

因此，理解语言并将其用于好的目的，是专业人士在街头完成执法工作的一种方式。在缪尔的三个观点中，这一点对我们的讨论最为关键，因为它最直接地掌握在每一位警察的手中。

缪尔的另外两点是关于工作能力中学习的问题，这种学习与警长对警察的教导和警监的领导有关。从警长身上学到的东西和从警监身上学到的领导才能对年轻警察的职业生涯很重要，当他们自己成为警长时，他们培养专业精神的能力，正如缪尔所说，与他们作为一个领导的能力直接相关。

15 - 4 做一个好人

在这本书中，我们绕了一大圈，回到了我们在这本书的开始几页提出的观点：要成为一名称职的专业警察，就要培养做一个好人所必需的道德习惯。作为人，警察的角色和个人的角色是没有什么区别的。私人生活和职业生活之间没有明显的分界线。一个人不会在家是一个人，在工作中是另一个人。他或她被有意识地培养成为一个整体，有思想、有能力的专业人士。

在寻求一名有效的街头警察必须具备的能力时，警察个人首先必须拥有大量关于如何在实际意义上成为一名警察的程序性专业知识。其次，对法律、犯罪因果关系和刑事司法程序的实质性认识也是必不可少的。最后，警察必须对某一特定警察部门如何运作以及某一特定社区的期望和实际有所了解，必须拥有大量信息并提高其技能。

将这一切联系在一起的是警察个人的伦理观点。警察工作全靠品格。如果不了解这份工作的伦理含义，也不具备为他人解决伦理困境的能力，警察就会迷失在零零碎碎的、缺乏整合的知识海洋中。把所有这些结合起来，成为今天有能力的、专业的警察，就是要去拥有这一知识体系，并将其与做一个好人、过上美好生活和成为一名有道德警察的意义的理解结合起来。这两个实体——知识体系和伦理视角——如果没有彼此，就毫无价值。

15 – 5　最后的信息

在这一章中，我们已经讨论了一些关于聪明的、专业的警察能够并且必须不断地重塑自我的观点。我们回到第 7 章来看关于塑造品格的观点。质疑、适应、重新评估和学习是这一努力的核心。停滞不前，认为"我已经解决了这个问题"，就是犯了一个致命的错误。没有一个警察知道所有的答案，完全知道该怎么做。没有哪位警察如此聪明、如此有经验，以至于专业成长可以停止。这一现实决定了警务工作的最佳动态和最差动态。

一个人永远不能停止对其专业知识体系和技能的研究。没有人会永远"完成"把自己塑造成一名警察。这似乎是一个令人紧张的现实，因为这意味着没有放松的时间，没有时间浪费在自我庆祝上，努力做自我提高的工作没有假期。从积极的方面来说，它使警察的工作充满激情和活力。如果你从未完成学习和重塑自我，那么你在从事一个每天都不一样的工作。

所以在这里，在我们这本书的结尾，给读者传达的一条信息是：警察工作是一个具有挑战性的职业，它提供了一连串永无止境的刺激体验。那些力求做到最好的警察们必须不断地努力挑战自己。任何外在的动力都无法取代个人对成长、提升知识、技能以及品格的承诺。

贯穿全书的第二条信息是，成长最合适的焦点是我们赖以生存的伦理道德。在警察们坚持不懈地认识到行善和分配正义原则的各项要求时，他们不仅要为自己的社区做好事，还要参与为他们自己创造动感新生活。这些原则突破了警察所必须扮演的多重、相互冲突和模糊的角色，为他们提供了一座灯塔，使他们能够把所有的努力都指向这个方向，并从这个方向获得指导和支持。

这本书并没有试图列出该做什么和不该做什么。警察是为他们自己而做。总是如此。警务人员无论受过多少学术训练或有多少经验，在处理不同类型的细节时，都有自己的指引和实用的经验法则。只要这种自我引发的指导方针永远不被认为是完成的，只要警察们试图把他们不断变化的实际规则集中于我们讨论的两项最重要的原则——慈善和正义，就是完美的、适当的。

专栏 15.5　复习：我们赖以生存的伦理道德

> 行善：去"做好事"的义务
>
> - 永远行善/不作恶
> - 预防伤害/消除伤害
>
> 正义："平均分配"的义务
>
> - 实质上的平等待遇
> - 法律面前人人平等（机会均等）

15－6　话题讨论

1. 考虑一下作者的论点，大学教育对所有警察来说都很重要。讨论一下如何将课堂理论应用于实际的街头生活。有人认为大学教育不是必需的，因为"你不能从一本书中学到警察工作"，对此你怎样看？

2. 考虑一下科尔伯格关于人们如何获得道德的观点。你认为缺少什么？他的清单如此世俗，例如，甚至没有暗示宗教，这一点值得注意吗

（聪明的人应该"注意"一些事情）？这重要吗？你觉得怎么样？宗教真的适合在这个名单上吗？还是科尔伯格只是没有把宗教与培养道德感的其他经历区分开来？

3. 请参阅专栏 15.4 和缪尔对如何成为一名称职的专业警察的意见。在谈到语言时，他写道，教导和说服他人是工作的重要部分。讨论一下成为"坚强、沉默型"的警察为什么是一个错误，因为这会使警察与周围的人和辖区生活疏远。

4. 除了上一些大学课程外，与警察无关的什么样的经历、爱好和嗜好可能有助于让一名警察发展、成长、变得更有能力？讨论一下为什么与警察亚文化之外的思维方式保持联系和把平民当作朋友是如此重要。

5. 在你的脑海中，有那么一会儿，把科尔伯格关于人们如何获得道德概念的观点与缪尔关于三种权力的观点结合起来。如果其他条件在任意给定的细节上都相等，难道你不觉得对年轻公民使用威胁手段，对年长公民使用互惠手段，最后，对成年人使用规劝手段更合适吗？（当然，这可能是因为随着年龄的增长，人们的道德观念也会变得更加成熟。）这对警察意味着什么？在道德上，用威胁来对待青少年比用威胁对待老年人更容易被接受吗？这是不是违反直觉？你会如何将这个问题概念化，然后自己解决它？

15－7　伦理情境

警察收到一个有关性骚扰的投诉。圣迭哥一名女游客希望把一名墨西哥男子抓起来，因为他"扰乱治安"。在女游客漫步于老城旅游区时，该男子对她作了性暗示的言论。到达现场后，警察发现这名男子正和几个墨西哥男性朋友一起散步。他并不好斗，事实上，他既顺从又困惑。警察曾上过一门关于墨西哥文化的大学课程，她知道这种行为对墨西哥男人来说是正常的，事实上，这种行为被认为是对女人的恭维。而且，警察也明白，这个男人在朋友面前的这一表现是为了证明他的"男子汉气概"。

那么警察应该做些什么呢？加利福尼亚州的法律确实规定在公共场合使用下流或挑逗性的语言是犯罪。但这位警察认为，这个案子只不过是对文化冲突之间的误解。警察应该做些什么呢？

15-8　写作练习

在本书布置的最后一个写作作业中，构思一篇包含两个问题的文章。首先讨论一下对一名警察来说什么是"良好的品性"。借鉴亚里士多德、康德、米尔、缪尔和科尔伯格的著作，关于如何成为一名优秀的警察，你的结论是什么？然后，我们一开始就提出，能力和道德行为是直接相关的，对此观点，你有何看法？解释一下本书的中心论点：一个没有道德的警察是不可能成为一个好警察的。

15-9　关键术语

adolescent psychology：青少年心理学，对青少年人格的研究，具体涉及从女孩/男孩到女人/男人转变过程中的考验和磨难。

breadth requirements：宽泛要求，学院和大学的教育要求，要求学生选修基础广泛的课程，不必严格专注于自己的专业领域；通识教育需求。

criminal justice studies：刑事司法研究，美国教育中增长最快的专业，包括犯罪因果关系、刑法和刑事司法系统的研究。

fascism：法西斯主义，对公民实行严格审查和强制镇压的严厉而专制的政府制度。

general education：通识教育，学院和大学的教育要求，要求学生学习广泛的课程，而不是严格专注于他们的专业领域。

Gettysburg Address：葛底斯堡演说，亚伯拉罕·林肯总统在宾夕法尼亚州葛底斯堡国家公墓的落成典礼上的演讲，重新关注美国人民的理想，重新定义美国。

liberal arts：人文科学，在学院和大学的研究领域，包括一系列广泛的课程，旨在为学生提供影响深远的教育。

riot commissions：防暴委员会，由知名市民和学者组成的委员会，成立

于 20 世纪 60 年代，旨在调查市中心骚乱、大学校园骚乱和警察骚乱。

white rage：白人愤怒思潮，20 世纪 60 年代，美国相当数量的白人的愤

怒，他们认为少数族裔没有收入，却获得了福利和服务。

Bibliographical Essay

This essay is presented for the reader interested in following up on the various topics in our text. It briefly outlines some important books written in the fields through which we have traveled. We divide this piece into four areas of interest. First, we will talk about books written by sociologists and political scientists about the police in general. Second, we will list introductory texts that might be used to pursue an interest in the causes and common forms of police deviance. Third, we cite a number of studies and theoretical works about the problem of holding the police accountable for their misbehavior when it occurs. Finally, the field of criminal justice ethics and police ethics in particular will be discussed.

I POLICE WORK GENERALLY

A good reference book about the police, one which has been updated several times since its original publication in 1967, is Jerome Skolnick's *Justice Without Trictl*, 3rd Ed. (New York: John C. Wiley and Sons, 1994). This work will give the reader a feel for how earlier sociologists viewed the study of the police. A good textbook on the police and police systems, one of the most widely used in America, is Samuel Walker's *The Police in America*, 3rd Ed. (New York: Wadsworth, 2010) . Both of these classic works will ground the reader in an understanding of how the police are viewed and analyzed by academics.

In this text, we have often referred to William K. Muir, Jr.'s work, *Police: Streetcorner Politicians* (Chicago: University of Chicago Press, 1977). The reader may very well want to go to the original source to experience Muir's ideas directly. This book, one of the most insightful works ever done on the police, in our opinion, explains Muir's ideas about coercive power, professionalism, and developing character. It is so central to our themes here that we recommend it without reservation as the most important book for anyone seeking additional insights into all of these subjects.

Carl Klockars, again someone whom we have cited several times in this work, wrote *The Idea of Police* (Newbury Park, CA: Sage Publications, 1985) in an effort to produce a short work for students in the field. This book discusses the role and functions of the police. For an analysis of the police subculture, a central topic for those interested in this field, see John Crank's *Understanding Police Culture* (Cincinnati: Anderson, 2004). It is not only an important work in itself, it exposes the reader to the entire field of study today – citing many authors, theories, and pieces of research. Also in this regard, Perez's *the Paradoxes of Police Work* (Clifton Park, NY: Cengage, 2010) engages in extended discussion of the paradoxes engaged in Chapter 3 and elsewhere hereini and in addition focuses on the police subculture in particular.

A good collection of essays on various topics relating to police work – including James Q Wilson and George Kelling's famous "Broken Windows," one of the works that spawned the community oriented policing (COP) movement – is Steven Brandl and David Barlow's *Classics in Policing* (Cincinnati: Anderson, 1996). The reader interested in the roots of COP should also read Herman Goldstein's *Problem – Oriented Policing* (Philadelphia: Temple University Press, 1990), a book that is largely given co – credit along with the work of Wilson and Kelling for the ideas and ideals behind COP.

With regard to police leadership, a classic, authoritative textbook in the field is William Geller's *Police Leadership in America: Crisis and Opportunity*

(New York: Praeger, 1985) . A more contemporary treatment of leadership, referring often to the ethical component of police supervision, and building upon the idea that traditional leadership is outdated, is P. J. Ortmeier and Edwin Meese's *Leadership, Ethics, and Police: Challenges for the 21st Century*, 2nd Ed. (Englewood Cliffs, NJ: Prentice Hall, 2009) . Putting together both the concepts of the paradoxes of police work and a focus on leadership that eschews the command and control model, is Douglas Perez and Michael Barkhurst's *The Paradoxes of Leadership in Police Management* (Clifton Park, NY: Cengage, 2011).

II POLICE DEVIANCE

Victor Kappeler, Richard Sluder, and Geoffrey Alpert wrote *Forces of Deviance* (Prospect Heights, IL: Waveland, 1998), which discusses police deviance in depth. This book includes within its arguments a discussion of the work of Gary Sykes and David Matza on deviance in general, something we alluded to in Chapter 12. John Crank and Michael Caldero's work *Police Ethics: The Corruption of Noble Cause* (Cincinnati: Anderson, 2010) is an important, indepth treatment of one type of police misconduct: the Dirty Harry problem to which we have often alluded.

Police Deviance, by Thomas Barker and David L. Carter (Cincinnati: Anderson, 1993) has become one of the essential works in the field. Its discussion of the causal factors leading to police misconduct is focused and cogent. It is cited by virtually everyone writing on the topic since its publication. *Police Corruption: Explorind Police Devianceand Crime* is a similar piece, albeit a bit more up to the minute. It is by Maurice Punch (London: Willan, 2009) .

A specific treatment of what is always the most controversial of all topics with regard to policing is *Race and Police Brutality: Roots of an Urban Dilemma* (Albany: State University of New York, 2008), by Malcolm D. Holmes. While a multiplicity of work has been done in the field, this is a good, up – to – date compilation and overview.

III   POLICE ACCOUNTABILITY

A compilation of the arguments on either side of the debate about police review systems can be found in Douglas Perez's comparative consideration of internal affairs and civilian review options (Philadelphia Temple University Press, 1994). An alternative take on the same balancing act can be obtained in *Managing Accountability Systems for Police Conduct*: *Internal Affairs and External Oversights* (Prospect Heights, IL: Waveland Press, 2008), by Jeffrey J. Noble and Geoffrey P. Alpert.

For a view from the pro – civilian review side, see Samuel Walker's *The Role of Citizen Oversight* (New York: Thomson, 2006). Also by Walker, and squarely supporting the civilian review side of the argument, is *The New World of Police Accountability* (Newbury Park, CA: Sage Publications, 2004). Walker's work is the quintessential compilation of the civilian review arguments, going back to the early 1930s when the Wickersham Commission first called for an alternative to internal review. An even more up – to – date work on the same topic is *Enforcing Police Accountability through Civilian Oversight* (Newbury Park, CA: Sage Publications, 2010) by Sander Sen.

IV   POLICE ETHICS

Joycelyn Pollock wrote *Ethics in Crime and Justice* (Belmont, CA: Wadsworth, 2011), to which we have made reference in several places. This work discusses in greater detail the philosophical perspectives to which we have referred. It also includes numerous other schools of thought, such as those of natural law, religion, and the ethics of care in a way our short work has not. Pollock sets up her philosophical perspectives and then applies them in a step – by – step manner to all areas of the criminal justice field, not just to the police.

Other good treatments of ethics in the criminal justice field in general are *Criminal Justice Ethics*, by Paul Leighton and Jeffrey Reiman (Engle – wood Cliffs, NJ: Prentice Hall, 2000) and *Professional Ethics in Criminal Justice*: *Being Ethical When No One Is Looking*, 2nd Ed. , by Jay S. Albanese (Boston: Allyn & Bacon, 2007). This is a growing field, but these three works approach the topic from our positivist, from – the – ground – up perspective by beginning with some significant discussion of ethics from an historic, philosophical perspective.

We do not wish to imply that it is lacking in utilitarian value, but Enforcing Ethics: *A Scenario – Based Workbook for Police and Corrections Recruits and Officers*, 3rd Ed. (Englewood Cliffs, NJ: Prentice Hall, 2007), by Debbie J. Goodman is an example of the sort of "how not to screw up" approach that we have pointed out at the onset of our discussion here. Also in the field are *Ethics in Policing Misconduct and Integrity*, by Julie B. Raines (New York: Jones and Bartlett, 2009), and *Ethics in Policing*, by Edwin J. Delattre (New York: AEI Press, 2006). Delattre's work in particular has become respected in this arena. Even so, neither of these works consider the philosophical underpinnings of ethics generally before they move to discuss police ethics on the street.